新视野教师教育系列教材

语文教研理论指导

主　编　周小蓬　曾　毅　欧治华
副主编　周　颖　王　惠　尧卫国
　　　　韩　后

北京大学出版社
PEKING UNIVERSITY PRESS

图书在版编目(CIP)数据

语文教研理论指导 / 周小蓬，曾毅，欧治华主编. —北京：北京大学出版社，2022.8
新视野教师教育系列教材
ISBN 978-7-301-33045-6

Ⅰ.①语…　Ⅱ.①周…　②曾…　③欧…　Ⅲ.①语文教学－教学研究－教材　Ⅳ.①H19

中国版本图书馆 CIP 数据核字(2022)第 086150 号

书　　　名	语文教研理论指导 YUWEN JIAOYAN LILUN ZHIDAO
著作责任者	周小蓬　曾　毅　欧治华　主编
策 划 编 辑	周　丹
责 任 编 辑	周　丹
标 准 书 号	ISBN 978-7-301-33045-6
出 版 发 行	北京大学出版社
地　　　址	北京市海淀区成府路 205 号　100871
网　　　址	http://www.pup.cn　新浪微博：@北京大学出版社
电 子 信 箱	zyjy@pup.cn
电　　　话	邮购部 010-62752015　发行部 010-62750672　编辑部 010-62704142
印 　刷 　者	河北文福旺印刷有限公司
经 销 者	新华书店
	787 毫米×1092 毫米　16 开本　13.75 印张　348 千字 2022 年 8 月第 1 版　2022 年 8 月第 1 次印刷
定　　　价	43.00 元

未经许可，不得以任何方式复制或抄袭本书之部分或全部内容。
版权所有，侵权必究
举报电话：010-62752024　电子信箱：fd@pup.pku.edu.cn
图书如有印装质量问题，请与出版部联系，电话：010-62756370

序

　　《语文教研理论指导》专门服务于本科生、研究生和一线教师进行语文教学研究。它充当撰写论文的指导用书，自然要尽可能地提供中外有关语文教研的百家理论，以便广占资料，开阔视野，多光聚焦，独立创新。全书分五部分展开：

　　一是浓缩中国语文教育理论，聚焦"双文"读写能力训练。近现当代七家的语文教育思想各具特色，都兼顾文章和文学，着重吸取"双文"的阅读和写作教学精华，承继中华光荣传统。

　　二是借鉴国外语文学习理论，指导本国语文教学实践。对格式塔学习理论、有意义学习理论、多元智能理论和建构主义理论，均能恰当运用于中国的语文教学，凸显他山攻玉本领。

　　三是综合中外目标分类理论，制定语文教学具体目标。兼收外国布鲁姆、加涅、马扎诺和我国李秉德、唐文中、裴娣娜的教学目标分类理论，用以指导语文教学目标的具体制定。

　　四是完善语文内容结构要素，提高文章文学解读水平。从"双基"到"三维"，从"一文"到"双文"，充实"语文"内涵，让文本解读升华到"多重对话""多元有界"。

　　五是博采语文名师教改经验，丰富语文教学模式方法。掌握语文教学模式和方法的各种类别，展示语文特级教师的"各显神通"，领悟"教亦多术矣，运用在乎人"的真谛。

　　以上五个维度，表明作者立足本土，放眼世界，博采百家，融铸自说。其名家遴选的标准，别具一格；资料搜集的范围，异常广阔；融会贯通的功夫，出类拔萃。对每一家的理论和实践贡献，都有历史的评价、现实的运用，既肯定成就，又指出局限，做到科学的扬弃，彰显其古为今用和洋为中用的慧眼和笔力。

　　本书可谓新理念、新操作的集成，既有先进理念的阐释，又有典型案例的操作，学而兼术，知行统一，给大学生和一线教师的语文科研、论文创新做出示范，定然受读者欢迎。

　　感谢周小蓬教授将我的"一语双文论"作为最新理念之一纳入本书给以推介。自信"语言、文章、文学三足鼎立"的内容结构观是建立"语文教育的科学发展观"的根本。但愿得到广大语文教育研究者、工作者的认同和践行，得到语文教育决策人、新课标修订者的重视和扶植。故不惮"会己则嗟讽"的责难，写了以上一些点赞的话。

　　是为序。

曾祥芹

2020 年 3 月于河南师大拓荒斋

前　言

　　语文教研是语文教学研究的简称,当今语文教研已成为语文教师工作的重要组成部分,在语文教学的实践中,越来越多的新问题需要我们边教边研究边解决,不仅一线语文教师要做研究,职前的语文教师也需要打好语文教研的基础。要研究解决语文教育实践中出现的问题就离不开教育教学理论的指导,我们在指导职前职后语文教师进行语文教研和撰写语文研究报告及论文的过程中,发现不少教师对指导语文教研的相关理论知之甚少或理解领悟不够,语文教师对教育教学理论掌握的状况会直接影响他们对语文教学存在的问题分析判断的质量。为此,本着服务语文教师,促进语文教研质量不断提升的目的,我们考虑编写一本好懂且能有效指导语文教研的理论参考书,希望教师通过阅读这本理论参考书,就可以比较迅速全面地提升运用理论去解决语文教学问题的能力。

　　指导语文教研的理论及书籍纷繁复杂,有语言学理论、文学理论、教育学、心理学理论、语文学科教育理论等,当然也有一线优秀语文教师总结出的经验型理论。面对这么多的理论,语文教研者往往非常困惑,不知如何筛选,不知如何学习、如何使用,鉴于此,就需要对相关的理论做一个梳理、做一些筛选,为大家开展语文教研提供方便和支持。

　　秉承有效服务语文教师教研的理念,在总结指导语文教研经验的基础上,我们首先在众多的理论中,筛选出了对语文教研有较高指导作用的各类相关理论,并依据好懂好用好读的原则,对这些理论进行改编、梳理,尽量用简明扼要的语言介绍理论的来源和主要内容。在这个基础上,进一步阐述这些理论对语文教育研究的意义,为语文教研选题、分析问题、提出解决语文教学问题策略,提供直接的帮助,使研究者可以尽快掌握有关理论的精髓,少走弯路,提高语文教研的水平。

　　本书为学习和研究语文教育的教师和大专院校特别是中文师范生提供了丰富的中外理论,学习这些理论可以扩大我们的视野,深化研究。针对语文教研面对的具体问题,有时可依据其中的一个理论,有时也可依据多个理论,去分析和讨论语文教学的问题。如果大家能比较好地领悟本书的理论,那么,您研究的质量就会有一定的保障。另外,学习这些理论的时候,要注意思考和领悟每个理论揭示的教育规律,思考这些理论之间的联系和区别,最大限度地整合和利用这些理论来帮助我们从多个角度分析和诊断语文教学中存在的一系列问题的本质,为有效提出改进的原则及策略提供有力支撑。

　　当然,语文教研的指导理论肯定不会局限于本书所提到的理论,但我们希望这本书可以起到一个引导的作用,引导语文教师对理论的学习产生兴趣,为各位读者学习更多的理论提供基础和指引。

总之,愿这本理论书籍能为您的语文教研助力!

周小蓬

2022年3月于广州华南师范大学

目 录

第一章 中国语文教育理论 ·· 1
  第一节 梁启超语文教育思想 ·· 1
  第二节 夏丏尊语文教育思想 ·· 8
  第三节 叶圣陶语文教育思想 ······································· 15
  第四节 阮真语文教育思想 ··· 22
  第五节 朱自清语文教育思想 ······································· 29
  第六节 当代语文教育家思想述评 ··································· 35

第二章 外国学习理论 ··· 55
  第一节 格式塔理论视野下的语文教学 ······························· 55
  第二节 有意义学习理论视野下的语文教学 ··························· 63
  第三节 多元智能理论视野下的语文教学 ····························· 66
  第四节 建构主义理论视野下的语文教学 ····························· 76

第三章 目标分类及制定理论 ··· 88
  第一节 语文教学目标的指导理论及其体系 ··························· 88
  第二节 语文教学目标的制定 ······································· 111

第四章 语文内容结构与文本解读 ······································· 123
  第一节 语文内容结构 ··· 123
  第二节 语文文本解读 ··· 135

第五章 语文教学模式与方法 ··· 157
  第一节 语文教学模式 ··· 157
  第二节 语文教学方法类别 ··· 165
  第三节 当代语文名师教学模式与方法 ······························· 173

参考文献 ·· 205

后记 ·· 209

第一章　中国语文教育理论

导　言

本章分为六节,分别介绍了梁启超、夏丏尊、叶圣陶、阮真、朱自清、曾祥芹、杨道麟等中国近现当代教育名家的语文教育思想和教学理念。

学习本章,应该达成的目标:

了解与熟悉不同教育名家教育思想和教学理念的内容及其发展脉络。

把握语文教育教学发展的整体面貌,进一步形成自己对语文教育的理解。

学习本章,应该掌握的重点:

现当代语文教育名家的核心思想。

中国语文教育事业的发展与变化。

学习本章时,应该运用的方法:

知人论世法。学生学习时首先要了解各语文教育名家提出其教育思想的背景条件,在把握好背景条件的情况下去了解他们的教育思想与学说。

关键词学习法。学生学习时应首先抓住"理论"这个词,深入把握各语文教育名家的教育思想。接着,以"阅读"和"写作"为核心,了解各语文教育名家对语文教育的理解。

理论联系实际法。学生学习时应联系当今语文教育的发展现状,找到如今语文教育的不足,提出如何发展的对策,提出自己对于语文教育的看法。

第一节　梁启超语文教育思想

梁启超(1873—1929),字卓如,号任公,著名学者、教育家,近代维新派领袖人物。梁启超先后主办和创办许多杂志报纸,如《时务报》(1896)、《清议报》(1898)、《新民丛报》(1902),堪称一代资产阶级思想启蒙的大师。辛亥革命后,梁启超退出政治舞台,潜心著述与讲学。著有《饮冰室合集》,包括"文集"和"专集"。在语文教育方面,梁启超多有发见和述作,为近代语文教育事业的发展做出了巨大贡献。

梁启超

一、语文教育思想

梁启超生于封建社会晚期,作为开风气之先的一代大师,他的教育思想注定要肩负起时代的使命,在不断的变革创新中与封建壁垒做抗争。因此,他的教育思想带有明显的近代特征。

(一) 教育的作用和目的

梁启超认为国势强弱随着人民的教育程度而转移,因此,他明确提出了教育的作用和目的是"开民智,兴民权"。

梁启超认为,中国国民教育应建立在对民族文化的优点和缺点有所分析抉择,并广泛汲取世界各国文明的优秀成果的基础上,应包括德育、智育、体育;务使受教育者能"备有资格,享有人权",具有自动、自主、自治、自立的品质,融民族性、现代性、开放性于一体。[①] 在同时期写成的《新民说》中,他称这种理想的国民为"新民"。

(二) 教育改革主张

在"维新变法"时期,梁启超不仅对教育改革发表过一些评论,还亲自提出教育改革举措。

1. 变科举,兴学校

提出废除八股取士,改革已不适应当时中国社会的科举制度,建立培养新式人才的学堂。

2. 师范学校,群学之基

广设师范学校,培养符合时代要求的新教师。

3. 倡导女子教育

提出女子要自立自强,成才成德;破除缠足陋习,给予女子充分的行动自由。

4. 改革儿童教育

梁启超对中西教学方法进行比较后,提出对中国儿童教育进行改革。他认为:(1)西人强调由浅入深,由易到难,循序渐进,而中国未曾。(2)西人注重儿童的学习兴趣,如采用演戏法、说鼓词、歌谣、音乐等儿童乐知、乐闻、易上扣、易索解、无厌苦的形式进行教学,且"不妄施扑救"[②]。(3)西人重视理解,而中国偏于记性。根据中国儿童教育的特点,梁启超建议从编写儿童教学用书开始,对儿童教育进行改革,应编写的书籍包括:(1)识字书。选择实用的字,采用合理的方法进行编排,让儿童尽快识得约 2000 个常用字。(2)文法书。教儿童联字成句,联句成篇的书法。(3)歌诀书。将当前各种知识,选择切用者,借鉴中国古代的经验,编成韵语。(4)问答书。与歌诀书相配合。歌诀书有助于记忆,问答书通过设问引导学生理解。(5)说部书文言合一,采用俚

---

① 璩鑫圭,童富勇.中国近代教育史资料汇编·教育思想[M].上海:上海教育出版社,2007:252—260.
② 妄施,随便施与恩惠。扑救,抢救,补救,这里指不随便采用没有根据的教学方法。

语俗话,广著群书,包括圣教史事等,主要是让儿童阅读。(6)门径书。开列儿童应读书目。(7)名物书。即字典。①

(三) 介绍西方学理,指点教育新政

梁启超根据当时西方心理学研究成果中的年龄与身心发展的关系理论,列出一份《教育期区分表》,将受教育者划分为 5 岁以下(幼儿期—家庭教育与幼稚园期)、6～13 岁(儿童期—小学校期)、14～21 岁(少年期—中学校期)、22～25 岁(成人期—大学校期)四个年龄阶段,分别介绍了各个年龄阶段的学生在身体、知、情、意、自观力(自我意识)等方面的发展情况和基本特征。② 根据学生身心发展的阶段性特征来确定学制的不同阶段和年限,是近代西方教育心理研究的成果,而梁启超是中国近代最早系统介绍和大力倡导这一理论的人物。

二、语文阅读教学思想

关于阅读教学,梁启超主张以学生分组阅读取代教师的课堂讲解。他主张教师让学生在课堂以外预备,让学生多看多读,不是一篇一篇地讲,而是一组一组地讲。教师讲文章不以钟点为单位,而要以星期为单位,每两星期或三星期为一组。教师要有通盘打算,要注重学生的阅读能力培养。学生读过一组课文之后,针对理解能力较差的学生所看不懂的地方,教师可以在课堂上把一组文章加以比较,讲给他们听。针对理解能力较好的学生,可以让学生在课堂上讲,学生讲后,教师再评价他讲得对不对,最后教师比较一组文章,说明要点所在。

(一) 文章阅读材料选择

关于阅读材料的选择,梁启超认为有三类文章不可选:① 绮靡之文不可选,如六朝文、骈文;② 带帖括气之文不可选,即科举时代的应试类文章,包括韩愈的志墓之文和三苏的对策之类;③ 矫揉造作之文不可选。虽然梁启超认为"哪种文好我不敢讲",但还是提出了他选文的标准。梁启超认为:① 记述文以《左传》《通鉴》四史传志为主,《史记》的列传有三分之一可以选,余"三史"有四分之一可选,此外二十史的传志以及各种书的序或提要可以选;② 游记和杂记,如韩柳的游记与杂记,以及近人的记事文或札记可选;③ 论辩文可选周秦诸子,其次如《论衡》等;④ 论事之文如汉人奏议、汉人书札、魏晋间的论文以及唐代人、清代人汪中、章学诚、魏源、曾国藩的文章等,此外还有清代经学小学考证类文章等。可以看出关于选文,梁启超是从治学的角度出发来选择,而不仅仅是根据中学生学习"实用"的写作来选择。③

同时,梁启超还推荐了五类书目,有修养应用及思想史书类,政治史及其他文献学书类,韵文书类,小学书及文法书类,随意浏览书类。这五类书目囊括了语言学、文章学、文艺学这语文学的

---

① 孙培青.中国教育史[M].3 版.上海:华东师范大学出版社,2009:342.
② 同①.
③ 赵志伟.现代语文教育发展[M].上海:华东师范大学出版社,2012:108.

三大支柱。梁启超把文章分为记叙文、论辩文和情感文,他认为学校国文课都应该教这三种文体,学这三种文体。由梁启超对文体的划分和选择可看出,他侧重文章的阅读和学习,而非文学。①

(二) 文章阅读策略

1. 阅读要先易后难,由浅入深,由表及里②

在阅读教学中,教师要给学生阅读的书目先后顺序有所提示,先易后难,由浅入深,由表及里。从微观来讲,学生可以由此逐渐加深对文章的理解,有利于互文阅读的展开,同时能促进个性化地解读文章。③

2. 精读与略读是两种不同的阅读方法,两者既要相互区别,又要交互运用

梁启超认为,精读就是要熟读精思,对所读文章内容进行反反复复、细致入微的揣摩,全面掌握其内容、把握其特点,最后达到融会贯通、举一反三的效果。略读就是要在短时间内掌握文章的主要内容,不在文章的细枝末节处纠缠,要分清文章的主次,可以依照阅读者的兴趣,达到提纲挈领的目的即可。精读和略读两种阅读方法分别达到不同的目的和效果,在阅读中可交互运用。

3. 阅读文章在必要时需要背诵和动笔

背诵的过程就是接受和积累的过程。通过背诵,读者可以与经典作品进行反复与持久的对话,进而走进文本和作者,实现彼此的视野的融合。读者长时间地积累文章材料,会逐渐内化成自己的语言,形成自己的语言风格,从而提高自身的语文素养。因此,背诵在语文教学中尤为重要。

阅读要动笔。一是抄录。学生抄录可以加深对文章的印象,有利于对知识的记忆,提高阅读的质量和效率,还可以收集材料以备深入研究之用。二是做笔记。学生在阅读过程中做笔记能够促进阅读思考,比如对文章某些内容有感而发,通过做笔记进行整理和表达,在激发阅读兴趣的同时,经过积累还会形成自己的观点和自己的语言风格。这就给写作打下良好的基础,促进学生的知识输出。因此,在语文教学中,教师要鼓励学生在阅读文章时做笔记。④

三、语文写作教学思想

在中学语文写作教学方面,梁启超的《中学以上写作教学法》是一部重要著作,其主张至今仍有研究价值和借鉴意义。

---

① 张旭.梁启超的文章阅读观对语文阅读教学的启示[J].北方文学(下半月),2010(5):106-107.
② 教育大辞典编纂委员会.教育大辞典(第10卷):中国近现代教育史[M].上海:上海教育出版社,1991:356.
③ 同①.
④ 同①.

(一)梁启超写作教学思想的核心理念:重规矩,轻技巧

写作无法可依,写作教学不知道教什么,似乎成了古往今来一个共同的难题。在 20 世纪 20 年代,梁启超就已经对这个问题进行了探求。他说:"根据科学方法研究文章构造之原则,令学者对写作技术有规矩准绳以为上达之基础。"可见写作有法可依,写作要遵循一定的"规矩",这是写作的基础。梁启超写作教学思想核心理念即为"重规矩,轻技巧"。①

他认为一篇合格的文章首先要有内容,要言之有物,诸如替别人做寿序、应酬考试等空洞、八股气息浓重的文字都是无内容、不能算数的。另外文章要有系统,"好的文章是拿几种思想有条理的排列起来"。自己写出了文章要将自己的思想传达给别人,这就要做到"所传达的,恰如自己所要说的","令读者恰恰理会得我的原意"。这些就是写作的规矩,必须遵守。至于文章是否有文采,是否打动人,这些都是"技巧"的范围之内,可为之亦可不为之。②

(二)梁启超把各类文体分成三大类:记载文、论辩文和情感文

针对当时中学写作教学中的盲目性,梁启超提出要让学生掌握写作的规矩,文字表达需通俗易懂,脉络要清楚。为了达到这个目的,教师在写作教学中应遵循各类文章的写作规律去指导学生,梁启超将文章分成记载文、论辩文、情感文三大类,大体相当于现在的记叙文、议论文和文学作品。关于记载文,其应包括四类:状物、写景、记人、记事。

(三)写作的具体要求

1. 重视文德,主张"求真"

梁启超主张学生写作要"求真"。求真的思想反映在写作材料的获取上,就是强调要用观察方法:凡是学生能直接接触到的人事景物,通过"普遍而精密"的观察得来;凡是学生不能直接接触到的人事景物,则通过"提供材料"让学生切实掌握。写作要忠于客观事实,秉持实事求是的精神,用严谨、严肃、认真的态度对待。写作要对读者负责,更要对自己负责。梁启超提倡用写史的态度写作,这就要求我们实事求是、说真话、抒真情。

2. 以学生为本,讲求"实效"

梁启超认为在写作教学的训练中,教师应该从学生的实际情况出发,讲求"实效",而不能盲目强调"多读多写",加重学生负担。这既培养了学生认真负责的写作态度,让学生自己在写作上真正下工夫,又能让学生对写作的规律有切身的感悟和体会,从而真正提高写作水平。因此,以学生为本,讲求实效是现代写作教育应该借鉴之处。③

3. 联系社会生活,强调"应用"

在梁启超的教育思想中,对学问要有实用价值的强调是其一贯的态度和主张。这种求"应

---

① 夏梦薇.梁启超写作教学思想研究[D].扬州:扬州大学,2015:18.
② 同①.
③ 程春梅,李儒大.梁启超的写作教学思想[J].文学教育(下),2007(1):114-115.

用"的观点在写作教学中也得到充分反映:在中等以上学校里,写作教学应重在指导学生写作记载文和论辩文这两类实用价值最大的文章,这是对封建传统教育的强有力的否定。写作教学要为一代人的工作和生活着想,学生掌握了写作技能,可以多一份做人的自信,多一项从事现代化生活与工作的工具。①

4. 以阅读带写作,明"规矩"

阅读和写作是相互影响的。梁启超说:"我主张教学须启发学生自动地在讲堂以外预备。须选文令学生能多看,不能篇篇文章讲,须一组一组地讲。""学生每篇文必经几度研究。于文的思想、路径、发动、转折、分析和总合,皆可懂得。若有几百篇文,学生真能懂得,没有不会写作的。"梁启超的这种以读为基础,以读带写的方法对学生写作能力的提高具有重要意义。②

5. 不留一处死角,重"指导"

梁启超特别注重写作教学各个环节对学生的指导。他首先强调"写作的预备由先生指导",具体到各类文章的写作中,他认为"记载文先静后动,论辩文先说喻倡导,而后对辩。论小事的在先,论大事的在后。使学生知道理法,可以事半功倍"。而且,梁启超再次强调"每学期开始,教以写作理法。先教学生以整理思想的主要条件,使他知道看文如何看,做文如何做"③。等讲到一类文章的时候,便特别详细说明这一类文章的理法。

6. 重视命题写作的训练

在写作命题方面,梁启超认为教师出的题目要确切,要有范围,让学生有东西可写。他说:"记载文最好是学生经历或耳闻目见的事迹、物件或地方。论辩文题须是一个切实的问题,最好是学生直接感厉害者,或是一个问题有两面理由容得彼此主张辩驳之余地者。"虽然在今天看来仍有待商榷,但是教师在写作命题时如能贴近学生生活,让他们有话可说,有事可写,有感可发,就能激发他们表达的欲望,调动写作积极性,未尝不是一个好的办法。比如,像"中国宜自强论"之类,空而不能驳,最坏;而"鸦片宜禁止论",不空而不能反对,也不好;最好的题目如"中国应联省自治论"之类两面都有话说,方不枯窘。④

7. 求真求达,明白晓畅

文章的作用是把自己的思想传达给别人。传达有两个条件:一是所传达的,恰是自己所要说的,要将心里头的印象毫厘不爽地复现到纸墨上。自己心中有丰富的内容,也要通过正确的语言表达展现出来,才能让读者领会。第二个条件是,令读者恰恰领会到作者的原意。读者不能领会文章的意思或者领会错了文章的意思都是由于作者没有传达好自己的意思,因此传达自己的想法必须做到一点不含糊。

---

① 程春梅,李儒大.梁启超的写作教学思想[J].文学教育(下),2007(1):114-115.
② 同①.
③ 王华敏.梁启超语文教学思想初探[J].华南师范大学学报(社会科学版),1983(3):127.
④ 同③.

（四）梁启超写作教学思想的历史局限

因其时代条件和旧学背景的限制，梁启超的写作教学思想中不免有某些历史局限。

1. 指导思想太重规矩，可能会限制学生的创造性

不管是在写作中还是在写作教学中，梁启超都非常注重"规矩"。规矩是把双刃剑，在保证学生中规中矩完成写作的同时，某种程度上也限制了学生创造性的发挥。

2. 把修辞技巧归因于天赋，低估了后天教育的作用

梁启超说："文章好不好，以及能感人与否，在乎修辞。不过修辞是要有天才，教员只能教学生做文章，不能教学生做好文章。"这是为了突出强调规矩的重要性，但确实也把修辞技巧全归结为天赋，低估了后天教育的作用。我们承认天赋有差异，但后天的勤奋和努力，也能够弥补天赋的差异和不足。

3. 文章修改，重组织结构，轻具体字词句

对于一篇完整的文章来说，没有整体架构，就失去了支撑；少了具体的字词句，也就没有了血肉。这二者是相辅相成的，不可偏废。

总的来说，梁启超在近代时期提出的许多教育改革建议，汲取了西方教育的新知学理，措施具体而观点新颖，在中国教育近代化发展的许多方面起到了思想先导的作用。这些理论成果即使在今天也仍然具有生命力，也符合当今的语文教学的客观规律，值得现代人学习和探索。梁启超的语文教育思想如表1-1所示。

表1-1　梁启超的语文教育思想

主要方面	具体内容
教育的作用和目的	开民智，兴民权
教育改革主张	① 变科举，兴学校； ② 师范学校，群学之基； ③ 倡导女子教育； ④ 改革儿童教育
介绍西方学理，指点教育新政	按照年龄与身心发展的关系理论，将受教育者分成四个年龄阶段
阅读教学思想	文章阅读材料选择： ① 绮靡之文不可选； ② 带帖括气之文不可选； ③ 矫揉造作之文不可选 文章阅读策略： ① 阅读要先易后难，从浅入深，由表及里； ② 精读与略读是两种不同的阅读方法。两者既要相互区别，又要交互运用； ③ 阅读文章必要时需要背诵和动笔

续表

主要方面	具体内容
写作教学思想	写作教学思想的核心理念:重规矩,轻技巧
	关于各类文体分类:梁启超将文章分成记载文、论辩文、情感文三大类,大体相当于现在的记叙文、议论文和文学作品
	写作的要求: ① 重视文德,主张"求真"; ② 以学生为本,讲求"实效"; ③ 联系社会生活,强调"应用"; ④ 以阅读带写作,明"规矩"; ⑤ 不留一处死角,重"指导"; ⑥ 重视命题写作的训练; ⑦ 求真求达,明白晓畅
	梁启超写作教学思想的历史局限: ① 指导思想太重规矩,可能会限制学生的创造性; ② 把修辞技巧归因于天赋,低估了后天教育作用; ③ 文章修改,重组织结构,轻具体字词句

练习题

1. 单选题:在中国近代学者中,最早专门论述教育目的重要性的是（　　）。
   A. 严复　　　　B. 龚自珍　　　　C. 张之洞　　　　D. 梁启超
2. 单选题:在教育宗旨问题上,梁启超主张通过教育培养（　　）。
   A. 政治家　　　B. 学术人才　　　C. 新国民　　　　D. 实业人才
3. 简答题:简述梁启超关于教育作用和宗旨的观点。
4. 论述题:试述梁启超的教育思想,并加以评价。

第二节　夏丏尊语文教育思想

夏丏尊(1886—1946),我国现代著名的语文教育家、出版家和翻译家。从"五四"时期起,直到抗战胜利、含愤谢世为止,他在语文教育领域苦斗了将近20年,在旧时代曾被誉为"始终献身于教育、献身于教育的理想"的、"诲人不倦"的教育家。① 他提倡人格教育和爱的教育,创造性地提出了"国文教学法",在教法和学法上都颇有建树,是中国现代语文教育的拓荒者和奠基人。

夏丏尊

---
① 顾黄初.语文教育论稿[M].北京:人民教育出版社,1995:348.

一、语文教育思想

"以学生为本"是夏丏尊教育思想的核心,他从全方位教育的角度出发,致力于培养学生的能力,发展学生完善的修养和人格。在探究传统教学弊端的基础上,他积极寻求更为有效的语文教学方法,以"情爱教育"理论为基础,他衍生出"语文教材选编理念""国文形式教育观"两种教育思想,建构了一套较为完备的语文教育理论系统。

(一)情爱教育是教育的前提

夏丏尊提倡人格教育和爱的教育,对学生既严格要求又关怀备至,他的这一教育主张被学生称为"妈妈的爱",而其基础和条件正是夏丏尊教育思想的核心——"以学生为本"。这一教育主张以关爱和同情突破中国历史上传统的师徒、父子之间严格的等级关系,消除学生心中对"威严"的教师形象的芥蒂,实现师生之间的情感沟通,具有现代意义。

对比中国传统为师态度与西方强调爱与关注的教育态度,夏丏尊认为"学校教育到现在真空虚极了。单从外形的制度上方法上,走灯似地更变迎合,而于教育的生命的某物,从未有人培养顾及。好像掘池,有人说四方形好,有人又说圆形好,朝三暮四地改个不休,而于池的所以为池的要素的水,反无人注意。教育上的水是什么?就是情,就是爱。教育没有了情爱,就成了无水的池,任你四方形也罢,圆形也罢,总逃不了一个空虚"①。在这里,"教育的生命的某物,从未闻有人培养顾及"就是指情爱教育的被忽视,而夏丏尊则把情爱看作"教育的生命",这种认识是极其深刻的,切中了当时教育改革的要害。② 西方现代文明中十分注重人作为个体的价值和情感关怀,而落实在语文教学中,学生作为受教育者是活生生的人,既需要被爱和被关注,同时也需要得到个体价值和社会价值的认可。夏丏尊倡导教师不仅要向学生传授专业的知识和技术,更应该投入自己真挚的情感和爱心。夏丏尊认为,通过情爱教育在师生之间形成融洽的氛围,以便更好地传授知识和技术,培养学生鲜活的爱的能力,促进学生形成完整的人格和全面的发展。

(二)建设科学、系统的教材选编体系

夏丏尊凭借自己长期的教学经历和中学语文教材编写工作的经验,在教育和编辑出版工作之间进行了深入的、成功的结合,他编写的教材或语文读本有:《开明国文讲义》(与叶圣陶等合编)、《文章作法》(与刘薰宇合编)、《文心》(与叶圣陶合著)等。在为青少年编写刊物和教材的过程中,夏丏尊甚至开拓出了新的教育思想。

夏丏尊认为当时的国文教材选文杂乱无章,缺乏科学和系统的编写体系。"别的科目的内容是以我们所需要的知识为范围排列着的,植物教科书告诉我们关于植物的一般常识,历史教科书告诉我们人类社会活动进步的经过,地理教科书告诉我们地面上的种种现象和人类的关系,都有

---

① 夏丏尊.夏丏尊谈教育[M].沈阳:辽宁人民出版社,2015:110.
② 李林.夏丏尊语文教育思想新探[D].北京:首都师范大学,2005:19.

一定的内容可说。但是国文教科书的内容是什么呢？却说不出来。"①因此，他主张在教材体例上采用科学、系统的编写体系，以循序渐进的学习过程编排教材内容；同时要充分选择古今中外优秀的作品和文章，混合编排文言文和白话文。在语文教材的功能上，夏丏尊认为意义在于学生能够通过阅读教材获得理解和表达能力，适用于语文应用和生活，而不是为了阅读忠孝节义的传记篇章达到修身或养性的目的。

（三）国文学习要形式与内容并重

就夏丏尊的整个教育和教学经历来看，他对于形式与内容的认识是因势而变、因时而变的。虽然形式与内容的地位在不同的历史阶段有所区别，但夏丏尊始终没有放弃二者中的任何一个方面。在《受教育与受教材》一文中，他打了一个比方，说受教育过程中所应养成的身心上的诸能力，如健康力、想象力、判断力等，犹如数学公式中的 X，虽然"本身并无一定价值，却是一切价值的总摄，只要那公式是对的，无论用什么数目代入 X 中去都会对"，并说这些能力"本身原不能换饭吃，成学者，或有功于革命，但如果没有这诸能力，究竟吃不成什么饭，成不了什么学者，或有什么贡献于任何革命事业"。X 相对于公式来说，是形式，但相对于别的数字来说，则是内容，因为它有巨大的"总摄"力。同理，身心上的诸能力，作为语文教育中的目标，是内容，但相较于未来实现"吃成饭""成学者""贡献于革命事业"等诸种人生目的，它又是形式（方法、手段）了。这种内容与形式不断流转、你中有我、我中有你的性状，正是夏丏尊形式与内容并重的很好说明。②

以形式为"着眼点"是 1936 年以后夏丏尊的主要观点。在《学习国文的着眼点》一文中，夏丏尊开宗明义地指出："我主张学习国文该着眼在文字的形式方面。就是说，诸君学习国文的时候，该在文字的形式方面去努力。"③强调着眼于国文的形式，实质是在解决写作文字不通的问题。"文字的所以不通，并不是缺乏内容，十之八九毛病在文字的形式上。这显然是一向不曾在文字的形式上留意的缘故……学习国文，目的就在学得用文字来表现的方法，他们只着眼于别人所表现着的内容本身，不去留心表现的文字形式，结果当然是劳而无功的。"④

二、语文阅读教学思想

在阅读教学方面，夏丏尊认为要实现课内阅读与课外阅读相结合，要重视学生在阅读中缺乏语感这一现象，努力做到"传染语感于学生"，培养学生的"理解、鉴赏、触发"这三种阅读的基本能力。

（一）课内阅读与课外阅读相结合

阅读有两个目的，一是"阅"其内容，二是"读"其形式。"阅"其内容，是针对一般性阅读而言；

---

① 杜草甬,商金林.夏丏尊论语文教育[M].郑州:河南教育出版社,1987:82.
② 汲安庆.夏丏尊语文教育形式观之辨正[J].青海师范大学学报(哲学社会科学版),2015(1):148-155.
③ 同①:81.
④ 同①:85-86.

"读"其形式是针对国文科阅读。① 针对不同的阅读内容,就会有不同的阅读任务,因此就要采取不同的阅读方式。夏丏尊根据不同的阅读任务,把阅读的范围分成三类:"一是关于个人职务的,二是参考的,三是关于趣味或修养的。"② 结合学生的身份特征,"关于个人职务的"就是学校里规定的各类教科书,"参考的"就是辅导学生学习、解答疑惑的参考书,"关于趣味或修养的"就是符合自己喜好和偏爱的书,这类书有丰富的延展性和可读性,读起来切实有味。

总的来说,夏丏尊认为就"阅读"而言,要把课内和课外二者进行有侧重的结合。课内是"读",课外是"阅";课内"读"文章形式,目的是写作;课外"阅"文章内容,目的是增广知识,开阔眼界,发展趣味修养,弥补课内不足。③ 同时,还要注重学校教育中的课本,把课本作为发散性阅读的中心点,向外延伸,围绕课堂内容和兴趣喜好,阅读更加广泛、系统、全面的书籍。

(二)传染语感于学生

"传染语感于学生"这一影响现当代教育的重要思想,首次出现在夏丏尊1924年发表于春晖中学校刊《春晖》第30期上的《我在国文科教授上最近的一信念——传染语感于学生》一文中。

首先,夏丏尊指出缺乏语感对学习国文来说是巨大的缺憾。④ 夏丏尊认为"无论是语句,凡是文字都不过是一种寄托某若干意义的符号。这符号因读者的经验能力的程度,感受不同:有的所感受只是其百分之一二,有的或者能感受得更多一点,要是能感受全体那是难有的事"⑤。培养学生的语感对于学生理解国文选段具有非常重要的意义,作品呈现的价值和内涵远远不止文字呈现出来的内容,学生缺乏语感便不容易将作者想要表达的深层意义理解明白。⑥ 其次,他认为语感是"理解一切文字的基础"。"在语感锐敏的人的心里,'赤'不但只解作红色,'夜'不但只解作昼的反对吧。'田园'不但只解作种菜的地方,'春雨'不但只解作春天的雨吧。见了'新绿'二字,就会感到希望焕然的造化之工、少年的气概等等说不尽的情趣。见了'落叶'二字,就会感到无常、寂寥等等说不尽的诗味吧。真的生活在此,真的文学也在此。"⑦ 最后,学生要获得语感,教师良好的教学方式是极好的途径。夏丏尊提倡教师通过不断的学习,丰富自己的知识和情感,提高自己的语言感受能力,提高修养,从而提高自己的教学水平,进而培养学生的语感。⑧

(三)理解、鉴赏、触发是阅读的基本功夫

阅读的方法可分为略读和精读两种,略读的目的在于理解文章的内容,精读则是要揣摩和鉴赏作品的内韵。夏丏尊指出,阅读好的作品,不单单要能够理解字面的意思,还要知道其中的精妙之处,不然就等于肢解了一幅名画,只看到星星点点的构成要素,而忽略了整体的美感。⑨ 略

---

① 袁宝莲.夏丏尊语文教育思想新探[D].北京:首都师范大学,2006:39.
② 杜草甬,商金林.夏丏尊论语文教育[M].郑州:河南教育出版社,1987:71.
③ 同①.
④ 李林.夏丏尊语文教育思想新探[D].北京:首都师范大学,2005:50.
⑤ 夏丏尊,刘薰宇.文章作法[M].天津:天津人民出版社,2020:150.
⑥ 同②:114—115.
⑦ 同②:116.
⑧ 同④.
⑨ 马妮娜.夏丏尊语文教育思想述评[D].上海:上海师范大学,2006:11.

读是为了求得理解,但精读就要就经历三个阶段——理解、鉴赏、触发。

理解、鉴赏、触发是阅读的基本功夫,是不断递进深入的三个层面。

理解又分为对词句、文段的理解,"词义的解释如不正确,不但读不通眼前的文字,结果还会于写作时露出毛病。因为我们在阅读时收得的词义,不彻底明白,写作时就会不知不觉地使用,闹出笑话来。"①关于对全文和文段的了解,夏丏尊强调要从整体上把握主旨和大意,"抽出潜藏在文字背后的真意"②,以几个字来概括文段或全文的要旨。

夏丏尊认为:"对于某篇文字要了解文章的旨趣所在,这是属于理解的事。想知道其每句每段或全文的好处所在,这是属于鉴赏的事。阅读了好文字,如果只能理解其意义,而不能知道其好处,犹如对了一幅名画,只辨识了些其中画着的人物或椅子、树木等,而不去领略那全幅画的美点一样。何等可惜!"③鉴赏一篇美文要把自己置身于作者所营造的环境和氛围中,比较自己与作者心意相通或意趣不同之处,以冷静的姿态理解文章深意。

"所谓触发,就是由一件事感悟到其他的事。读书时对于书中某一句话,觉到与平日所读过的书中某处有关系,是触发,觉到与自己的生活有交涉,获得一种印证,是触发;觉到可以作为将来某种理论说明的例子,是触发;这是就读书说的。对于目前你所经验着的事物,发现旁的意思,这也是触发。这种触发就是写作的好材料。"④"触发"是阅读的第三阶段,是锻炼学生想象力,发挥创造力的阶段,是阅读的最高境界。触发已超越了单纯的对作品本身的认识,是在理解和鉴赏基础上的升华和提高。⑤

三、语文写作教学思想

夏丏尊曾与朱自清、丰子恺、刘薰宇等人创办《春晖》半月刊,在刊物上发表散文和文论,形成了独到的写作教学思想。夏丏尊与刘薰宇合著的《文章作法》一书堪称现代写作教学训练教材的奠基之作。《文心》一书,曾被日本《新中国事典》赞为"在国语教育史上划了一个时代"的著作。由于他对传统和现代的写作和写作教学思想有着广泛的了解和深入的思考,且熟悉中学写作教学的实际情况,这使他的写作著述能熔理论性与实践性于一炉,具有既精要又实用的特点。⑥

(一)法则没用而有用

我国古代写作向来主张"文无定法",写作者往往凭借自己的感性体验获得对写作的深刻理解。夏丏尊对此不以为然,在五四新思潮的影响下,他强调实现写作理论与实践的统一。他既认识到理论对写作有不可否认的指导作用,同时也强调实践练习是写好文章的必然途径。《文章

---

① 杜草甬,商金林.夏丏尊论语文教育[M].郑州:河南教育出版社,1987:36.
② 同①.
③ 同①:38.
④ 夏丏尊,叶圣陶.文心[M].杭州:浙江文艺出版社,1983:82.
⑤ 李林.夏丏尊语文教育思想新探[D].北京:首都师范大学,2005:53.
⑥ 潘新和.夏丏尊写作教学观初探[J].福建师范大学学报(哲学社会科学版),1994(3):95-100.

作法》一书的"绪言"中就阐明了写作理论与实践的辩证关系:"技术要达到巧妙的地步,不能只靠规矩,非自己努力锻炼不可。学游泳的人不是只读几本书就能成,学木工的人不是只听别人讲几次便会,写作也是如此,单知道写作法也不能就作得出好文章……渔父的儿子虽然善于游泳,但比之有正当知识,再经过练习的专门家,究竟相差很远。而跟着渔父的儿子去学游泳,比之于跟着专门家去练习也不同,后者总比前者来得正确快速。法则对于技术是必要而不充足的条件,真正凭着练习成功的,必是暗合于法则而不自知的。法则没用而有用,就在这一点,写作法的真价值,也就在这一点。"①

夏丏尊认为,传统写作教学未必没有法则,问题在于那些法则与写作训练二者之间存在着隔膜。② 他认为写文章是为了表达写作者的情感和意趣,文字作为一种书面载体只是传递和表达的工具。如果情感没有通过文字达到传递的效果,那么文字之间就是简单的堆叠和排列,没有实现写作的真正意义。同时也不可否认文字有形式之美,这取决于作者的技巧、经验和理论。情感表达没有法则可以遵循,但文章的形式却可以通过"写作法"进行完善修饰。《文章作法》中可知夏丏尊注重实现写作法则的"有效性",他强调对学生进行写作写作训练,在应用中教导学生逐渐把情感与技巧相结合,形成一个由表及里、循序渐进的法则学习和应用写作过程。

(二)为读者而作

写作是针对具有一定具象特征的读者而进行的创作活动,最终的目的是实现作者与读者的思想沟通、情感互动和灵魂交流。作者在作品中表达自己对某一事件的见解,其中融入了作者的抽象思想和价值观念,读者在读过作品后进行审视和解构,以一种新的主体形式重新建构作品思想,最终完成整个写作过程。对于学习写作的学生来说,树立读者观念,形成"目中有人"的写作状态十分重要,这也正是夏丏尊写作教学思想的另一重要观点。

"所谓好文章,就是达意表情,使读者读了以后能明了作者的本意,感到作者的心情的文章。"③"所谓好的文字就是使读者容易领略,感动,乐于阅读的文字。诸君当执笔为文的时候,第一,不要忘记有读者;第二,须努力以求适合读者的心情,要使读者在你的文字中得到兴趣或快悦,不要使读者得着厌倦。"④因此,夏丏尊提出写作一条基本的法则为,就是"为读者而作"。由此出发,夏丏尊认为写作首先须考虑:(1)读者的性质,(2)作者与读者的关系,(3)写作的动机等等。文字的好与坏,第一步虽当注意于造句用词,求其明了;第二步还须进而求全体的适当。对人适当,对时适当,对地适当,对目的适当。这"明了""适当",自然都是对读者而言。⑤ 为达到"明了"和"适当"的写作目的,在下笔之前应该考虑这六个问题:"(1)为什么要做这文?(2)在这文中所要述的是什么?(3)谁在做这文?(4)在什么地方做这文?(5)在什么时候做这文?(6)怎

---

① 夏丏尊,刘薰宇.文章作法[M].杭州:浙江文艺出版社,1983:2.
② 潘新和.夏丏尊写作教学观初探[J].福建师范大学学报(哲学社会科学版),1994(3):95—100.
③ 同①:3—4.
④ 夏丏尊.关于国文的学习[M].郑州:河南教育出版社,1987:48—50.
⑤ 同②.

样做这文?① 学生应从这六个问题中明确写作的目的、中心思想,清楚自己所处的地位,把握文章适应的场合和时代观念,以考究的写作方法完成整篇文章。

(三)写作即做人

夏丏尊提倡把"以学生为本"作为教育宗旨,教育要把学生作为背景,先使学生成为"一个人"。这样一来,做人与写作统一的思想也就贯穿在他的写作教学思想之中。② 夏丏尊说:"真的文字学习,须从为人着手。'文如其人',文字毕竟是一种人格的表现,冷刻的文字,不是浮热的性质的人所能模效的,要作细密的文字,先须具备细密的性格。不去从培养本身的知识情感意志着想,一味想从文字上去学习文字,这是一般青年的误解。我愿诸君于学得了文字的法则以后,暂且抛了文字,多去读书,多去体验,努力于自己的修养,勿仅仅拘执了文字,在文字上用浅薄的功夫。"③要实现"文如其人",就要求写作者不断读书,不断实践,培养良好的道德修养和人格秉性。

夏丏尊认为写作的内容是作者真实生活体验和情感体验的呈现,要表达的应该是真情实感,文章中体现出来的应该是作者的人格和品质。因此,"讲真话"是写作内容的第一标准,要想达到这一标准,就要"办真事、做真人"。夏丏尊强调"写作态度是写作的第一步",以端正的态度,真实的内容,再辅以写作者自身的道德修养和情感意志,把自己内在的精华甘露渗透在文字工具中,至少能写出不坏的文章。

夏丏尊秉持将"最有用的知识传授给学生"的教育理念,始终以满腔的热情投身到中学语文教学改革中,在离开教学岗位后也并未停止对教育事业的孜孜追求。他翻译外国优秀文本,编写国文教材,一生笔耕不辍,为后辈留下了丰富的教育思想和理论论著,使其语文教育思想实现更加广泛深远的传播,被朱自清先生盛赞为"以宗教的精神来献身于教育"。夏丏尊的语文教育思想如表1-2所示。

表1-2 夏丏尊的语文教育思想

主要方面	具体内容
核心思想	以学生为本:从全方位教育的角度出发,致力于培养学生的身心能力,发展完善的修养和人格。 ① 情爱教育是教育的前提; ② 建设科学、系统的教材选编体系; ③ 国文学习要形式与内容并重

---

① 潘新和.夏丏尊写作教学观初探[J].福建师范大学学报(哲学社会科学版),1994(3):95-100.
② 李林.夏丏尊语文教育思想新探[D].北京:首都师范大学,2005:62.
③ 杜草甬,商金林.夏丏尊论语文教育[M].郑州:河南教育出版社,1987:50.

续表

主要方面	具体内容
阅读教学思想	① 课内阅读与课外阅读相结合:读课内,了解文章形式;阅课外,增广知识,开阔眼界; ② 传染语感于学生:缺乏语感对学习国文来说是巨大的缺憾,语感是理解一切文字的基础,教师向学生传递语感是极好的途径; ③ 理解、鉴赏、触发是阅读的基本功夫
写作教学思想	① 法则没用而有用:情感表达没有法则可以遵循,但传统教学法可以弥补形式上的不足,对学生进行写作训练,培养情感与技巧相结合的写作能力; ② 为读者而作:树立读者观念,形成"目中有人"的写作状态; ③ 作文即做人:讲真话、办真事、做真人,写作态度是写作的第一步,实现"文如其人"

练习题

1. 填空题:夏丏尊主张在教材体例上采用_____的编写体系,以_____的学习过程编排教材内容;同时要充分选择古今中外优秀的作品和文章,混合编排_____和_____。
2. 简答题:有些教师对不听话的学生进行罚款,对此你怎么看?
3. 论述题:说说夏丏尊的语感论以及对当代教育的启示。

第三节　叶圣陶语文教育思想

叶圣陶(1894—1988),我国20世纪卓越的教育家、教材编辑家,著名的文学家及社会活动家。叶圣陶毕生从事语文教育理论研究与实践活动,他在语文教育方面的贡献十分突出,被吕叔湘、张志公称赞为"教育界一代宗师"。在长期的理论研究与实践中,叶圣陶批判地继承中国传统教育思想,积极汲取国内外先进的教育理念,创建了具有鲜明特色及创新意识的教育思想体系。他的语文教育思想影响了近一个世纪的中国语文教育,为中国语文教育的改革和发展做出了历史性贡献。

叶圣陶

一、语文教育思想

(一)教是为了达到不需要教

叶圣陶的语文教育思想博大精深,他主要围绕以下四点核心,构筑了自己独特的教育理论系统。①

"教是为了达到不需要教"这一教育哲学思想是叶圣陶对中国语文教育的真切认知与深刻感悟,是其教育思想的精髓所在。1977年12月,叶圣陶在给《中学语文》杂志的题词写道:"我想,教任何功课,最终目的都在于达到不需要教。假如学生进入这样一种境界:能够自己去探索,自己去辨析,自己去历练,从而获得正确的知识和熟练的技能,岂不是就不需要教了吗?而学生所以要学要练,就为要进入这样的境界。"故叶圣陶认为,教师之为教,重在诱导,而不在于全盘授予;教的最终目的是使学生自己掌握学习的方法,能够达到不需要教的境界。

(二)确定学生的主体地位

要实现"教是为了达到不需要教",就必须确定学生的主体地位。学生是学习的主体,教师是教学过程中的引导者。教师的任务在于将重要的、基本的知识作为例子教给学生,其他的更多的知识,需要学生学会举一反三、融会贯通,必须自己去学习、研究、掌握和扩充,如果学生总是依赖教师,不能自我学习,这就是教育的失败。叶圣陶认为,教育工作"如扶孩子走路,虽小心扶持,而时时不忘放手也"。在现代信息社会,教育首先要发展学生的分析能力和批判思维,学生必须学会学习,善于学习,与时俱进。拥有自学能力的学生通过自己的独立思考,能有所发现、有所改革、有所创新。

(三)教育的本质是培养学生的良好习惯

叶圣陶把培养学生的良好习惯看成是整个教育的本质,他在《论中学国文课程的改订》中说:"教育的本质原来如此,养成能力,养成习惯,使学生终身以之。"②叶圣陶一生都非常重视培养学生的良好习惯,语文学科是一门以工具性与人文性相结合为特征的学科,针对语文教学,他更强调培养学生良好习惯的重要性。叶圣陶在《略谈学习国文》中说道:"语言文字的学习,就理解方面说,是得到一种知识;就运用方面说,是养成一种习惯。这两方面必须联成一贯,就是说,理解是必要的,但是理解之后必须能够运用;知识是必要的,但是这种知识必须养成习惯。语言文字的学习,出发点在'知',而终极点在'行';到能够'行'的地步,才算具有这种生活的能力。"③在"知识"与"能力"之间,必须以"养成习惯"为桥梁,所以,让学生"养成习惯"始终是

---

① 朱媛美.教是为了达到不需要教——叶圣陶教育思想综述[J].民办教育研究,2006,5(6):98—99.
② 叶圣陶.论中学国文课程的改订[M]//中央教育科学研究所.叶圣陶语文教育论集(上).北京:教育科学出版社,1980:82.
③ 叶圣陶.略谈学习国文[M]//中央教育科学研究所.叶圣陶语文教育论集(上).北京:教育科学出版社,1980:2.

教育工作者不可忽视的重要任务。

(四) 教育应树立生活本源观

叶圣陶十分反对应试教育,他认为新式教育的目标在于"造就善于处理生活的公民"。当时所谓"健全"和"善于处理生活",主要是指能独立地、自由地表达个人的思想、感情和意志,具有为现代生活所必需的各种基础知识和技能,从而能应付日常的工作和生活,推动社会的前进。叶圣陶认为"语文是工具,自然科学方面的天文、地理、生物、数、理、化,社会科学方面的文、史、哲、经,学习、表达和交流都要使用这个工具"①。虽然语文是工具,但这种工具绝不是用来追求仕途功名的,而是用来增进知识、用来表情达意的,是用来更好地应付日常的生活从而更好地做一个健全的公民的。

二、语文阅读教学思想

阅读教学不仅仅是阅读活动,还是"教"与"学"的相依活动,也就是教师、学生与阅读文本之间的对话过程。叶圣陶认为阅读教学的目的是要发展学生独立阅读的能力,养成阅读的良好习惯,反对逐句讲解的注入式阅读教学方法。他提倡和追求的阅读教学方法由两部分组成,一是学生"靠自己的力",发展独立阅读能力;二是"精略得当",教师给予正确有效的指导,助力学生养成阅读的良好习惯。

(一) "靠自己的力",发展独立阅读能力

叶圣陶曾说:"阅读要多靠自己的力,自己能办到几分务必办到几分……因为阅读是自己的事,像这样专靠自己的力才能养成好习惯,培养真力。"叶圣陶用简单而朴实的语言道出了阅读教学的真谛,那便是要发展学生独立阅读的能力。② 作为接受教育的学生,阅读必须多靠自己的力量,不可专等教师的讲解,只有自己实在没办法解决时,才能请教教师或其他人。因为阅读是自己的事,只有专靠自己的力量才能养成好习惯,培养真能力。

要靠自己的能力来阅读,至少必须要进行这样一些准备工作。首先,平时要留心听人家的话。听话也是阅读,不过不是用眼睛读,而是用耳朵读,读的是有声音的书。其次,要随时留心翻查字典和辞典,搞清常用字词的含义以及使用范围,这样,在进行独立阅读时就能辨别字词的细微差别和表达效果。最后,还要在课外留心看各种参考书,从参考书中获取相关的知识,便于自己的理解。③

(二) "精略得当",教师给予正确有效的指导

在阅读教学中,教师的指导是否得法,也是教学成败的决定因素。叶圣陶认为,在阅读教学

---

① 叶圣陶.大力研究语文教学 尽快改进语文教学[M]//叶圣陶语文教育论集(上).北京:教育科学出版社,1980:150.
② 李二波.叶圣陶阅读教学思想的当代启示[D].武汉:华中师范大学,2013:13.
③ 徐龙年.论叶圣陶的阅读教学思想[J].广西社会科学,2003(8):178-180.

过程中，教师指导的具体方法尽可以不同，但必须符合两条原则：一条是要有利于学生养成读书的良好习惯，一条是要有利于学生逐渐减少对教师的依赖性。用这两条原则，可以衡量出一位语文教师阅读教学成绩的优劣。

叶圣陶把阅读分为精读和略读两大类。按照叶圣陶的教育思想，精读的指导包括预习、讨论和历练三个阶段。

第一阶段是教师应在上课前布置学生先通读课文，了解文章的大概，同时自觉利用工具书独立地解决字词的障碍，并能通过粗读课文而提出心得、疑点和难点。这个预习阶段非常重要，仅以勤查字典、辞典为例，学生若做到了这一点，等于身边多了一个随时随地可以请教的权威老师，因为正规的字典、辞典都是众多专家学者长期集体劳动的结晶。如果学生在预习课文后能进行思考或写出心得，知道好在哪里，妙在何处，有啥欠缺，有甚不明，这个过程本身就能开发学生的思维能力，也能促使学生深入了解课文内容，理解作者的写作意图，这就为精读指导进入第二个阶段做好了充分的准备。

第二阶段是在课堂上组织讨论，主要是学生与学生之间的讨论。这时，"由教师作主席、评判人与订正人，……有错误给予纠正，有疏漏给予补充，有疑难给予阐明"[1]。这种以课堂讨论为主的阅读教学指导法，对教师的知识与能力素质提出了很高的要求，教师若不时刻注意自身的修养和不断学习，就无法胜任"主席、评判人与订正人"的角色。

第三阶段是指导学生历练。叶圣陶认为历练主要指吟诵和参读与课文相关的文章以及应对教师必要的考查。"吟诵就是心、眼、口、耳并用的一种学习方法。……吟诵的时候，对于讨究所得的不仅理智地了解，而且亲切地体会，不知不觉之间，内容与理法化而为读者自己的东西了，这是最可贵的一种境界。学习语文学科，必须达到这种境界，才会终身受用不尽。"[2]教师指导学生参读与课文相关的文章，其目的在于训练学生举一反三的能力。

为了检验学生精读的成绩，教师还要对学生进行考查，如背诵、默写、归纳、分解，说明作法和述说印象等。在这期间，教师所要注意的是最好不要使用不足以看出学生精读效果的考查方法，比如教师教了《陈涉世家》之后，问学生"陈胜是哪里人"这类问题就毫无意义。文章开头第一句就写着"陈胜者，阳城人也"，学生精读了一阵，连这一点也不知道，就谈不上精读了。学生回答得对，也无从看出他的学习成绩好到怎样，所以类似这样的考查尽量不要使用。当然，考查中也应排除过于艰深的题目，以免挫伤了学生的自信心和积极性。[3]

相对于精读指导而言，略读指导不能像课内阅读一样给学生全面细致的指导，而要提纲挈领，简略一些，目的在于使学生培养能够自由阅读的能力。提纲挈领的指导，可以是教师以一篇文章为范例，给学生进行必要的讲解、释疑和示范，或作精要的点拨，帮助学生从千变万化的文章中找出科学的阅读规律，教给学生独立阅读课外书籍的本领。这种本领正是课程标准提出的能从整体上把握文本内容，理清思路，概括要点，理解文本所表达的思想、观点和感情，善于发现问

---

[1] 叶圣陶.叶圣陶教育文集(3)[M].北京：人民教育出版社，1994：236.
[2] 同①：237.
[3] 徐龙年.论叶圣陶的阅读教学思想[J].广西社会科学，2003(8)：178-180.

题、提出问题,对文本能作自己的分析判断,能从不同的角度和层面进行阐发、评价和质疑的本领。

这种提纲挈领的指导,也可以是开设课外阅读专题讲座、专题指导课,对学生进行专门的指导。教师在专题课上向学生阐明课外阅读的目的和意义,介绍新书出版信息,宣讲对某一部书的思想内容、风格特征的鉴赏体验,提出对课外阅读的具体要求,传授读书笔记的具体作法,等等,以此培养学生逐步学会独立阅读课外书籍的能力。培养独立阅读的能力还要求教师把每一个在阅读中的学生都视为一个独特的自我,使他们在阅读中注重情感体验,发展个性,丰富自己的精神世界,达到真正自由阅读的境界。①

教师指导是语文阅读教学环节的重要组成部分,精读和略读的指导必须相互结合,共同进行,绝不可忽视任一部分。精读指导重在指导学生学透课内的文章,这是阅读过程的知识准备环节;略读指导重在引导学生养成良好的阅读习惯,进行大量的课外阅读,培养真正属于学生自己的阅读能力。

三、语文写作教学思想

叶圣陶认为,语文写作教学的目的是提高学生的写作能力。叶圣陶曾指出:写作是生活,而不是生活的点缀;生活中间包含许多项目,写作也是一个;写作同吃饭、说话、做工一样,是生活中间缺少不得的事情。在叶圣陶看来,写作与生活息息相关,生活中处处都有写作的存在,故学生学习语文写作是一种生活的需要,所以每一个学生都必须学好。叶圣陶曾说:"练习写作是为了一辈子学习的需要,生活的需要,工作的需要,并不是为了应付升学考试,也不是为了当专业作家。"②因此在写作教学中,教师和学生都要端正写作训练的目的,不能仅仅关注目前的写作考试成绩,真正的写作训练是为了锻炼一种生活和工作需要的能力。

"作文是生活"是叶圣陶写作教学思想的核心。但写作源于生活,先有生活,后有写作;先有经历,后有写作;先有情感,后有写作。叶圣陶不仅是一位教育家,还是一位文学家,他主张"以人生的真实书写真实的人生",文章必须根源于真实的生活,有了充实的生活体验才能写出好的文章。由此观点出发,叶圣陶写作教学思想中的写作教学过程可以论述如下。

(一)写作命题须符合学生的生活情感体验

叶圣陶曾说:"写作应该单把经验范围以内的事物作为材料,不可把经验范围以外的事物勉强拉到笔底来。"③学生是写作的主体,只有写作自己有感触的写作题目才能自然而然地写下内心的情感,这样才能达到写作训练的目的。所以,在进行写作命题的时候,教师一定要关注写作的主体,走进学生的内心,站在学生的角度和立场来思考,了解学生的生活情感体验,以学生能

---

① 祁小芸.叶圣陶阅读教学观略说——读《叶圣陶语文教育论集》[J].教育观察,2013,2(12):60-63.
② 叶圣陶.叶圣陶教育文集(3)[M].北京:人民教育出版社,1994:467.
③ 叶圣陶.怎样写作[M].北京:中华书局,2013:46.

写、会写的内容为命题范围,经过审慎筛选再确定写作题目,使之符合学生的生活情感体验。这样的命题才能激发学生的写作热情和表达真实情感的欲望,学生写起来才能得心应手,写作的内容才更富有真情实感。

(二)教师"下水写作",指导事半功倍

"下水写作"是指语文教师在指导学生写作的时候,自己也要经常动笔写作,可以是在学生写作的同时教师自己也在课堂上和学生写相同的题目,也可以是另外写一些其他相关的文章。教师多"下水写作",可以更有针对性地指导学生的写作,可以更加有效地进行写作教学。

叶圣陶非常提倡教师"下水写作",他希望语文教师能够经常练笔,因为只有善于写作的教师才能更真切地了解学生写作的情况,才能有的放矢地指导学生的写作学习,达到事半功倍的效果。而那些从不"下水写作"的教师,只能凭借自己学生时代的写作经验来指导学生,往往隔靴搔痒,抓不到写作的重点、难点,收效甚微。

教师需要言传身教,写作更应以身作则。语文教师只有边教学生边写作,才能更加深刻地感受到学生写作的不易,才能拥有更加贴近学生的写作经验,这样一来,在教学写作时,语文教师就能随时将自己的写作体会和技巧与学生进行交流、分享,以实现对学生写作最有效用的启发,提高学生的写作能力。

(三)学生自我修改,让写作与内心对话

传统的写作批改方式一直是教师统一批改,批改过后,学生通常是简单看看评语,然后就对其置之不理,这种写作批改方式既浪费了教师的大量时间,又达不到理想的写作教学效果。教师让学生修改自己的写作,不单单是让他们检查自己写的文字有没有错误的地方,更要让他们检查自己的写作是否充分地表达了自己内心所要表达的意思。

那学生应该如何对自己的作文进行修改呢?叶圣陶认为,最重要的是要"读",即把自己所作的文章念出来,把写作用声音的形式呈现出来。因为有些写作错误学生用眼睛可能察觉不到,但用嘴巴读和用耳朵听时,往往就能发现不妥之处。"读"可以有多种方式,可以是默读语句,也可以是把文章大声朗读,教师应要求学生读得流畅自然,没有含糊不清的词语,没有不通顺的语句。

叶圣陶认为:"写文章就是说话,也就是想心思。"[1]所以,学生写作并不是仅仅简单的在稿子上写上了一些文字就可以了,更重要的是写出自己的思想,更多的是感情。学生修改自己的文章也不是很困难的事情,其实就是修改学生自己的思想,看看有没有表达得清晰准确。修改就是将自己的原稿仔细考虑阅读,全局和细节都要思考到,做到尽可能地充分表达出自己内心所要表达的意思。[2]

---

[1] 叶圣陶.怎样写作[M].北京:中华书局,2013:110.
[2] 李淦.叶圣陶写作教学观的应用研究[D].南昌:江西师范大学,2013:11

(四) 写作是生活,写作更是做人

叶圣陶认为,写作是生活,要讲究真诚的情感体验,书写真实的人生。这就从侧面说明了写作其实也是做人。学生写作的水平或许不高,但是写写作像做人一样,应该是诚实的。要求学生"写出诚实的、自己的话",意在呼唤写作主体情感的真实体现。学生写作是将他们亲身的经历和体会告诉读者或者听众,而不是舞文弄墨、随意乱写。学生有着真诚的写作态度,写作的内容发自内心,那学生的品德情操必定是真诚的。所以教师要引导学生书写他们真实的人生体验和思想情感,把写作当作"生活中不可没有的项目",不能为写作而写作,不能把写作当作脱离生活实际的"装饰的东西"。

每一个学生都是独立存在的个体,都有着自己独特的思想和个性,而教师就要发现每一个学生的优点和缺点,将学生的优势继续发扬,将学生的缺点清除。因此,教师教育学生的责任首先是在善于观察并挖掘学生心灵土壤中的每一个亮点,再让它们不断壮大。

叶圣陶认为:"写作有真意,并不是仅仅为了写文章的需要,而是做一个堂堂正正的人本该如此。"[1]教师教学学生写作时,要让学生从他们自己熟悉的事物中写起,凭借自己的生活体验和理解程度写下来。这样学生的习作即使不加修饰,也会有一种内在的质朴美。这是因为学生习作出自真诚,也体现了学生为人的真诚品格,逐步在写作中培养学生真诚的态度和学习做人的道理。[2]

叶圣陶的教育理论体系以"教是为了达到不需要教"为哲学纲领,以学生为学习的主体,把养成良好习惯视为教育的本质,将社会生活作为教育之源。他从阅读教学和写作教学两大方面进行了具体的论述,处处体现以学生为学习主体和养成良好习惯的教育思想,对于当前中学语文教学具有积极的借鉴作用。叶圣陶的语文教育思想如表1-3所示。

表1-3 叶圣陶的语文教育思想

主要方面	具体内容
核心思想	① 教是为了达到不需要教; ② 确定学生的主体地位; ③ 教育的本质是培养学生的良好习惯; ④ 教育应树立生活本源观
阅读教学思想	① 以学生为主体,发展学生的独立阅读能力,养成良好的阅读习惯。 ② 精读指导包括预习、讨论和历练三个阶段:预习阶段,教师上课前布置学生通读课文,了解文章的大概,利用工具书解决字词的障碍,并提出心得、疑点和难点;讨论阶段,教师在课堂上要积极组织学生与学生之间的讨论;历练阶段,学生要吟诵和参读与课文相关的文章以及应对教师必要的考查。 ③ 略读指导要提纲挈领

---

[1] 叶圣陶.重读鲁迅先生的《写作秘诀》[J].文艺报,1981(18):4—5.
[2] 李淦.叶圣陶写作教学观的应用研究[D].南昌:江西师范大学,2013:14.

续表

主要方面	具体内容
写作教学思想	① 在进行写作命题的时候,教师要关注写作的主体,使命题符合学生的生活情感体验。 ② 教师要多"下水写作"。 ③ 让学生通过读写作的方式自我修改写作。 ④ 让学生"写出诚实的、自己的话",逐步在写作中培养学生真诚的态度和学习做人的道理

练习题

1. 单选题:教师是教学过程中的(　　)。
   A. 主体　　　　B. 引路人　　　　C. 引导者　　　　D. 主角
2. 单选题:语文是自然科学和社会科学学习、表达和交流的(　　)。
   A. 基础　　　　B. 工具　　　　C. 前提　　　　D. 首要能力
3. 填空题:叶圣陶的语文教育思想的核心是_____。
4. 简答题:精读包括哪些阶段?分别需要做什么?
5. 论述题:叶圣陶提出"写作命题须符合学生的生活情感体验"。假设你是一名初一语文老师,要给学生布置写作练习,你能想出哪些让学生有话可写的写作题目?请写出3～5个写作题并给出理由。

第四节　阮真语文教育思想

阮真

阮真(1896—1972),又名阮乐真,浙江绍兴人,少年中国学会首批骨干,"五四"运动先驱者,中国第一位语文教学法硕士研究生导师。他师从陶行知先生,是20世纪30年代中学语文教育研究成果丰硕、颇具批判精神和科学态度的语文教育家,是我国现代语文教育研究的开拓者。所著《中学国文教学法》是中学语文教学法研究的开山之作。

一、语文教育思想

阮真的语文教育思想是结合时代特点与学生实际情况提出来的,他独特的教育理论系统主要围绕以下两方面构筑而成。

(一) 传承"教学做合一"的教育原则[①]

我国著名教育学家陶行知先生在 20 世纪 20 年代提出了"教学做合一"的教学理论,为后世语文教育思想的丰富和发展奠定了基础。他强调:"一件事,对己说是学,对人说是教,对事说是做。""事怎样做,就怎样学,怎样学就怎样教;教的法子根据学的法子,学的法子根据做的法子。"[②]这就是所谓"教学做合一"的原则,在一定程度上体现了"教""学"合一的思想,是这一新思想的先声。这是当时世界上最先进的教学观。对"教""学"相长思想的进一步继承与发展的语文教育家当首推阮真先生,他在借鉴前人优秀教学经验的基础上,运用科学的方法,凭借科学的态度,以独特的视角精心撰写了《中学国文教学法》一书。在此书中,他在批判语文教学上某些理论、主张或措施时,以"教学做合一"的原则作为衡量的尺度,凡合于这一原则的,他给予肯定;违反这一原则的,他给予否定。他在制定初、高中教学进程标准时明确指出:"初中以不读古文为原则,高中以不读经书、子书为原则,尤其不用读辞赋骈俪,目的在使'教学做'发生切实的功效,以提高程度。"由此可见,他非常重视"教"与"学"的相互作用,相互影响,并把它们提升到理论的高度予以阐述。

对于中学语文教学的程度标准,阮真一贯反对脱离实际地"拔高"。他在分析了历来各家所制定的教学进程标准和各种教科书的选材状况以后,尖锐地指出:"要提高今日中学、师范生的国文实际程度,必须放低标准。定标准的先生们,以为提高标准,即是提高程度,实是大谬。因为标准高了,学生反不进步,实际程度反要降低……"在阮真看来,在语文教学中,要结合实际,学了有用的"低水平",不要那种脱离实际的所谓"高标准"。他反对以大学的需要来研究中学各科教学,以中学的需要来研究小学各科教学;而主张应从小学的实际出发来研究中学各科教学,从中学的实际出发来研究大学各科教学,为的使一切教学的标准、原则、方法都符合客观实际,大、中、小学之间能相互衔接而不致彼此脱节。

(二) 注重教学效率的教育思想[③]

阮真熟知中学科目纷繁,学生精力时间有限,认为一个课程的设立,必须审察学生需要的轻重缓急,而教学尤其须注意时间与精力的合理性。阮真认为必须费力少而成功多,费时省而收效大,不可以浪费了时间和精力。阮真关注学生在各课程上的时间支配和语文教师在工作时间上的时间支配,体现了注重教学效率的思想。阮真认为学生的自习时间没有进行适当的支配,且语文教师也无法按照学生的自习时间,安排适当的自习工作。中学生各科自习时间的适当支配,是教学上的重要事件,所以制定了各课程每周上课自习时数表。同时,阮真认为教师的工作时间的适当支配,也是教学上的重要事件,阮真对于初高中语文教师,课内课外两方面的各项工作,均有适当的规定与详细的计算,也制定了教师适当工作时数表。并主张初高中语文教师,最多承担两

[①] 崐本英."教""学"相长——20 世纪三四十年代语文教育新思想的萌动[J].现代语文(教学研究版),2008(9):20.
[②] 陶行知.陶行知全集(第二卷)[M].长沙:湖南教育出版社,1985:42.
[③] 徐莉.阮真语文教育思想述评[D].上海:上海师范大学,2007:18.

班语文教课,绝对不能再兼其他教课或职务,这样才能尽到适当的教学责任。

二、语文阅读教学思想

(一)课内阅读观

1. 由浅入深的教学过程

阮真认为要使教材适合学生,不要使学生适应教材。阮真根据国文课的教学目的,定出初高中读文教学的进程。在这之前,中学国文教学中的读文教学,从未有过进程标准,多数国文教师只是根据教材的内容教学。阮真认为,初中读文教学进程应该是:第一年完全教浅近语体文及浅近语体文学,并教学生语法及语体文作法,以完全学通语体文为标准;第二年教材文五语五,并教文言文法,以学生渐渐能读解浅近文言文为标准;第三年教材文七语三,以学生渐渐能读作浅近文言文为标准;第四年教学两汉至唐宋以下的古文,使学生能阅读平易古书,及写作结构谨严、修词雅训的文章为标准。

2. 适合学生实际需求的课内阅读教材主张

语文教材通常与数学、物理、化学等学科不同,大多是选本,阮真认为选教材时应注意以下两点。

(1)从学生实际出发的课内阅读选材。

为了保证读文教学的效果,必须选好阅读教材。阮真从学生实际出发,提出了四个重要的选材原则:适当适度的原则、兴趣的原则、需要的原则、功效的原则。他认为,编初中教材的人,必须研究小学教材和小学毕业生的学习程度;编高中教材的人,必须研究初中教材和初中毕业生的学习程度,教材与程度不能相离太远;"兴趣"是指学生的兴趣,不是编者的兴趣,兴趣和努力是互为因果的,学生有兴趣才会努力,肯努力才能培养兴趣;选择教材时,还要注意对于时代环境的了解和适应,要从社交、道德、民族精神等方面考虑,尤其需要致力于民族精神的发扬。

(2)科学化的课内阅读教材编配方法。

课内阅读教材中的选文,如何有系统地排列,是实现教材科学化的关键。为了教学的效果,可根据学生的学习程度与需要的缓急,把特别重要的几类教材,放在前几个阶段中教,另几类教材,放在后几个阶段中教。

(二)课外阅读观

1. 归纳课外阅读于课内

何谓归纳课外阅读于课内呢?阮真认为教师在上课时要多对学生进行指导,注重教学讨论、预习指导、成绩考查;在下课后的自修课程,教师要使学生进行预习、复习、记笔记及应用练习。这就是归纳课外阅读于课内。

2. 补充校内阅读于校外

阮真主张一面用最经济最有效的教法提高国文教学的效率,一面指导学生在寒暑假期间自修国文。他认为如果真的要学生多读些国文,必须补充校内阅读于校外。

阮真的教育思想是立足课内,放眼课外,这样才能正确解决课内外语文学习的问题。同时他也看到中学国文教学课内外脱节,教与学脱节的弊端,他的主张使得课内与课外,教与学得到了联系。在实际教学中,课内教学的效果不能尽如人意,学生从课内所能得到的益处不多,因此课内教学有待改进;语文的课外学习指导,不但天地广阔,而且教师若指导得法可以有意想不到的教学效果。因此,从全方位地为学生开辟语文学习空间的角度考虑,每一位语文教师都应当把"课外阅读指导"纳入自己的教学计划中去。对中学生的课内外教学展开研究对提高中学生语文的学习效率是很有作用的,阮真的关于中学课内外教学的改革思想对当前中学语文教学也是值得借鉴的。

三、语文写作教学思想

(一)由易到难的写作教学的进程标准

阮真根据中学写作教学的目的,拟定了十条教学标准:思想清晰,文意切题,论理正确,词语确当,见解切合,文法(或语法)通顺,结构谨严,修辞雅洁,段落分明,标点清楚。这十条,都是为了实现"要养成学生正确而有法度的表述能力"。[①]

按照上述十条标准,阮真又拟定了初、高中各学年的教学进程标准。每个年级的写作教学标准,都按用字量、用词量、成文速度和成文质量分列四条。通过制定和实施中学语文教学的各项标准,来加强教学的科学性。同时,为写作评分提供了标准。

(二)强调写作指导的重要性

关于写作指导,阮真认为语文教师应从三个方面努力下功夫:第一,指导学生搜集材料;第二,指导学生组织文章;第三,指导学生结构文句。写作的材料有两个来源:一是从观察实际事物中得来的;二是从读书中得来的。作记述描写的文章,前者较多;写论说推理的文章,则后者较多;作应用之文,要推情度理,按事言实,多属前者;据法援例,引古证今,多属后者。所以搜集材料,是写作的重要工作。正因为如此,教师必须重视对学生搜集材料的指导。例如,书籍的参考、事物的观察、调查,教师都必须指导清楚,指导学生搜集材料是写作教学的基础。每次写作,教师最好先出题目,让学生在课外写出草稿,到写作课时,把草稿给教师看一遍。然后教师可在文章组织不当的地方,加以具体指导。如果文章组织得不好,将使全文无法删改。教师指导学生写作,必须和阅读、文法进行联系,在讲阅读文章的时候,就要为写作做准备。理想的教法是,教师

---

① 阮真.中学国文教学法[M].南京:正中书局.1936:72.

应该在阅读的预习指导上,提出文法造句的练习题目,教学生每天去做练习。教师可以从阅读教材中,选些模范文句,教学生去模拟练习,这对写作是很有帮助的。学生写作成绩的好坏,和写作前的指导很有关系,指导得好,学生写作上了轨道,删改也比较容易;指导得不好,学生任意乱写,做坏了文章,删改非常困难,所以教师与其在删改上花费过多的时间和精力,不如多花时间在写作的指导上。

(三) 结合学生实际生活需要进行写作的拟题

阮真认为:"最好在编制读文教案的预习指导项下,先将写作题目提出,使学生在读文时,有了写作的目的和动机,那么读文不致毫无目的,漫不经心的忽略过去,写作不致毫无意思的空做,也不致毫无法度地伪做了……替学生拟题,是要斟酌时地环境和学生的程度的,所以决不能抄袭模仿;替学生拟题,是要根据学生的常识经验与生活需要的。"① 阮真注重拟题的预备与拟题的方法。拟题的预备,就是"在一学期教学开始之前,应当有些大体的计划与事前的经营"②。阮真之所以注重拟题的预备,是因为教是按照教学目的,预定了计划,然后教法不至于错乱,也不至于临时想不出题目。他认为拟题的预备要解决好拟题的计划与材料问题。拟题的计划,要认清读文写作的教学目的与进程标准;注意写作和读文联系;注意联系各年级学生已有的知识经验,有时还要注意和别的学科联系,要注意学生的生活需要。拟题的材料,要符合学生的生活经验;能让学生用自己的经验去体会。拟题的方法,要求生活化、实际化。阮真提出写作命题可利用的机会有:利用学生的实际需要事项;利用读物;利用定期刊物;利用校内服务事项;利用服务事项。方法是联系生活实际拟题,结合课文拟题,创造情境拟题。结合学生实际生活需要拟题,学生不仅有话可说,有文可做,而且有写作的规律可循。

(四) 运用联系的方法进行写作的练习

首先,要注意读写结合。在中学生的写作练习上,各种文体都要根据应用范围的大小,在教学上位置的轻重,进行相匹配的练习。而各种文体所占的比例,可依据教材中各类文体所占比例的大小而定。

其次,要注意课内练习和课外练习结合。阮真把写作练习分为课内练习和课外练习两类。课内练习的方法有:短文快作练习、片段练习、翻译练习、重写练习、听写练习等。课外练习的方法有:长篇文字练习、文艺练习、演说拟稿练习、笔记练习(指日记、札记之类)、问题研究或设计的写作练习。阮真认为,中学生的写作练习,应根据练习的性质,将课内练习和课外练习结合起来。写作的课内练习与课外练习性质不同,时间要求也应有所差别,课内练习时间应严格限定,而课外练习时间则可宽限。

最后,要注意口语练习与写作练习的关系。阮真认为:"口语练习和写作练习自然有些不同的地方,但是,思想的组织,篇章的结构,以及修辞造句的技术,口语与写作是很相同的……因为

---

① 阮真.中学国文教学法[M].南京:正中书局.1936:82.
② 同①:86.

口语和文字,同是发表思想的符号,而口语尤为文字的基础,所以口语练习很可做写作练习的基础。"①此外,阮真提出写作教学要以口语练习为辅助手段。口语练习的方法,阮真提出了对话或剧本的对白练习、演说、辩论三种。其功能为:可以用说带写;可以培养评论能力;可以发展思维能力。

从阮真对写作的练习主张上可以看出,在写作的教学方法上,阮真是运用了联系的方法,将读写结合起来,将课内练习和课外练习联系起来,将口语练习与写作练习结合起来。

(五) 不同年级各有侧重的写作评分标准

首先,在写作评分标准上,为改变无标准的盲目、随意状态,阮真提出了富有创造性的标准,其特点是把写作评分标准与写作进程标准结合起来分项记分。各年级写作评分标准表具体内容如表1-4、表1-5所示:

表1-4 初中各年级写作评分标准表

标准	一年级百分比	二年级百分比	三年级百分比
思想清晰	40%	30%	25%
语法通顺	30%	30%	25%
文意切题	10%	15%	20%
词语确当	10%	15%	20%
段落分明	5%	5%	5%
标点清楚	5%	5%	5%

表1-5 高中各年级写作评分标准表

标准	一年级百分比	二年级百分比	三年级百分比
思想清晰	30%	25%	20%
文法通顺	30%	25%	20%
论理正确	15%	15%	15%
见解切合	15%	15%	15%
结构谨严	5%	10%	15%
修辞雅洁	5%	10%	15%

表1-4及表1-5表明:初、高中都是把一篇篇文章从文与道两个方面列出六个评分项目,每个项目在不同年级有不同的评分百分比。评分采用分项记分,而后核算部分的方法;各年级根据不同的实际情况,确定不同的评分侧重点,这样就使一篇文章,在不同年级因不同的评分标准而评出不同的成绩。写作评分是写作教学中应重点关注的问题,阮真认为要确定中学生写作的评分

---

① 阮真.中学国文教学法[M].南京:正中书局.1936:94.

标准,必须从中学写作的教学标准出发,应该根据各年级写作进程标准而有所不同。例如,在一年级的标准里,可得六十分的文章,在二年级只能得五十分。在三年级的标准里,只能得五十分的写作,在二年级可得六十分。阮真制定的评分表里的评分比例不一定完全合理,但这种主张对今天的写作教学也有借鉴意义,同一个题目的写作在不同年级体现出不同的要求,这样才能看到学生在写作上的进步。

其次,在写作教学上要改进批改方法。第一,主张符号批发,但应侧重于批而不改;关于写作的批改问题,阮真认为应当根据写作教学的十条标准,来判断哪些问题宜改,哪些问题不宜改。第二,评语运用要适当。关于写作的评评,如果奖批过度,则容易引起学生的自满心理,如果训批过度,则容易使学生灰心。因此阮真认为,在写作的评语上,教师宜多斟酌,奖批宜多,训批宜少,但不可满口夸赞。学生一般十分关注教师的评语,所以教师在运用评语时应适当,适当的评语能鼓励学生,弥补其写作上的不足,从而取得进步。

"一件事,对己说是学,对人说是教,对事说是做",这是阮真"教学做合一"的教育原则。对于阮真的语文教育思想,本书分别从阅读教学思想和写作教学思想两个方面进行具体阐述。阅读教学思想包括课内阅读观和课外阅读观。课内阅读观包括由浅入深的教学过程和制定适合学生实际需求的课内阅读教材两个方面;课外阅读观则包括归纳课外阅读于课内和补充校内阅读于校外两个方面。写作教学思想首先强调要拟定十条由易到难的写作教学进程标准,以实现"要养成学生正确而有法度的表述能力"。在写作教学上,阮真强调教师要重视写作指导,要结合学生实际生活需要进行写作的拟题,同时也要善于运用联系的方法进行写作的练习,最后要根据不同年级制定不同的写作评分标准,并将写作评分标准与写作进程标准结合起来分项记分。阮真以学生为主体提出的符合学生生活实际的语文教育思想,对中学语文教学具有积极的借鉴意义。阮真的语文教育思想如表 1-6 所示。

表 1-6　阮真的语文教育思想

主要方面	具体内容
教育原则	教学做合一:一件事,对己说是学,对人说是教,对事说是做
阅读教学思想	① 课内阅读观包括从浅入深的教学过程和制定适合学生实际需求的课内阅读教材主张。 ② 课外阅读观包括归纳课外阅读于课内和补充校内阅读于校外
写作教学思想	① 拟定十条由易到难的写作教学进程标准,实现"要养成学生正确而有法度的表述能力"。 ② 强调写作指导的重要性:指导学生搜集材料;指导学生组织文章;指导学生结构文句。 ③ 结合学生实际生活需要进行写作的拟题。 ④ 运用联系的方法进行写作的练习;注意读写结合;注意课内练习和课外练习结合;注意口语练习与写作练习的关系。 ⑤ 不同年级有不同的写作评分标准,将写作评分标准与写作进程标准结合起来分项记分

> 练习题

1. 单选题:以下哪种写作批改方式是阮真所主张的?(　　)

A. 教师直接帮学生改的内容很多。

B. 教师对学生写的文章基本都是夸赞,一些有问题的地方没有被明确指出。

C. 教师批改写作,为学生提供了改的方向。

D. 教师评语重复性很强。

2. 简答题:关于课内阅读选材,阮真先生提出了哪四个重要的原则?

3. 论述题:选取高中语文课本中的一个单元,分析一下其是否体现和如何体现科学地安排文章?

4. 论述题:根据阮真的语文教育思想,要如何进行拟题的预备工作?

第五节　朱自清语文教育思想

朱自清(1898—1948),我国现代杰出的散文家、诗人、学者、民主战士。他从教长达 28 年,在语文教学方面倾注了大量心血,是一位为人民的文学教育事业而劳瘁终身的卓越的语文教育家。他撰写了多篇教育研究论文,多次参加语文教学课本编写工作,在理论和实践相结合的基础上形成了自己一套完整的语文教育理论体系。叶圣陶曾对他的语文教育思想做出过全面而中肯的评价,称他为语文教学的"全才"①,"尽职的胜任的国文教师和文学教师"②。

朱自清

一、语文教育思想

朱自清的语文教育思想博大精深,主要是以下述三点为基础发散辐射,从而构筑起独特的教育理论系统。

(一)教育者须有坚贞信仰与健全人格

朱自清认为,教育是目的,而非手段,而一般教育者却经常本末倒置,所以往往导致不良的后果。"教育者先须有'培养'的心,坦白的、正直的、温热的、忠于后一代的心。"③忠于教育,只有有了培养的心,才能得到培养的方法。

教育的价值在于培养具有健全人格的人,而教育者本身必须是人格健全的人。教育者的人

---

① 曹洪顺.语文教育漫论[M].青岛:中国海洋大学出版社,2003:116.
② 马建强.追寻近代中国的教育大师[M].北京:教育科学出版社,2008:221.
③ 朱自清.朱自清散文精选[M].杭州:浙江文艺出版社,2003:269.

生理想,应该超乎功利,教育者不但要做一个能干、有用的人,并且要正直、坦白、敢作敢为。在朱自清看来,一颗温热的心是不可缺少的,能爱学生,才能真的为学生所爱。教育便在爱的感化中进行。

(二)教学与训育并重

朱自清认为"为学与做人,如人的两足应当一样长一般"[①],学生们入校,一方面固然是求学,另一方面也是学做人。机械地获得知识,又机械地运用知识的人,人格上没有深厚的根基,他们的人生理想是模糊的,他们的努力是盲目的,只会因环境的改变而随意变更。

做人是逐渐培养的,不是定点教授的。这便要求教师平日里多关心、指导学生,潜移默化地影响学生,为学生们创造出一个良好的学习环境。教育的效果既要看教师的教法,在很大程度上也受到教师的人格影响。

"法是气量小的人用的,他们不能以全身奉献于教育,所以不能爱——于是乎只能寻着权威,暂资凭借。但权威是冷的,权威所寓的法则也是冷的,他们最容易造成虚伪与呆木的人。"[②]学生需要大气度的关爱与教导,对此,教师要不辞劳苦地去做,任劳任怨。

为达到最佳的训育效果,朱自清主张每班学生最好只由一个教师指导,自开始至毕业为止,或二年级由甲教,总是由甲教,三年级由乙教,总是由乙教。如此,不仅可以使各年级的课程等更圆满地发展,各年级间的联系也可以更加密切,并且可以提升指导的效果,因为教师对学生的个性都已经熟知,彼此关系也比较亲密,更容易进行指导。

(三)"不求甚解"源于分析地咀嚼和欣赏

中国语文教育的目的在于养成读书思想和表现的习惯或能力,以及发展思想、涵养情感。朱自清认为,这两个目的是不应分离的,且不分轻重的,但前者是语文课程特有的,是语文教育的主要目的。[③]

在这两个目的的指导下,文章应该分析地咀嚼和欣赏。"不求甚解"是一种从容惬意的读书方式,但"不求甚解"而能了解主要的意思,是靠不断的训练,由"读书不放一字过"——一字一句不放松的、咬文嚼字的功夫积累而来。"欣赏得从词汇和比喻的选择,章句和全篇的组织,以及作者着意和用力的地方,找出那创新的或变古的、独特的东西,去体会,去领略,才是切实的受用。"[④]因此,教师备课时,必须字字查清楚,弄明白,学生在学习时也必须字字了解。在此过程中,教师不但得帮助学生解决他们遇到的问题,还得提醒学生所没有注意到的重要的问题,启发学生拓展思路,师生共同讨论解决疑难问题。

---

① 朱自清.朱自清散文经典(超值全彩珍藏版)[M].北京:北京联合出版公司,2015:227.
② 朱自清.朱自清散文精选[M].北京:北京联合出版公司,2016:272.
③ 韩世姣.中国语文教育思想简史[M].上海:复旦大学出版社,2015:117—118.
④ 朱自清.语文杂话[M].北京:生活·读书·新知三联书店,2012:76.

二、教材编选思想

在教材的编选方面,朱自清有相关论述。朱自清认为,教材不只是写作的榜样或范本,还是学生了解本国固有文化和养成欣赏文学兴趣的载体,因此编选合适的教材的意义不言而喻。朱自清见证了白话文运动,但他始终肯定文言文的时代价值,阅读文言文,对了解他人的文字与自己写作都有裨益,能补充白话文的词类和表达。因此,朱自清主张学生的语文教材必须白话文、文言文同时存在。但教材中的文言文部分要简单化,做到文字简明、条理清楚。朱自清认为,可以酌量选录书信、宣言、报告书、说明文等应用型文体。

三、语文阅读教学思想

重视阅读是朱自清语文教育思想的一大特色。朱自清认为,阅读教学担负着三重任务:"一方面训练了解的能力,一方面传播固有的和现代的文化,另一方面提供写作的范本。"[①]

(一) 读物的选择

朱自清认为最通用的是选文。初中学生对于文字的效用还不熟练,对此,初中教材分为叙事、写景、议论三种体裁就够了,主要是给学生打好鉴赏和表现的基础。高中教材则建议按朝代划分文章,包括周秦、汉魏、晋南北朝、唐宋的文和诗,加上宋词、元曲,因为最脍炙人口的东西,也就是一般人应有的中国文学常识,都在这几个朝代内。如果想进一步又专又精地阅读,可将文章再按人物划分类别。

另外,朱自清倡导多读小说:"小说增加人的经验,提示种种生活的样式,又有趣味,最是文学入门的捷径。"[②]杂剧、传奇、各种关于中国文学的通论或导言,也是好的阅读图书。

教师可规定各年级应阅读的书,并让学生在指定时间内上交读书梗概和笔记。教师们从训育入手,培养学生好学的风气,而所选的书也要符合学生的学习程度与需要,教师随时再进行督促。

(二) 掌握了解和欣赏的要领

朱自清首先强调的是语言的经济,阅读时,首先,学生要注意句读停顿与力量是否集中;其次,学生要善于运用比较的方法,譬如将散文与诗句做比较。最后,学生问题的提出要有分量,要有意义。最好教师只居于被动地位,用暗示的方法,帮助学生发现问题,解决问题。

朱自清认为在教师教授文章时,可以先让学生报告预习的结果、分述各段大意及全篇大意。此外,朱自清还具体陈述了教师详细讲解教学的要点:

---
① 朱自清.朱自清序跋集[M].苏州:古吴轩出版社,2018:40.
② 朱自清.语文杂话[M].北京:生活·读书·新知三联书店,2012:5.

(1)句式:某种特殊句子的形式,不仅是作者在写作技巧方面的表现,也是作者别有用心处。教师讲解课文时须加以说明。

(2)段落:教师指导学生写段落大意,每段大意,通常只用一两句话表示。教师教学时应当注意讲清语句间的联系,能显出原文的组织和发展的次序。

(3)主旨:教师要提醒学生注意一篇文章中体现全文主旨的重要语句,指导学生研究全文主旨如何发展。

(4)组织:文章组织的变化是作者花了心思处理的,教师说明文章组织的变化,对让学生了解与欣赏文章极为重要。

(5)典故:教学中,教师往往只说明典故本身的意义,而常常忽略典故在文章中的作用。典故的作用,一方面是使文字简明,另一方面也避免直接叙述,增加了读者的联想,使内容更加丰富。

(6)例证:在说明文和议论文中往往会有一些抽象的概念,教师在教课时必须用一两个具体的例证加以说明。

一篇文章讲完,教师可以与学生研究文章中作者的情思与文笔,并进行考查,检验学生对字词的掌握情况和对文章思想情感理解的程度。

(三)注重诵读教学

"学习新的语言,得从说入手,但是要同时学习说和写,就非注重诵读教学不可。"[①]朱自清认为,要加速"文学的国语"的成长,就得注重诵读教学,以此培养学生的了解和写作的能力。

朱自清主张学校里恢复从前范读的办法,吟、读、说并用,但在并用之前,须将吟、读和说区分开来:"文宜吟诵,因为本不是自然的。语只宜读或说,吟诵反失自然,使学生只记辞句,忽略意义。"[②]

朱自清认为中学生应该诵读相当数量的文言文,这是古典的训练、文化的教育。"一个受教育的中国人,至少必得经过这种古典的训练,才成其为一个受教育的中国人。"[③]因此,朱自清认为从小学到初高中学生应一直注重诵读,教师时常范读,学生时常练习,习惯成自然。这不仅可以达到了解和欣赏的目的,还可以为写作提供和树立榜样和标准。

长期以来,人们对语文教育的"讲析"推崇备至,恰恰忽略了语文教育关于"读"的重大特征。朱自清的包括诵读在内的关于"读"的理论正是因语文教育的现实而提出的,希望语文教育从"读"的方法途径上解放自己、回归自己,朱自清对"读"的极力倡导也正是对一种崭新的语文教育方法的追求和呼唤。[④]

---

① 朱自清.语文杂话[M].北京:生活·读书·新知三联书店,2012:97.
② 同①:83.
③ 同①:74.
④ 宾恩海.朱自清语文教育思想初探[J].柳州师专学报,1995,10(3):37.

四、语文写作教学思想

(一) 有创作的目标

很大一部分学生对写作有畏难情绪。但如果将创作作为目标,学生写作的兴趣便会好很多——他们觉得写作是有所为的,而不是机械地练习。朱自清认为"写作练习是为了应用,其实就是为了应用于这种种假想的读者"①。

据此,朱自清建议以创作报纸上和一般杂志上的文章作为目标,主要原因有:第一,报纸上或一般杂志上的文字实用而且有所发展;第二,兼有各类文体;第三,兼具各类读者。学生常常比较着看,就容易看出读者和文字的关系是很大的,也便能渐渐留心他们的假想的读者。再者,从事新闻或评论的写作,或起草应用的文章登在报纸或杂志上,也是一种骄傲,可以激发学生写作的兴趣。

壁报文字便是鼓励学生写作的一个好方法——教师把优秀的文章张贴到墙壁上供人阅读,这样学生有了较为实际的读者群,阅读者也可以时常阅读,这可以使学生对于以报刊文字为写作的目标有更亲切的印象。

(二) 多练习说明文和议论文的习作

作为作家,朱自清从创作的角度来谈语文教育,尤其注重写作的题材和文体。在朱自清看来,学生通过写作能力的培养,会增长文学运用的知识和认识社会人生的经验,进而提高他们的思想水平,而说明文和议论文写作练习的力量是不可低估的。他认为:"实际生活中说明文和议论文比叙述文和抒情文用得多……而且一面也可以训练他们的思想。因此应该多练习这两种文字。"②说明文和议论文这两种文体不仅实用,而且它可以使学生通过这些文体的实践深入到现实生活之中,进一步使学生认识社会和人生的广度。

在写作练习中,从学生所熟悉的生活或时事当中选出些说明文和议论文的题目,让他们有话可说,发挥自己的判断和意见。

(三) 正视和解决思路不清的问题

在朱自清看来,一般学生的写作通病在于思路不清、层次杂乱、意思不连贯、字句重复。之所以普遍存在这种问题,一是由于学生阅读太少或不仔细,二是过分依赖说话。"由于阅读太少或不仔细,不能养成阅读的——眼的,客观标准,便只能用说话作标准——耳的,来阅读自己的写作。"③但说与写终归有别,口语有声调姿势表情衬托着,书面语言则是专从字句的安排与组织里

---

① 朱自清.语文杂话[M].北京:生活·读书·新知三联书店,2012:22.
② 同①:219.
③ 同①:65.

生出来的。"字句的组织必得在文义之外,传达出相当于说话的声调姿势表情来,才合于写作的目的。"①而写作,特别是议论文写作,需要相当广泛的阅读和深刻的经验,其中大部分是抽象观念的结合,对于思想力还未充分发展的学生来说,组织这些抽象观念的确具有一定的难度。

对此,朱自清主张用"读"帮助学生写作。"要训练文脉,得用宣读文件的声调……若从小学时代起就训练这种正确的朗读,语脉混入文脉的情形将可减少,学生写作也将容易进步。"依靠着读的因素、功能可以使学生至少在语脉、文脉方面得以明晰,同时让学生最终区别写作和说话。②另外,朗读诵读的作用还在于学生通过"读"的长期积累帮助他们在写作方面进行闪光的自觉的艺术创造。

朱自清还倡导学生写作时从小处下手,从切近、熟悉的小题目开始练习。在写作时写出详细的提纲,从意义上、意念的排列上入手,有逻辑地写作。写作时,学生可以限制字数,分段书写,且慢慢写整篇文章,这样可以有时间构思层次和细心修改。除了多写作、多修改,学生还得多练习分析——或以句为单位,或以节为单位,或以全篇大纲为单位。

在写作的批改上,朱自清反对教师对学生的作文进行逐字细改,也不赞成只指导,不改文,认为改虽然不改,看仍要看,看后用批注与符号指出应修正之处,让学生自己修正,或互相之间订正。③此外,朱自清还主张教师要写下水文,并且自己身体力行。

朱自清的语文教育思想内容丰富而全面,观点深刻,是我国现代语文教育史上的宝贵遗产,不仅有利于后来的教育者准确把握语文教育的目的和实质,也为语文教材的编写与利用、语文教师开展阅读、写作等教学方面提供了借鉴和参考。朱自清的语文教育思想如表1-7所示。

表1-7 朱自清的语文教育思想

主要方面	具体内容
总的教育思想	① 教育者须有坚贞信仰与健全人格; ② 教学与训育并重; ③ "不求甚解"源于分析地咀嚼和欣赏
教材编选思想	语文教材须兼采白话和文言,但教材中的文言部分要简单化,做到文字经济、条理清楚
阅读教学思想	① 读物的选择; ② 掌握了解和欣赏的要领; ③ 注重诵读教学
写作教学思想	① 有创作的目标; ② 多练习说明文和议论文的习作; ③ 正视和解决思路不清的问题

---

① 朱自清.语文杂话[M].北京:生活·读书·新知三联书店,2012:65.
② 宾恩海.朱自清语文教育思想初探[J].柳州师专学报,1995,10(3):36.
③ 张颖.朱自清语文教育思想研究综述[J].临沂师范学院学报,2003,25(5):129.

练习题

1. 单选题:以下不同教师的带班模式中,朱自清会认为哪种训育效果较好?（　　　）
A. 甲老师将一个班从一年级一直带到小学毕业。
B. 乙老师不想局限于教低年级学生,因而教完二年级就申请去教六年级了。
C. 丙老师一直留在五年级教数学。
D. 丁老师看哪个年级哪个班缺老师就去顶替教学工作。

2. 单选题:"写作练习是为了应用",朱自清认为学生应该加强以下哪些文体的习作?（　　　）
A. 记叙文　　　B. 传记文　　　C. 说明文
D. 抒情文　　　E. 议论文　　　F. 诗歌

3. 填空题:关于读物的选文标准,朱自清认为初中应采取_____的办法,高中则建议用_____办法。

4. 简答题:在朱自清看来,写作能力应该如何提升?

5. 论述题:近年来,国家下发了关于积极传承中华优秀传统文化的系列工作意见,尤其提出了对吟诵的研究、抢救保护和传承要求。请用朱自清的教学思想,结合实际例子,回答诵读教学应该如何开展?

第六节　当代语文教育家思想述评

一、曾祥芹语文教育思想概说

曾祥芹先生是河南师范大学资深教授,曾任《河南师范大学学报》主编,又担当文学院语文课程与教学论、文章学、阅读学的硕士生导师,还兼任过中国文章学研究会会长、中国阅读学研究会会长、河南语文教育学研究会会长、中国高等教育学会语文教育专业委员会顾问、中国图书馆学会阅读推广委员会顾问、中国文章科学研究院院长等职。

曾祥芹先生从教60年,在实用文章学、汉文阅读学、语文教育学等方面有开创性研究,发表600多篇论文,独著和主编出版了36种学术论著,其著述多达1300多万字。谈起我国语文教育学家,语文学界曾有"元三老"(叶圣陶、吕叔湘、张志公)和"亚三老"(朱绍禹、刘国正、顾黄初)之说。2009年7月,全国语文教育专业委员会理事长周庆元教授在南戴河举行的"全球化语境下语文教育理论与实践国际研讨会"上首先宣称:"曾祥芹是在阅读学、文章学和语文教育学三个学科领域研究的'三栖著名学者'。"2010年10月16日,在河南师范大学举行了"曾祥芹学术思想国际研讨会",国内外200多名学者与会共襄盛举,公认曾祥芹是"一语双文"新语文观的创立者,是中国实用文章学和汉文阅读学的开拓者和奠基人之一。全国语文教育专业委员会学术委员会主任王松泉教授著文《语文教苑的一位杰出思想家——曾祥芹学术思想体系初探》,张正君教授著文《乘骐骥以驰骋兮,来吾导夫先路——曾祥芹先生的新语文教育探索之路》和曹洪彪著文《从陶行知、拉斯克的"教育家"理论看曾祥芹教授》,一致认为"曾祥芹先生是继'元三老'叶圣陶、吕叔湘、张志公和'亚三老'朱绍禹、刘国正、顾黄初之后的著名语文教育学家"[①]。曾祥芹先生的老学生——河南省教育厅原厅长王日新莅临盛会时曾说:"冠以个人姓名而召开的国际学术研讨会,在河南省高校是史无前例的,在全国高校也是罕见的。"

在语文教育学家灿若群星的背景下,总观曾祥芹的语文教育思想,除了继承"前六老"的思想精华外,究竟有哪些由他发展了的个性化的语文教育思想呢?限于篇幅,本书只能展示出其系列新观点,而难以进行逐一具体的阐述。

(一) 创立"一语双文"新语文观

"一语双文"中的"一语"指"语言","双文"指"文章""文学",就是"语文"内容结构的"三足鼎立"说。三者并非同一层次的划分,而是两个层次的基本分类:语言形态的一分为二——口语和书语,文字作品的一分为二——文章和文学。前一层次的分类,即叶圣陶的"口头为语,书面为文"说,早已获得共识,成为不刊之论;后一层次的分类,即曾祥芹主张的"文本二分法",仍处在与广义文学观(广义散文观)、广义文章观、"文本三分法"的论争之中。

中国哲学发展的历史,经历了从古代"经史子集"的"四部之学"跃进到近现当代的"七科之学"(文、理、法、商、农、医、工)。正是站在哲学历史的高度,他才将"文科"一分为二,提出了"双文"观。

1. 扬弃四种"一语一文"落后旧语文观的原因

一是"语文即语言文字"说以偏概全。因为用"文字"囊括"文章、文学"是不科学的。如《义务教育语文课程标准》(2022年版)和《普通高中语文课程标准》(2017年版2020年修订)规定的语文课程应培养学生的"语言文字运用能力",似乎概括无余,但它不能等同、更不能代替"语言文章运用能力"和"语言文学运用能力"。文章与文学的理解、运用能力比文字的理解、运用能力范围广,程度深,境界高,"三能"步步递进,怎能用"初能"代表"高能"呢?

二是"语文即语言文学"说也是以偏概全。这个世纪性现代偏见是西化的产物,从语文独立设科以来,一直主宰着语文教坛,比"语文即语言文字"说更厉害!语文课程标准的制定者和语文教材的编者明明知道文学之外,有更为广阔的实用文章,明明知道文章多于文学、文章重于文学,却偏偏不从最广大的文章读者和作者的生活、工作需求着眼,凸显文章在语文中的基干作用。这种"一文论"难道不脱离语文社会应用的主要需求,有失偏颇吗?

三是"语文即语言文化"说较为高深,但失于笼统。语言是文化的符号,文化又是语言的"管轨"。"文化"形式多样,内涵物质和精神文化,无所不包。如果脱离"语言、文章、文学"这个"言语文化"的轨道去谈非语文的"文化",会流于宽泛,难免沦为"泛语文、泛人文"不良倾向的病根。

[①] 甘其勋."三学"创新论——曾祥芹学术思想国际研讨会文集[M].郑州:河南人民出版社,2011:3.

四是"语文即语言文章"说较为圆通,纠正了"语言文字"和"语言文学"的偏颇,融文字、文章、文学于一体,但是"广义文章观"与"广义文学观"互相矛盾,陷入混沌,异化为"文本",未能彻底解决文章和文学的分野和融合问题,因而有进一步提炼使之科学化的必要。

2. 普及"一语双文"论先进新语文观的原因

一是"一语双文"论以辩证否定的思维方式,科学综合了"语文"的四个义项:既克服了"语言文字"说的历史局限,又摈弃了"语言文学"说的现代偏见;既吸取了"语言文化"说的深刻思想,又提高了"语言文章"说的科学品位。

学者杨文忠早就发表专文评论:语言、文章、文学"三足鼎立"说宣告了四种"一语一文"观的终结,在语文学和语文教育学历史上具有划时代意义。① 曾祥芹在《"一语双文"时代渐行渐近——全球化语境下语文内容结构改革的必然趋势》一文里申辩道:"一语双文"论是对四种"一语一文"观的辩证否定,是对"六老"(叶圣陶、吕叔湘、张志公、朱绍禹、刘国正、顾黄初)语文观的继承和发展,是对语文课程标准的建设性批评,是对全球化语境下语文教育改革趋势的适应和拨正,是树立"语文教育的科学发展观"的根本。②

二是"一语双文"论内涵丰富,至少衍生出5组"三足鼎立"的语文基本范畴。

(1) 言语形态:生活语言、文章语言、文学语言。言语活动的"口语"形式是日常听、说的"生活语言";言语活动的"书面"形式是读、写所用的另外两种书面语言——规范而科学的"文章语言"和特殊而艺术的"文学语言"。

(2) 言语作品:话语作品、文章作品、文学作品。用三种言语形态分别主创的"言语作品"自然也可以分为"话语作品、文章作品、文学作品"三种。例如,《论语》是孔子的话语作品,又是曾子和孔伋等的文学作品。《三国志》是文章作品中的史志,《三国演义》是文学作品中的小说。

(3) 语文知识:语言知识、文章知识、文学知识。完整的语文知识必含语言、文章、文学三项。其主体是听、说、读、写的事实、概念、原理、技能、策略、态度等。语言知识是帮助我们认识及研究母语的工具,是学好语文知识的重要前提。文章作品是句、段、章、篇的组合体,是语、修、声、逻的统一体,是话语作品和文学作品的中介物,文章知识是语文知识体系的主干部分。而文学知识涵盖文化的各种问题,也包括一般的人们众所周知的文学习惯,极大地丰富了语文知识。

(4) 语文能力:口语听说能力、文章读写能力、文学读写能力。以思维为核心的听、说、读、写四大语文能力,文章读写能力处于中坚地位,口语听说能力训练有赖于文章读写能力的带动;文学读写能力必以普通文章读写能力为根基,二者是提高和普及的关系;文学读写能力与专业文章读写能力不是"阳春白雪"和"下里巴人"的高低关系,而是艺术与科学各有千秋的平等关系,二者可以争雄媲美。文章读写能力与文学读写能力既存共性,又各具个性。

(5) 语文素养:语言素养、文章素养、文学素养。这个简洁而明快的总概念表述,不但宣示文章素养是语文素养中不可缺少的部分,而且强调文章素养是语文素养的中坚成分,堪称语文核心

---

① 杨文忠. 谈"三足鼎立"说的划时代意义——文章学家曾祥芹研究之一[J]. 蒲峪学刊(哲学社会科学版),1997(3):54—57.
② 曾祥芹. "一语双文"时代渐行渐近——全球化语境下语文内容结构改革的必然趋势[J]. 语文建设,2019(11):4—9.

要素。

(二)明确"语文学"的三大理论支柱是语言学、文章学、文艺学

分别以语言、文章、文学为研究对象的三门学科——语言学、文章学、文艺学,构成了"语文学"的三大理论支柱。"一语双文"先将语言分为口语与书面语,即分别对应"语文学"中的口语学、文本学。语文内容则被分为语言、文章、文学。口语学对应语文内容的语言部分,即口语学对应"语文学"的语言学理论;文本学对应语文内容的文章与文学部分,即文本学对应"语文学"的文章学与文艺学理论。① 与口语学并列的是文本学;文本学再一分为二,就是文章学和文艺学。"双文论"是"一语双文"论的重点、难点和焦点。我们批评单讲"语言学、文艺学"的片面"语文学",主张语文本体内容的"三分天下各占其一",就是要肯定开发文章学对完善"语文学"的完全必要性。没有文章学的"语文学"是残缺不全的"假语文",够不上"真语文"。"一语双文"论的学科理论开发重点就在于补齐"文章学"这块短板。

与文艺学抗衡的文章学,区别于包容文学的广义文章学,属于狭义的实用文章学。它涵盖文章本体学、文章发展史、文章写作学、文章阅读学、文章教育学,乃至文章政治学、文章经济学、文章文化学、文章社会学、文章生态学、文章哲学、文章力学、文章美学、文章伦理学,等等。它是"一体、两翼、三层级"(基础科学、技术科学、工程科学)的道法兼备、知行统一的学科体系。"一体两翼"是由曾祥芹提出的现代文章学体系。其中,"一体"即文章学的主体——文章,"两翼"则是读、写。曾祥芹将文章现象看作"全流程",结合现代科学体系建构,将文章学学科群分为基础科学、技术科学、工程科学三层级,即"一体、两翼、三层级"。三层级分别对应文章原理、文章技术与文章应用学科群。② 要让文章原理、文章写作、文章鉴赏、古代文章、现代文章、当代文章、外国文章、文章名著、文章名家等分支有立足之地,让有学术"户口"的新闻学、公文学、秘书学、文献学、传播学等与没有学术"户口"的史传学、方志学、学术文章学、应用文体学、网络文章学等结成"文章学的大一统"。

曾祥芹特别强调要透解"语文学"三大理论之间的有机联系。文章学之所以要与语言学、文艺学鼎立为三,一因文章学是与语言学、文艺学并峙的独立学科,二因文章学是语言学和文艺学之间的"桥梁"学科,三因文章学是发展语言学和文艺学的"动力"学科,四因文章学是可与语言学、文艺学争雄的主干学科。杨道麟教授曾著文说:"曾氏文章学是语文学科的主干理论"。③

(三)改变畸形的语文课程结构,急需开发文章学课程

完整的"语文课程"必含语言课、文章课、文学课三门。无论小学、初中、高中,其语文课必须兼顾语言、文章、文学三方面,而且应以文章教学为主干。文章课既是中小学语文课中的主要课程,也是高等师范院校和综合大学中文系急需补足的语文课程短板。高校"语言文学专业"的课

---

① 曾祥芹.论"一语双文"的语文内容结构观[J].课程.教材.教法,2015,35(4):57-59.
② 杨文忠."一体两翼"说:建构文章学体系的科学理论——文章学家曾祥芹研究之二[J].上饶师专学报,1998(1):85-89.
③ 甘其勋."三学"创新论——曾祥芹学术思想国际研讨会文集[M].郑州:河南人民出版社,2011:339.

程结构长期是文学课第一(占70%),语言课第二(占20%以上),文章课不到10%。改变这种畸形的语文课程结构,急需开发文章学课程:其必修课程可开文章学原理、文章写作学、文章阅读学、文章教育学、文章发展史;其选修课可按文章原理学科群、文章技术学科群、文章教育学科群、文章历史学科群开出60多门;其文章学活动课程,包括课外和校外的文章读写听说实践,课型丰富多样。

(四)倡导"用文章学指导语文教育"

与其他语文教育家一样,曾祥芹认定全面和全程的语文教学改革必须逐步实现"四重转化"——语文学科课程化、语文课程教材化、语文教材教学化、语文教学智能化。曾祥芹语文教育思想的第一大特质是主张"用文章学指导语文教育"。1995年4月,上海教育出版社出版了曾祥芹主编的《文章学与语文教育》,该书从12个方面(文章学与中国语文教育传统、文章学与世界母语教育趋势、文章学与语文知识教学、文章学与语文智能训练、文章学与语文思想教育、文章学与语文审美教育、文章学与语文教材建设、文章学与语文教法改革、文章学与语文学法指导、文章学与语文教育评价、文章学与语文课程设置、文章学与语文教师修养)架起了文章学与语文教育的第一座"立交桥"。耿红卫等学者曾著文说:"曾祥芹文章学是对叶圣陶文章学的继承和发展。"[①]

1. 编著文章学教材

完整的语文教材应该是话语教材、文章教材和文学教材的科学配伍。针对高校开设文章学课程的需要,曾祥芹与张会恩联袂主编了《文章学教程》(上海教育出版社1995年5月出版),成为全国高校文章学课程的通用教材。在基础教育中,文章教材历来是传统语文教材的主流体裁,而现行的语文教材却多半以文学教材为主。为纠此偏,曾祥芹主张理想的语文教材,除填补话语教材的空白外,就文字作品而言,其"文章文体、两栖文体、文学文体"宜采取3∶4∶3的和谐发展比例。这样,文章和文学教材各占70%,平分秋色。

2. 探索文章教学法的特殊规律

完整的语文教学法包括语言教学法、文章教学法、文学教学法。曾祥芹与萧士栋主编的《初中语文教学法举隅》(云南民族出版社1986年1月出版)早就建构了语文教学的"九法"体系,被赞为"九串珍珠"。文章教学法是语文教学法的主要方法。文章读写能力训练是中小学语文教学的主要任务。普通文章教学法是初中语文教学法的重点部分。鉴于从"语言文学系"毕业的语文教师被迫用大学习得的语言学、文艺学知识和技能去从事中小学的文章读写教学,为消除学用脱节,急需深究文章读写的个性及其教学方略。

(五)主张"用阅读学指导阅读教学"

语文能力,"读"占鳌头。以"读文"训练为龙头带动"写作"和"听语、说话"训练,首先需要阅读学与写作学比翼双飞。曾祥芹语文教育思想的第二大特质是主张"用阅读学指导阅读教学"。

[①] 耿红卫,李献宝.曾民文章学是叶氏文章学的继承和发展[J].焦作大学学报,2012,26(1):5-11.

他积35年之功,独著和主编出版了15种阅读学论著,达536万字。他带领学界同人完成了中国阅读学从无到有,从普通阅读学到汉文阅读学,从文学阅读学到文章阅读学的"三次飞跃"。1992年他与韩雪屏联袂主编了中国有史以来第一套"阅读学丛书"(包括《阅读学原理》《阅读技法系统》《文体阅读法》《古代阅读论》《国外阅读研究》5本,160万字,河南教育出版社初版,大象出版社再版),这座阅读学系统工程的里程碑被《语文教学通讯》封面广告为"影响中国20世纪的教育大著"。1999年,他集结国内教学研究员甘其勋、王继坤等阅读精英主编了"语文教育研究与探索丛书"中的核心著作《阅读学新论》(语文出版社出版)。2009年,他又与陈才生主编了《文章阅读学》(大象出版社出版),与龙协涛的《文学阅读学》唱对台戏,开辟了文体阅读的"半边天"。这样,在阅读原理、阅读技术、阅读教学三个层面做出了前所未有的贡献。

1. 构建了阅读原理的"四体"理论框架

这是曾祥芹从《阅读学原理》到《阅读学新论》的自我突破。

(1)阅读客体论:阅读对象、阅读环境、阅读时间。

(2)阅读介体论:阅读工具书、阅读工具器、阅读工具学、阅读工具语。

(3)阅读主体论:读者类别、生理、心理、智力、创造。

(4)阅读本体论:阅读本质、过程、规律、价值、文化。

例如,"阅读"的最新定义:"阅读是披文得意的心智技能,是缘文会友的社交行为,是书面文化的精神消费,是人类素质的生产过程。"它突破了主客结构的思维定势,扩展到主体之间的社会交往,深识到精神消费和生产的辩证关系,展示了阅读思维的四重视界(包含读者与读物、读者与世界两种主客间关系和读者与作者、读者与自我两种主体间关系)。

2. 形成了阅读技能的"三法"训练体系

(1)阅读技法108式。

在《阅读技法系统》一书中,曾祥芹提出程序阅读链(认读术、解读术、赏读术、评读术、记读术、用读术);完全阅读链(视读术、听读术、说读术、思读术、写读术、行读术);基础阅读链(选读术、精读术、问读术、略读术、参读术、快读术);应用阅读链(导读术、研读术、审读术、校读术、播读术、译读术)等。这一集古今中外阅读方法于一炉的研究,乃阅读学研究史上的首次。

(2)阅读技术3大法。

在《文章阅读学》一书中,曾祥芹提出精读法(主要追求阅读深度,每分钟读250字以下,理解和记忆率达90%以上);略读法(主要追求阅读广度,每分钟阅读量在250—500字之间,理解和记忆率在80%左右);快读法(主要追求阅读速度,每分钟读500字以上,理解和记忆率在60%以上)——以精读为主,以快读为辅,以略读为中介,三者形成一串读法链条。

(3)阅读的18般技艺。

在《阅读学第八讲》一书中,曾祥芹提出精读术8法(朗读背诵法、涵泳默会法、经验汇兑法、疑问思辨法、八面受敌法、比较阅读法、表达阅读法、迁移阅读法);略读术5法(默读浏览法、提纲挈领法、搜寻猎读法、不求甚解法、扩散参读法);快读术5法(无声阅读法、一目十行法、循章归旨法、意会神摄法、思维导图法)。①

如此,从繁丰的108法,到简化的3大法,再到适中的18法,经历了曲折的探索,逐步走向成熟——组成"精读、略读、快读一条龙"。

3. 阐发"阅读改变命运悦读享受人生"的阅读价值观

一是主编的《阅读改变人生》(中国海洋大学出版社2003年5月出版)集中回答了"为什么读"的能源问题。该书从"完善读者自我"和"建设社会文明"两大方面展开了"阅读"的25种好处:阅读是文明之源、文化之流、学习之母、写作之根、理想之羽、求知之路、开智之窍、立德之柱、审美之鉴、养身之方、创造之灵、生活之舟、爱情之媒、家庭之乐、教育之本、科技之乡、网络之光、生产之力、管理之诀、致富之宝、用兵之道、护法之剑、治国之术、领导之谋、强民之法。这"25颗珍珠"全方位阐述了阅读的科学和人文价值,被评为"中国第一部阅读动力学"。

二是宣扬"悦读享受人生"。在《悦读时代》杂志"卷首语"发表《在阅读神游中享受人生》,指明阅读是精神领域的"第二种生活",着意营造读者的良好心境,使"阅读"活动变为一种乐趣,一种享受,一种审美愉悦,使单纯的阅读技术升华为充满人文精神的"悦读"情怀。

这样,从"阅读改变命运"的沉重话题转到"悦读享受人生"的轻松话题,把"职业的阅读"与"嗜好的读书"结合起来,体现苦读与乐读、实用与审美的辩证阅读价值观。

4. 用阅读学指导阅读教学的十项改革策略

教师把阅读原理、阅读技法运用到阅读教学中去,既让学生学会科学地阅读,又强化阅读的人文精神,这是落实"阅读是学习之母,教育之本,生产之力"的阅读基础教育工程,需要将阅读理念操作化。

(1)"阅读能力"是读者智能、知识、情志的立体开放结构。

纵向的感知力、理解力、鉴赏力、迁移力、创造力与横向的选择力、思考力、想象力、记忆力、时效力组成的"智能系统"是阅读能力的主干结构;阅读客体、阅读介体、阅读主体、阅读本体构成的"阅读学知识"是阅读能力的基础结构;阅读动机、兴趣、情感、意志综合养成的阅读理想、道德、态度、习惯这些"阅读情志"是阅读能力的动力结构。站在"阅读社会"的文化背景来看,这个立体开放结构实质上是"求真、向善、至美"三位一体的阅读能力结构观。

(2)树立科学的"大阅读"观——阅读的"外宇宙"和"内宇宙"。

纸本书、电子书、无字书构成阅读的"外宇宙",解文(读者与文本)、知人(读者与作者)、论世(读者与世界)、察己(读者与自我)展开的"四重视界"是阅读的"内宇宙"。凡有创意的阅读都是"解文、知人、论世、察己"的思维结晶。

(3)阅读选择的战略和战术——读求真、向善、至美的书。

以求真、向善、至美为价值维度和思考倾向,进行阅读选择,从而更好地启智育德、陶情修身、完善人格,促进个性健康发展。

(4)汉文阅读的六大优势。

---

① 甘其勋.曾祥芹教授和他的阅读学建树[J].阅读时代,2009(4):21—22.

汉文阅读具有解读（分析性阅读）、意读（整合性阅读）、诵读（记诵性阅读）、快读（快速性阅读）、美读（审美性阅读）、智读（创造性阅读）的六大优势，在 21 世纪将发挥比以往更大的威力。

(5) 阅读的"三九胃泰"——阅读的完整过程和基本规律。

汉文阅读过程必经的三个阶段：一是"感言辨体"的认形阶段；二是"入情得意"的取神阶段；三是"运思及物"的笃行阶段。这个"全程阅读论"突破了"纯主过程、单向过程、半程阅读、模式化过程"四种弊病。阅读的三条基本规律，统领了九项阅读原则：语境定义，意会神摄，经验汇兑；遵路识真，阐幽发微，以意逆志；知人论世，类化迁移，切己体察。它们逐级提高，纵贯全程，彼此联结，共生效应，概括了汉文阅读的历史经验。曾祥芹把它比作阅读的"三九胃泰"。因为阅读是从文字作品中吸取精神营养的活动，就像消化精神食品那样，要经过唾液、胃液、肠液的三道加工，才能吸取其精华，排泄其糟粕。据他调查，得阅读"胃病"的人不在少数，大多表现为"阅读浪费""阅读消化不良"，少数表现为"阅读中毒"，究其根源是没有掌握阅读的基本规律。如果能自觉运用阅读的三大规律、九项原则，就不会得阅读"胃病"，或者说得了阅读"胃病"就会治好。

(6) 走进文本，走出文本——文本阅读的大法。

"诵读沉入、默会潜入、图像映入、经验汇入、疑问攻入、多角切入、整体融入"是走进文本的七条通道，是矫正阅读浮躁心理的医治良方，是曾祥芹几十年读书经验的总结。掌握了阅读的这"七个窍门"，任何文本都可以深入阅读！在文本阅读上，曾祥芹认定，文章阅读和文学阅读是一位合格读者必须兼备的两类阅读智能，因而强调文章阅读和文学阅读的和谐发展。曾祥芹《文章阅读学》与龙协涛《文学阅读学》唱的"对台戏"，预示着"双文阅读"比翼齐飞的春天开始到来。

(7) 阅读教学策略的八项变革。

变盲无目标的"漫读"为定向择优的"选读"；变拘于一隅的"偏读"为广泛涉猎的"博读"；变肢解课文的"碎读"为整体感悟的"意读"；变缺少记忆的"白读"为注重积累的"诵读"；变食而不化的"吞读"为质疑问难的"攻读"；变单纯吸收的"心读"为勤于表达的"写读"；变只管认知的"空读"为知行统一的"活读"；变逐字逐词的"慢读"为一目十行的"快读"。

(8) 保证共性化通解、避免自由化误解、力争个性化正解——阅读神游的基地、陷阱和胜境。

阅读能力的核心是"理解"能力，"理解"包含"阐释、组合、扩展"三项构成要素，又分出"复述、解释、评价、创造"四个发展层级。教师在培养学生"理解"能力的过程中，一要追寻原意，让"共性化通解"全体达标；二要坚持"多元有界"的原则，避免"自由化误解"；三要在"共性化通解"的基础上重构新义，补充发挥，反思批判，力争达到"个性化正解"。

(9) 防止悖体阅读、普及适体阅读、提高到跨体阅读——文体阅读的出格、入格和破格。

悖体阅读是违背文体特性和文体思维法则的阴差阳错的阅读；适体阅读是适应文体特性和文体思维法则的返璞归真的"原形阅读"，即把文章当作文章来读，把文学当作文学来读，对"两栖文体"进行实用和审美的双重解读；跨体阅读是在适体阅读基础上的"超原形阅读"，即把文章当作文学来读，把文学当作文章来读。

(10) "读书、阅网、观景"三结合——现代学人的阅读新习惯。

阅读教育的终极目标是培养良好的阅读习惯。信息化社会的读者必须学会"精读纸本书,快读电子书,活读无字书"。"左书右网""内读外行",乐于从有字句处得意,善于从无字句处明理。这是曾祥芹对当代读者阅读生活习惯的顶层设计。

(六)快读快写比翼飞,语文教育高科技

曾祥芹长期兼任全国快速写作和快速阅读两个研究中心的名誉主任,最早提出了"快读快写比翼双飞"的战略发展主张,用著书、撰文、作序、讲学,扶植了全国"读写双快"文化事业和产业的蓬勃兴起。

1. 人类五种言语运动的速度

从言语的生成看,其序列是思、说、听、写、读;从言语的教学看,其序列是思、读、写、听、说;从言语的速度看,其序列是思、读、听、说、写。21世纪迫切需要的语文智能是"敏捷思维、一目十行、过目成诵、入耳成文、出口成章、下笔千言,倚马可待"。

2. 文章思维的"八卦炉"

思维是言语作品的核心,又是文本读写能力的核心。语文教育承担着培养"话语思维、文章思维和文学思维"的开智重任。不同文体有不同的思维法则。区别于文学思维的文章思维法则是:抽象思维为主导,形象思维为辅助,灵感思维为灵魂,社会思维为凭借,辩证思维为纲领,系统思维为网络,战略思维为旗帜,创造思维为高标。这是文章思维操练的"八卦炉"。

3. 快速写作原理论

致虚守静,进入意境:从写作心理学视角来看,快写首先要有一种心理准备。写作前虚心静气,方可进入意境。激发灵感,情急智生:从写作思维学视角来看,快速写作是灵感思维的体现,灵感能够促进某种特殊智能的产生。神与物游,随物附形:从写作客体角度来看,将文章的内容和形式与现实世界紧密联系起来,是快速作文的重要方法。自我确定,求异创新:从写作主体角度来看,要尊重个体的思维和自我精神。简化程序,快捷合分:从写作本体角度来看,要凭借直觉思维简化逻辑推理,以快速合分的方式进行谋篇布局。意到笔随,心手相应:从写作语言学来看,行文应紧随思维,如水中行舟。气盛言宜,一气呵成:从写作心理学和写作语言学的交叉视角来看,快速行文的关键是不要中断思路,中途停笔。积之平日,得之俄顷:从写作感知学视角来看,平日多观察生活,积累素材,才能为快速作文奠定良好基础。

4. 快速阅读文化开发论

为快读鸣锣开道,曾祥芹认为:"快读是精读、略读方法的重大发展,是中华民族阅读的优良传统,是信息社会公民的必备技能,是知识经济时代的阅读革命,是语文素质教育的高新科技,是开发精神生产的智力能源。"他与学术搭档甘其勋,继叶圣陶、朱自清合著的《精读指导举隅》《略读指导举隅》之后联袂主编了《快读指导举隅》,并担当"全国快速阅读联盟"产业的总顾问,参演了中国第一部快速阅读科教片《快读通》。

(七)力促语言、文章、文学三育的和谐发展和历史全述

1. 文章教育、语言教育与文学教育三足鼎立

"一语双文"论指导下的语文教育应是语言的德智美"三育"、文章的德智美"三育"和文学的德智美"三育"全面交叉、和谐发展的教育。"语文"教育,以"文"为主,"文章"教育处于中坚地位。"双文"教育必以语言教育为根基,遵循"普及第一,提高第二"的方针,必坚持"文章第一,文学第二"的原则,先熟悉言语的科学规则,后才有希望去把握言语的艺术技巧。必须按照"语言→文章→文学"的发展程序去提高语文的各项素养。在文章教育中,文章智育是语文智育的主要途径,文章德育是语文德育的主攻阵地,文章美育是语文美育的别开洞天。文章教育在实现立德树人根本任务中将比文学教育发挥更直接、更现实、更有力的优势。

2. 编写语言、文章、文学运动并驾齐驱的语文教育史

完整的语文教育史包括语言教育史、文章教育史、文学教育史。古代语文教育史早就建立了"汉文字、汉文章、汉文学"的三种教学体系。遗憾的是,现代语文教育史狭解"五四新文化运动",只看到"五四新文学运动",看不到"五四新文章运动",只概述"国语运动"和"文学运动",而不追叙"文章运动"。因此,中国近现当代语文教育史的研究,急需补足"文章教育史"这块短板。

中国文章学史可分古代、近代、现代、当代四个时期:中国古代文章学史,自先秦到晚清3000多年,一直是包容文学的广义文章学为正统,而实用文章论是其中的主体,如先秦子学、两汉经学、魏晋玄学、隋唐佛学、宋明理学、清代朴学,皆为狭义文章研究,复旦大学王水照教授编的10册《历代文话》就是实证;中国近代文章学史,从鸦片战争到五四运动的80年(1840—1919),是古代文章学向现代文章学的过渡和转型期;中国现代文章学史,自五四运动到改革开放初约60年(1919—1978),是现代文章学的变革和曲折期;中国当代文章学史,自改革开放到21世纪初叶的40年(1978—2018),是实用文章学的开创和复兴期。

(八)文章文化是口语文化的固化,是书面文化的主体

完整的"言语文化"涵盖语言文化、文章文化、文学文化。口头之"语"所包含的"语言"和"言语"是"口语文化";书面之"文"所包含的"文章"和"文学"两类文本是"书面文化"。没有"文章文化"的"言语文化"是残缺不全的。许多关注语文的文化学者只谈语言文化和文学文化,偏偏不谈文章文化,他们不明白:"文化源头在文章,文化主流是文章,遗产传承赖文章,文艺繁荣靠文章,文化发展重文章。"①须知,文章不止在精神文化舞台上唱主角,而且在整个物质文明、政治文明、精神文明、社会文明、生态文明建设中发挥着越来越大的作用。文化学者在"言语文化"领域亟须提高"文章文化"的自觉性。

---

① 甘其勋.甘其勋自选集[M].郑州:文心出版社,2012:69—77.

(九) 建立语言美学、文章美学、文学美学三足鼎立的语文美学

完整的语文美学应涵盖语言美学、文章美学、文学美学。抱有"审美是文学的专利"这种偏见的人,常常误解"实用文章"是不含"美质"的。其实,文章和文学都具有实用和审美的双重本质,只不过"文章以实用为主,文学以审美为主"罢了。长期以来,美学被黑格尔"美是理性的感性显现"所屏蔽,否定"科学理性美",不懂得在认识世界、改造世界的过程中凡体现人类正能量属性的,都能张扬美的价值。文本"美质"有两重天:一是艺术形象的感性美,一是科学抽象的理性美。在语言美学和文学美学相当发达的背景下,急需开发文章美学。单说"文章的科学抽象美"就包含"文章事料的实在美、全真美,文章数据的抽象美、理趣美,文章概念的简练美,文章名句的哲理美,文章形神的精确美,文章思维的逻辑美,文章理想的虚灵美,文章情感的理智美、中和美,文章境界的高尚美、真善美"等九种,可谓琳琅满目,美不胜收,并不亚于"艺术形象的感性美"。

(十) 语文学家应兼演说家、文章家、文学家于一身

语文教育要培养的语文人才必须是理解和运用语言、文章、文学的行家。语文学家更应兼演说家、文章家、文学家于一身。社会上早有"演说家"的称号,但中国作家协会的"作家"概念却局限于"文学家",作为"文章大国",竟然没有"文章家"和"文章学家"的称号。曾祥芹调查过中国现代文学界共尊的六位大家——鲁迅、郭沫若、茅盾、巴金、老舍、曹禺的全部著作,发现他们个个首先是"文章家",主要是"文章家",其次才是"文学家"。如人民文学出版社 1958 年出版的《鲁迅全集》16 卷,除了第 1 卷的《呐喊》和第 2 卷的《彷徨》《野草》《故事新编》以及杂入的《鲁迅诗词》属于纯文学作品外,其余第 1 卷的《坟》《热风》和第 2 卷的《朝花夕拾》该属于写实的杂文和散文,应归文章范畴;第 3 卷至第 8 卷 15 本杂文集(从《华盖集》到《集外集拾遗补编》)更应该划归文章作品(文艺性论文);第 9 卷的《中国小说史略》《汉文学史纲要》论述的内容属文学,采取的形式属文章;第 10 卷的《古籍序跋集》和《译文序跋集》也应划归文章;第 11 卷至第 13 卷的《两地书》和《书信》,第 14 卷和第 15 卷的《日记》,加上第 16 卷的三类《年表》,则是道地的文章。总的说,鲁迅的著作中,文章占 90%,文学只有 10%。这个典型例子足以纠正否定"文章家""文章学家"的偏见。

(十一) 语文教师业务修养论

培养语文人才的关键是语文教师的素养。曾祥芹早在 1986 年就提出了"走教师学者化的道路",主编了《语文教学能力论》(河南大学出版社 1987 年出版),建构了语文教学的"十能"体系:语文教学听知能力,语文教学讲话能力,语文教学阅读能力,语文教学写作能力;语文教材驾驭能力,语文教法运用能力,语文教学组织能力,语文教学考核能力;语文教学自修能力,语文教学科研能力。他在海内外近 300 场的讲学中,反复强调:语文教师应是语言学、文章学、文艺学、教育学、心理学、思维学的知识通才,更应是导读、导写、导听、导说、导思、导行的智能高手。

(十二) 语文教育体制改革论

曾祥芹语文教育思想可谓博大精深。他以"一语双文"论的语文学科研探为基点,让文章学与语言学、文艺学三足鼎立,在言语文化里填补进文章文化,在语文美学中开拓出文章美学,再落实到语文课程建构、语文教材选编、语文教学改革,语文人才标准、语文教师修养,最后归结到语文教育体制改革。

鉴于百余年来语文教育内容结构残缺的历史反思,他认为,根除"高校以学文学为主,中小学以用文章为主"的不对称语文教学体制,必须实现语文(语言、文章、文学)全要素生产配置,提高语文全要素生产质量和效率,不但中小学语文教学的供给要适应社会语文应用的需求,大学语文教育的供给也要适应中小学语文教学和社会语文应用的双重需求,如此,才有希望改变"结构残缺""学用脱节"的语文教育体制。

二、杨道麟语文教育思想简述

华中师范大学杨道麟教授的语文教育思想集中地体现在"真善美融合"的语文教育研究上。它试图切实从美学视野即东方美学的真善美合一的理念、西方美学的真善美统一的理念和马克思主义美学的真善美同一的理念来观照语文教育,着力将语文(语言、文章、文学)[①]中一直错乱的智育的"真"、德育的"善"、美育的"美"的关系予以"梳理",以期让语文教育有效达到塑造"求真""向善""崇美"的创造性人才及其"健全的人格"[②]的理想目标,以及"人的发展和完整性建构"[③]的全新境域。他的这种核心思想具体表现为确立"语文教育美学"的主攻方向的大胸怀、力促语文教育"三个维度"的和谐共进的大景观、熔铸语文教育"四种学力"的圆照深识的大眼界,充分彰显了一名学者可贵的职业品格、巨大的理论锐气,以及超群的使命意识。下面仅从三个方面予以述评:

(一)确立"语文教育美学"的主攻方向的大胸怀

杨道麟所形成的"真善美融合"的语文教育核心思想首先体现为一种确立"语文教育美学"的主攻方向的大胸怀。"语文教育美学"是语文教育认知学、语文教育伦理学、语文教育美育学的"合金",是真正从美学视野即东方美学的真善美合一的理念、西方美学的真善美统一的理念和马克思主义美学的真善美同一的理念来观照语文教育的一门复杂学问,是既具"基本原理",又具"主导技术",更具"应用工程"的一门新兴学科。它以在语文(语言、文章、文学)教育中塑造"求真""向善""崇美"的创造性人才及其"健全的人格"且达到"人的发展和完整性建构"的全新境域为旨归。这一主攻方向的新领域亟待语文理论界的学者矢志不渝地去探索。这些新领域具体表现为:

1. 发掘语文(语言、文章、文学)中真善美的蕴涵

杨道麟在研究中善于将语文(语言、文章、文学)中"真""善""美"的蕴涵予以发掘,既注意发

---

① 曾祥芹.论"一语双文"的语文内容结构观[J].课程·教材·教法,2015(4):57.
② 中华人民共和国教育部.全日制义务教育语文课程标准(实验稿)[M].北京:北京师范大学出版社,2001:2.
③ 曹明海.让语文点亮生命[J].中学语文教学参考,2007(9):14.

掘语文(语言、文章、文学)中所蕴含的"真"(语文智育)的元素,以期使受教育者提高智能水平;又注意发掘语文(语言、文章、文学)中所蕴含的"善"(语文德育)的元素,以期使受教育者弘扬人文精神;还注意发掘语文(语言、文章、文学)中所蕴含的"美"(语文美育)的元素,以期使受教育者追求审美境界;并进而在语文(语言、文章、文学)中努力做到"真""善""美"的有机融合。充分发掘语文(语言、文章、文学)中的"真""善""美"的元素,勇于攀登语文教育"真善美融合"的"学术高峰",成为他整个学术理念的核心范畴,成为他补足"元气"、永葆"朝气"、焕发"生气"的强大精神动力。基于此,他旗帜鲜明地指出,语文教育领域的"真善美融合"不是外加的负担,而是内在的本分,无论语言、文章、文学哪一"足"都具有真善美的质素。语文学科中智育的"求真"、德育的"向善"、美育的"崇美"只能在语言、文章、文学知识的传习中,在读、写、听、说、思的智能训练中去渗透,去贯彻,去化合。可见,他的语文教育"真善美融合"的理念,不但强调了美学(东方美学、西方美学、马克思主义美学等)思想在语文智育的"真"、语文德育的"善"、语文美育的"美"中的渗透和灌注,而且也跃进到了专业意义上的语言教育的"真""善""美",文章教育的"真""善""美"及文学教育的"真""善""美",这就有力地抵制了流行的"非语文""泛语文""去语文"等错误倾向,正是"咬定青山不放松,立根原在'语文'中。"杨道麟深思后认为,"求真""向善""崇美"在语文教育中虽然都有各自的内涵,但是它们却异相而同体,殊途而同归。当臻于至真、至善、至美时,它们会突然发现对方原来就是自己的化身,并且一直与自己相伴而行。在"求真""向善""崇美"的深层世界里,表层意识中认知的服从性、意志的强制性、情感的压迫性以及三者之间的冲突便会消失殆尽。它们作为创造性的人才和"健全的人格"的三个构成元素,彼此渗透,相互激发,你中有我,我中有你,合中有分,分中有合,相离相即,相即相融,共同支撑着"真善美融合"的语文教育理论大厦,并汇聚成不可思议的和谐心性世界。①

2. 梳理语文(语言、文章、文学)中真善美的关系

杨道麟在研究中勇于将语文(语言、文章、文学)中"真""善""美"的关系予以"梳理",既从语文(语言、文章、文学)中梳理智育的"真",又从语文(语言、文章、文学)中梳理德育的"善",还从语文(语言、文章、文学)中梳理美育的"美",以期促进"语文智育""语文德育""语文美育"的和谐发展,真正实现语文教育的"真善美融合"。在语文教育中"求真",他是从认知学的维度来思考的,其目的是为了突出语文(语言、文章、文学)的基础性,以期使受教育者获得知识、形成技能、开发智力,并促使他们的"探索品质的养成";在语文教育中"向善",他是从伦理学的维度来思考的,其目的是为了突出语文(语言、文章、文学)的人文性,以期使受教育者净化思想、陶冶情操、涵养德性,并促使他们的"道德良知的觉醒";在语文教育中"崇美",他是从美学学的维度来思考的,其目的是为了突出语文(语言、文章、文学)的审美性,以期使受教育者树立审美意识、领略审美因素、提升审美能力,并促使他们的"自由心灵的建构"。② 基于此,他别出心裁地既采用纵横开掘的方法对美学视野下的语文教育的悠久历史(古今的纵向)和多维空间(中外的横向)进行兼容并包、

---

① 杨道麟."真善美融合"的语文教育观摭谈[J].焦作大学学报,2010(2):5.
② 杨道麟.试论语文教育中国化的方向[J].山东师范大学学报(人文社会科学版),2009,54(1):102-108.

多元发散、有机关联、融会贯通的探究,又采用多光聚焦的方法将美学视野下的语文教育置于文化学、语言学、文章学、文艺学、哲学、伦理学、美育学、人学、教育学、心理学等学科之中予以多侧面、多层次、多角度、多渠道的透视;既采用质性分析的方法对"美学视野下的语文教育研究的思维""美学视野下的语文教育研究的架构"及"美学视野下的语文教育研究的前景"等复杂性、多变性、可塑性的情形进行整体上的探求,又采用案例解剖的方法对美学视野下的语文教育的内容各要素、形式各要素、内容与形式相统一的各要素等予以学理的阐释;既采用感性体验的方法对美学视野下的语文教育的涵泳、熏染、浸润的"渗透途径"和揣摩、陶冶、滋养的"默化过程",以及意会、领悟、品味的"沉潜方式"等进行探赜,又采用理性认识的方法对美学视野下的语文教育的情境、关系、氛围的"和谐性"和智慧、情感、活力的"诗意性",以及生成、环境、同构的"生态性"等予以揭示……从而奋力开创出语文教育的一方旖旎天地,在学界形成了"语文教育'真善美融合'的新理念"。①

3. 倾注语文(语言、文章、文学)中真善美的体味

杨道麟在研究中乐于将语文(语言、文章、文学)中"真""善""美"的体味予以"倾注",既从语文(语言、文章、文学)中去观察语文教育的微妙蠕动,又从语文(语言、文章、文学)中去探索语文教育的奥妙道理,还从语文(语言、文章、文学)中去触摸语文教育的活性脉搏,更从语文(语言、文章、文学)中去感悟语文教育的神秘变幻,真正做到了超越自我生命的全身心投入。他不仅对语文教育使受教育者在语文(语言、文章、文学)中既丢掉了智育的"真"的源泉,又丧失了德育的"善"的依托,还扭曲了美育的"美"的蕴含等困境极为关注,而且对语文教育使受教育者在语文中既抹杀了智育的"真"的灵气,又暗淡了德育的"善"的光彩,还削弱了美育的"美"的魅力等窘况深表忧虑,更对语文教育使受教育者在语文(语言、文章、文学)中既割断了智育的"真"的滋养,又阻碍了德育的"善"的慰藉,还忽略了美育的"美"的愉悦等弊端倍觉痛心。基于此,他超乎寻常地从"真善美融合"的语文教育研究的满腔倾注中、孜孜追求中、不断探寻中,砸摸着、品味着、延伸着生存的幸福。这种状态就是——他自己愿意沉浸其中,并且从中体会到收获的充实、丰厚和精彩,也期望志同道合的朋友能一起来品尝这种状态的滋味。他的根基扎于"真善美融合"的语文教育研究中,情感溶于"真善美融合"的语文教育研究中,生命化于"真善美融合"的语文教育研究中。在这种状态下,明察秋毫的敏锐、控制纵欲的理智、激活潜质的热力、体验独创的乐趣……各种生命的能量开始显现、浮升、发挥。这是杨道麟的本质生命的生成和纯化,他在这种状态中是单纯的,但却是放逐的和深邃的。"真善美融合"的语文教育研究在这种状态中进入佳境,不仅他自己从中既领悟了生命的意义,又找到了生命的价值,还看到了生命的奇观,而且"真善美融合"的语文教育研究所涉及的他人在"真"的启迪、"善"的感悟和"美"的熏陶中也将变得更加聪慧、更加坚毅、更加靓丽,从而获得巨大的成就,并因此享受应有的尊敬、拥有崇高的声望,继而感到无限的快乐、赢得无比的幸福。②

---

① 杨道麟.语文教育应探求真善美融合的新理念[J].贵州师范大学学报(社会科学版),2007(6):130-132.
② 杨道麟."真善美融合"的语文教育观摭谈[J].焦作大学学报,2010(2):6.

(二) 力促语文教育"三个维度"的和谐共进的大景观

杨道麟所形成的"真善美融合"的语文教育核心思想体现为一种力促语文教育"三个维度"的和谐共进的大景观。语文教育的"三个维度"认定语文教育内容的厘定应在语言维度、文章维度和文学维度三个方面,它具体分为三个层级,既指"健康的语文课程",包括语言课程、文章课程、文学课程三大板块,又指"全面的语文教材",包括话语教材、文章教材、文学教材三大部分,还指"完整的语文教学",包括语言教学、文章教学、文学教学三大支柱。它以在语文(语言、文章、文学)中塑造"求真""向善""崇美"的创造性人才及其"健全的人格"且达到"人的发展和完整性建构"的全新境域为旨归。这一和谐共进的新创意亟待语文理论界的学者持之以恒地去探索。它具体表现为:

1. 声援"一语双文"说的现代观念

杨道麟在研究中善于对学界的四种"一语一文"观的世纪性影响导致语文教育长期陷入特有的高耗低效的严重状况进行"反省"。他曾在《试论语文教育理想化的出路》中宣示:"语文即语言文字"说肯定以偏概全,它掩盖了组成篇章结构的文字团体——文章和文学,让语文(语言、文章、文学)只在语言文字上兜圈子,因而被矮化成了一条承挑"精神重负"的"语言扁担",这就暗淡了语文德育的光彩和语文美育的魅力;"语文即语言文学"说仍然以偏概全,它排斥了文字作品的正宗——非文学的实用文章,这种"霸权"话语导致"狭义文章观"的正义呼声备受歧视,狭义文章独立生存和发展的神圣权利横遭剥夺,因而把语文(语言、文章、文学)的发展引向了歧途;"语文即语言文章"说圆通而欠透辟,它掩盖了文学,使广义文章和广义文学彼此包容,未能完成狭义文章和狭义文学的公平分野,未能将文章知识、文章智能、文章情志等三个层面作为文章素养的有机成分,因而还需要进一步提炼,并着力彰显"双文论",使之更加科学化;"语文即语言文化"说较为高深,是认识"语文"特性的一大进步,以文化语言学的勃兴为其重要标志,当我们站在文化学的高度来审视语文教育的时候,绝大多数人热衷于谈论"语言文化"和"文学文化",却极少谈及"文章文化",这也反映出"书面文化"的某些偏颇。基于此,杨道麟不厌其烦地在撰写并发表的专业论文里,常常用括号在"语文"一词之后注明"语言、文章、文学",其良苦用心在于时时批评褊狭的"一语一文"说的旧语文观,在于时时张扬科学的"一语双文"说的新语文观,这就是:"一语双文"说坚持了对"语文"逐层"一分为二"的辩证法,既包容着"文字",又渗透着"文化"(文章是书面文化的第一载体,文学是书面文化的第二载体),融文字、文章、文学、文化于一体,全面兼顾,最有概括力[①]。他进而认为,语文教育内容就是语言、文章、文学,它们存在于语文教科书之中,只有在语文(语言、文章、文学)中将受教育者的智能水平的提高、人文精神的弘扬和审美境界的追求等作为"根本",才能使语文教育永葆青春,并进而获得可持续的发展。因而需使"语言""文章""文学"三者迅速建立"战略伙伴关系",分别以语言学、文章学、文艺学构成"语文学"的三大理论支柱,从而真正实现语言教育、文章教育、文学教育的和谐发展,以及语文智育、语文德育、语文美育

---

① 曾祥芹."一语双文"时代渐行渐近——全球化语境下语文内容结构改革的必然趋势[J].语文建设,2009(11):4-8.

的争奇斗艳。

2. 力主"语文素养"的科学发展

学界在谈论"语文素养"时,大多只讲"文学素养",或者少讲"语言素养",只字不提"文章素养",致使语文素养的大面积抛荒而给语文教育造成了新的混乱,以及语文新课程标准决策者推行着"文学第一、语言第二、文章第三",甚至"只讲文学教育和语言教育,不讲文章教育"的非科学的发展战略,致使语文教育中的语言素养、文章素养、文学素养的关系处理不当。针对这个严峻现实,杨道麟在研究中勇于进行声讨。他大声疾呼:"应建立语言素养、文章素养、文学素养和谐发展的战略伙伴关系,进一步树立和落实'语文教育的科学发展观'①,即在'语文素养'中,不仅要提'文学素养',而且应该突出'语言素养'和'文章素养',明确'全面的语文素养'应该包括'语言素养''文章素养''文学素养'三者在内。"基于此,他非常郑重地指出,语文理论界和教育部颁布的两个语文课程标准,其中的核心概念是"语文素养",但在阐释其含义时多提"文学素养",少提"语言素养",根本没有把"文章素养"的理念融进去,由此造成了语文学科本体研究的大漏洞——只有研究"文学素养"的文艺学和"语言素养"的语言学,而没有研究"文章素养"的文章学。语文理论界和语文课程标准既然把提高性的"文学素养"列为语文(语言、文章、文学)的基本素养,那么普及性的"文章素养"就更应列为"最基本"的语文素养了,应该把"文章素养"提到与"语言素养""文学素养"鼎足的地位。"文章素养"对于"语文素养"来说,不是"边缘的、和其他学科交叉的"②内容,而是"专门性的"、属于"语文学科本体"的内容,而且是与"语言素养"和"文学素养"鼎立的内容。"文章素养"不但可以与"语言素养"和"文学素养"并峙而立,而且应该成为"语言素养"提升到"文学素养"的必经台阶,充当"语言素养"和"文学素养"和谐发展的强大动力,它在整个"语文素养"中处于"中坚"地位。如果说"语文素养"像一辆语言素养、文章素养、文学素养的三拉马车,那么,"文章素养"就是驾辕的。③ 他继而坚定地表示:只要"语文素养"中的"语言素养""文章素养""文学素养"三者真正和谐发展,那么受教育者一定会在语文(语言、文章、文学)中"诗意地栖居",并成为"有思想的芦苇"和"有情感的榕树"的人,从而又好又快地进入语文教育"真善美融合"的理想天地。

3. 开设与文学课程比肩的文章课程

杨道麟在研究中敏于对学界的视文章学为"多余文化""赘文化"等而导致语文(语言、文章、文学)中的文章教育被弱化所造成的可悲局面予以清理,坚定地支持科学的"一语双文"说,并认定在语文教育中应该"语言第一,文章第二,文学第三",且通过课堂教学、学术讲座、个别交流等多种形式的活动,让"一语双文"论中的"双文教育"落到实处。众所熟知,自 20 世纪五四文化运动肇始,文学从广义文章中分化出来上升为主流书面文化以来,文学教育研究尊为显学,一直受到高度重视,生产了大批专著和教材;而文章教育研究却沦为潜学,长期遭到歧视冷落,只能开垦

---

① 杨道麟.试论语文教育的科学发展观[J].语文教学与研究,2006(12):8—9.
② 巢宗祺.关于高中语文课程改革基本理念的问答[J].语文建设,2004(4):8—10.
③ 曾祥芹.曾祥芹文选(下卷):语文教育学研究[M].北京:高等教育出版社,2010:9.

出少量的实用文章学专著和教材。这是语文理论界出现的一个前所未有的畸形的学术生态环境。基于此,杨道麟异常冷静地以"双文教育"互促共荣的姿态,平等地兼顾文章和文学的研究。他既不像某些文艺学家那样对实用文章学不屑一顾,也不像某些文章学家那样抛弃实用文章的审美追求,放松对文艺学的研究和借鉴。他一面适应文学教育的要求,为研究生讲授《经典文学教育研究》的课程,并写出了经典诗歌、经典散文、经典小说、经典戏剧的美学特征和教育策略等系列论文;一面适应文章教育的急需,为研究生讲授《经典文章教育研究》的课程,又写出了经典普通文章(记叙文、说明文、议论文)、经典专业文章(新闻文、应用文、学术文)、经典变体文章(纪传文、科普文、杂感文)的美学特征和教育策略等系列论文。尤其值得提及的是,他参与《文章本体学》工程建设的时候,不但局部剖析了文章声韵所具有的音律美、韵律美和神韵美,而且整体剖析了文章的内容美(意旨美、事料美、情感美)和形式美(结构美、语言美、体式美),并处处高扬"文章美是可与文学美媲美的美学新大陆"的大旗。他沿着"本体的美质→读写的美感→教学的美育"这条大道奋然前行,先充分发掘文章和文学的"美质",并尽力说明二者的区别,再深切体验文章和文学的"美感",最后让文章和文学两种"美育"携手共进。在"双文教育"的课程、教材、教学的和谐发展中,他重点突破的是《经典文章教育研究》,这个项目的开发可以视为文章课程、教材、教学的三级拓荒工程,是紧随甘其勋主编的《文章教育学》之后的又一壮举。他宣称这是语文教育学专业的研究生必修的最能凸显"师范性"的主干课程,21世纪的语文教育必将真正进入语言、文章、文学三足鼎立、齐头并进的新时代。

(三) 熔铸语文教育"四种学力"的圆照深识的大眼界

杨道麟建构的"真善美融合"的语文教育核心思想体现出一种熔铸语文教育"四种学力"的圆照深识的大眼界。语文教育"四种学力"具有以下新亮点。一是"古今融会"的纵向梳理,指对东方美学、西方美学、马克思主义美学的思想在语文教育中的总结回顾与继承发扬;二是"中西贯通"的横向比照,指对东方美学、西方美学、马克思主义美学的观点在语文教育中的交相辉映与取精用宏;三是"实践透视"的立向探究,指对智育的"真"、德育的"善"、美育的"美"的关系在语文教育中的历史反思与现实省察;四是"理性思辨"的科学认识,指对语言、文章、文学的"真善美质素"在语文教育中的形而上学剖析与朴素辩证思考。它以在语文(语言、文章、文学)中塑造"求真""向善""崇美"的创造性人才及"健全的人格"且达到"人的发展和完整性建构"的全新境域为旨归。这一"圆照深识"的"新亮点"亟待语文理论界的学者坚持不懈地去探索。语文教育"四种学力"具体表现为:

1. 语文教育的古今融会力

杨道麟善于对语文教育的古今流变进行纵向爬梳,先以东方美学的精华——儒家美学、道家美学、禅宗美学为"着眼点",认为儒家美学、道家美学、禅宗美学思考的重心是"真善美合一"的人。无论是儒家美学所崇尚全面发展的目标、突出政治伦理的内容、注重启发诱导的方法等方面,或是道家美学所追求理想人格的尺度、采用无声化育的措施、实施和谐相生的途径等方面,还是禅宗美学所关注生命自由的审美智慧、重视直观感受的审美体验、推崇顿悟见性的审美思维等方面,这三家美学思想都肯定语文教育的重要作用。他又以西方美学的核心——康德美学、席勒美学、黑格尔美学为"着重点",认为康德美学、席勒美学、黑格尔美学思考的重心是"真善美统一"的人。无论是康德美学强调整合真理的认知而发展人的自然禀赋、强调整合自律的道德而重视人的善良意志、强调整合纯粹的美感而激励人的创造思维等方面,或是席勒美学强调力量的王国中感性人的自由价值、强调伦理的王国中理性人的自由价值、强调审美的王国中天性人的自由价值等方面,还是黑格尔美学强调无规定性的自我意志的抽象自由、强调有规定性的意志活动的任性自由、强调抽象自由与任性自由统一的具体自由等方面,这三家美学思想都强调语文教育的意义。他还以马克思主义美学的发展——早期美学、中期美学、晚期美学为"着力点",认为马克思主义美学的早期美学、中期美学、晚期美学思考的重心是"真善美同一"的人。无论语文智育中的知识得以传授、技能得以训练、智力得以开发的"求真",还是语文德育中的思想得以净化、情操得以陶冶、德性得以涵养的"向善",抑或是语文美育中的审美意识增强、审美因素领略、审美能力提升的"崇美"等,都存在于马克思主义美学的"真善美同一"的理念之中,它既是语文教育认知学、语文教育伦理学、语文教育美育学的升华,又是语文教育应达到的一种人类学的视界。我们如果留心翻阅他公开发表的与之相关的一系列具有新观念、新思路、新角度、新方法、新结构的文质兼美的论文,就会深刻地领会并感悟到他所探索的"真善美融合"的语文教育的真谛。

2. 语文教育的中西贯通力

杨道麟在博采百家、逐个探究之后认为,东方美学、西方美学和马克思主义美学虽然各放异彩,甚至大相径庭,但是都同样蕴含了人类与生俱来的和潜在的"求真""向善""崇美"的天性,都是人类优秀文化积淀、凝结、孕育而成的内在的精神成果。不管是东方美学中的道家美学、儒家美学、禅宗美学,还是西方美学中的康德美学、席勒美学、黑格尔美学,抑或是马克思主义美学,都体现了人类在不同文化环境中对真善美的探讨与理解,都反映了人类在不同历史条件下对真善美的向往与追求。"求真""向善""崇美"本来是人类共同向往和追求的目标,作为人类共同探讨与理解、向往与追求之一的美学视野下的语文教育理念世界里自然包括"真""善""美"等要义。以上所述的无论是东方美学的"真善美合一",还是西方美学的"真善美统一",或是马克思主义美学的"真善美同一"等都为语文教育"真善美融合"的"中学为体、西学为用"打开了通道。

3. 语文教育的实践透视力

杨道麟不仅反思了语文教育的历史教训,同时也洞察了语文教育的现实问题。如对于中外语文教育真善美的历史反思,他既质疑了艺术哲学的"所讨论的并非一般的美,而只是艺术的美"[1]的褊狭观点对语文教育的严重误导,这导致在语文(语言、文章、文学)中或过分强调视觉艺术教育并使之成为纯影视课,或过分强调听觉艺术教育并使之成为纯音乐课,或过分强调文学艺术教育并使之成为纯表演课;又质疑了审美导向的"趣味说"[2]"美术说"[3]"美感说"[4]的偏颇见解

---

[1] 黑格尔.美学(第一卷)[M].朱光潜,译.北京:商务印书馆,1979:3.
[2] 梁启超.趣味教育与教育趣味[M]//梁启超全集(第七册).北京:北京出版社,1999:3968.
[3] 王国维.论哲学家及美术家之天职[M]//王国维遗书(第五册).上海:上海古籍书店,1983:100-102.
[4] 蔡元培.对于教育方针之意见[M]//蔡元培美学文选.北京:北京大学出版社,1983:1-7.

对语文教育的严重戕害,这导致在语文(语言、文章、文学)中或过分强调趣味教育并使之成为纯娱乐课,或过分强调美术教育并使之成为纯育美课,或过分强调美感教育并使之成为纯情感课;还质疑了意识形态的政治色彩、思想层面、权力话语的形左实右对语文教育的严重干扰,这导致在语文(语言、文章、文学)中或过分强调智能教育并使之成为纯语言课,或过分强调人文教育并使之成为纯政治课,或过分强调唯美教育并使之成为纯欣赏课……从中发现一系列阻碍语文教育"真善美融合"的失误行为,以使语文教育改革从实际出发,对症下药,有的放矢。又如对于中外语文教育真善美的现实洞察,他就"语文教育的中国化方向""语文教育的理想化出路""语文教育的现代化流弊""语文教育的科学发展观"等发表了一系列论文。如《试论语文教育现代化的流弊》就透视出语文教育的四大病灶:一是用"时髦"的理论来演绎;二是用"新潮"的话语来包装;三是用"花哨"的形式来摆弄;四是用"求全"的手段来淹没。[①] 这就从根本上背离语文教育的正确发展方向,致使受教育者没有时间和精力去感悟课文中的语言因素、文章因素、文学因素,以致消解了他们对语文学习的兴趣,淡化了他们对语文本身的热情,丧失了他们对课文的"真"("真"从"文"来)、"善"("善"因"文"得)、"美"("美"以"文"显)的品味,致使语文教育陷入喧宾夺主、哗众取宠的泥淖,从而距离"真善美融合"的语文教育的理想目标越来越远。

4. 语文教育的理性思辨力

杨道麟既要扎实地对其具体与抽象的问题予以形而上学的剖析,更要认真地对其简单与复杂的问题加以朴素辩证的深入思考。他对语文教育的认知学思辨、伦理学思辨、美育学思辨、解释学思辨、文化学思辨……难以尽说,单看他的《人学视阈中的语文教育研究》一文中对语文教育研究的"人"的状况、"人"的内核和"人"的走向等问题的探讨,就可窥见其不同寻常的理性思辨力。就"人"的状况而言,他认为语文教育在经历多次选择和多元转换的过程中,其教育活动的主体——"人"渐渐地被淹没了。其间虽不乏强调"人是最宝贵的"声音,然而在"人如何宝贵"这一问题的回答上有不少学者竟然把"人"当成"器",进而忽视了对地位失落的人、特色失落的人和个性失落的人进行研究。就"人"的内核而言,他认为语文教育学界在探讨"人"的问题时,大多只是内容雷同的语文教育与人的全方位发展的过于简单抽象有时甚至过于机械教条的论述,于是用普遍的人代表具体的人,用局部的人代表整体的人,用单向度的人代表多向度的人,却忽视了作为人学的集成学科对与自然和谐的人、与社会依存的人和与身心协调的人进行研究。就"人"的走向而言,他认为语文教育为了求得未来的健康发展之路,必须立足本国,面向先进,注重学习借鉴与吸收内化相结合,在兼容并包的同时坚持自己的特色,认真解决好语文教育的理论与实践紧密结合的问题,从而拓展出语文教育研究的全新的交叉领域,探索出语文教育研究的全新的方式方法,并着力对当下的语文教育所呈现出"人"的理念的缺失和无人教育的特征而导致的忽视全面的人、具体的人和实践的人进行研究。以上种种理性思辨,给人学视阈中的语文教育研究提出了一系列深层次的课题,既有助于克服语文教育中的狭隘技术主义的不足,又有助于看清语文教育中的极端功利主义的盲区,更有助于超越语文教育中的片面人文主义的局限,从而真正实现语

---

① 杨道麟.试论语文教育现代化的流弊[J].语文教学与研究,2008(1):60—61.

文教育塑造"求真""向善""崇美"的创造性的人才和"健全的人格"的永恒命题。

练习题

1. 论述题：简述曾祥芹的"一语双文"的思想对当代语文教学内容选择的意义。
2. 简答题：请问杨道麟的语文教育思想中的"四种学力"给你带来什么启示？

第二章　外国学习理论

导　言

本章分为四节，分别介绍格式塔理论、有意义学习理论、多元智能理论、建构主义理论视野下的语文教学主张。

学习本章，应该达成的目标：
理解并区分不同学习理论的实质、内涵和基本观点及其对现代语文教学的启示。
熟悉和掌握不同学习理论在语文教学中的运用。

学习本章，应该掌握的重点：
现代学习理论的基本观点。
不同学习理论在语文教学中的运用。

学习本章，应该运用的方法：
关键词学习法。首先抓住"理论"这个词，熟悉和理解各个学习理论的基本观点，包括其代表人物、经典案例、核心概念和理论要点；而后抓住"语文教学"这个词，在理解理论的基础上，认识不同的学习理论与语文教学的关系，掌握不同的学习理论在语文教学中的实际应用。

理论联系实际法。针对现在的语文教学，认识不同学习理论对现代语文教学的现实意义，学会用理论指导语文教学。

第一节　格式塔理论视野下的语文教学

一、格式塔理论的基本观点

格式塔心理学创立于1912年的德国，是西方现代心理学的主要流派之一，其代表人物有德国心理学家惠特海默（Wertheimer）、苛勒（Wolfgang Kohler）和考夫卡（Kurt Koffka）。他们主张研究的心理现象的整体、形式或形状即德文"Gestalt"一词，音译为"格式塔"，意译为"完形"，所以,格式塔心理学又被称为完形心理学。

(一)格式塔理论的概念

格式塔理论,也被称为"完形理论",其认为知觉不是感觉诸要素的总和,而是对客观事物的一种整体的把握。整体内各部分的关系是非加法性的,各部分相加之后,生成一种新的质——格式塔质。任何事物都是按照一定的结构组织在一起的。事物的性质由整体的结构决定,而不取决于个别元素,但个别元素的属性要受整体的制约,并由它在整体中的地位和功能决定。例如,一段赞美英雄王成的诗词朗诵配上英雄赞歌的乐曲,效果远远大于两个节目单独演出的效果,会产生 1+1＞2 的效果。[①]

整个格式塔运动始于惠特海默的顿悟。当时,他正坐在驶往莱茵兰的火车上,突然他有了一个想法:如果两条光线以一定的频率闪烁,它们能给观察者留下一条光线来回移动的印象。他下了火车,买了一个玩具动景器,在旅馆的房间中,他用这个仪器进行了大量的简单实验,证实了在火车上产生的想法:若眼睛以特定方式观察刺激将会产生运动错觉。

(二)格式塔理论评价

1. 贡献

格式塔心理学的一个重要贡献,在于它对 SR 行为主义的分子论或原子论观点的批评。该批评中的关键之处在于,它证实了知觉和学习都是以组织心理经验的认知过程为特征的。像德国古典哲学创始人伊曼努尔·康德(Immanuel Kant)一样,格式塔心理学家断定,大脑会自动转化和组织经验,添加感觉经验中未有的性质。惠特海默及其同事确定的组织过程已经在学习、知觉和心理治疗领域产生了巨大影响,它们还继续影响着当今的认知科学。格式塔心理学提供了甚至对行为主义研究者来说是创造性的挑战。例如,美国心理学家肯尼思·斯彭斯(Kenneth Wartinbee Spence)关于迁移的出色研究,是由苛勒关于迁移的认知解释引起的。格式塔心理学家对顿悟学习的关注,也为强化界定提供了另一条途径。通过关注源于发现或解决问题的满足,格式塔心理学将我们的注意力从外部强化转向内部强化。格式塔心理学对当代认知心理学的影响时常被提起。[②]

2. 批评

尽管格式塔心理学确实对行为主义提出了重要挑战,但它在学习理论中却从未获得主流地位。行为主义心理学者感兴趣的是,将学习问题还原为尽可能简单的模型,积累关于学习中最小问题的大量资料,然后从经过检验的基本原理中建构起更多的宏大理论。当格式塔心理学家加入学习的探索中时,他们根据"理解""意义"和"组织"等概念描述了学习,这些概念本身在行为主

[①] 李小平.网络影视课程编导论[M].北京:北京理工大学出版社,2016:11.
[②] 赫根汉,奥尔森.学习理论导论[M].郭本禹,崔光辉,朱晓红,等译.7版.上海:上海教育出版社,2011:238.

义的研究背景中几乎是毫无意义的。[①]

二、顿悟学习理论与语文教学

(一) 苛勒的经典实验——黑猩猩吃香蕉

格式塔心理学家苛勒曾在1913—1917年,对黑猩猩的问题解决行为进行了一系列的实验研究,从而提出了与尝试—错误学习理论直接相对立的完形—顿悟说。他的经典实验主要有两个系列:箱子问题与棒子问题。

实验设计:实验者布置一种情境,使如下目的不能直接到达,而又让黑猩猩对情境完全了解,于是我们便可以知道它所学到的是何种程度的行为,尤其是它能否以间接的方法解决问题。实验设计具体要求:

(1)以动物能否以"间接方法解决问题"作为理解力的标志。

(2)使动物有可能完全了解其情境,即问题的一切主要条件必须全部显露出来,以便让动物观察。

实验工具:香蕉、木箱。

实验过程:在单箱情境中,将香蕉悬挂于黑猩猩笼子的顶板,使它够不着。但笼中有一箱子可利用。识别箱子与香蕉的关系后,饥饿的黑猩猩将箱子移近香蕉,爬上箱子,摘下香蕉。在更复杂的叠箱情境中,黑猩猩把握了箱子之间的重叠及其稳固关系后,也解决了这一较复杂的问题。

实验结果:黑猩猩利用箱子解决问题。

与箱子问题类似,棒子问题要求黑猩猩将一根或几根棒子作为工具,用以够到笼外的香蕉。实验者观察发现,黑猩猩处于对香蕉的可望而不可即的问题情境中,在几次用短棒够取香蕉失败后,突然顿悟,将两根短棒连接起来,达到目的。

研究结论:人和类人猿的学习不是对个别刺激做出个别反应,而是通过对一定情境中的各事物间关系的理解构成一种"完形"来实现的,是一种顿悟形式的智慧行为。学习不是盲目的"试误",而是在学习者理解了情境之后产生一种突然的、迅速的领悟(顿悟),是"参照场的整个形势,一种完善解决的出现"。

(二) 顿悟学习理论的内涵

顿悟学习理论源于20世纪初诞生于德国的格式塔心理学,是格式塔心理学派代表人物之一的苛勒最早提出的学习理论,在其著作《人猿的智慧》中,苛勒叙述了一些针对类人猿设计的实验和他观察到的结果,类人猿采用迂回利用工具、制造工具等方法来获取目的物让苛勒得到了启

[①] 赫根汉,奥尔森.学习理论导论[M].郭本禹,崔光辉,朱晓红,等译.7版.上海:上海教育出版社,2011:238.

发,他发现类人猿对事物的认知并不是盲目尝试而偶然获得的,而是"对整个情境充分概览以后的产物"。由此苛勒提出学习是组织、构造一种完形,而不是刺激与反应之间的一种简单机械的联结过程。他认为,顿悟就是在对某个主题的整体结构性内容充分认知基础上而得到飞跃性的认知,简言之,就是学习者在把控全局的基础上,突然得到启发并察觉到问题的解决办法。苛勒认为:"在真正的解决中,最明显的特征,即在于它们是顺畅的连续的过程,以突然的中断而与先前的行为截然划分。"[1]在这里所指的"突然的中断"便是顿悟产生的过程。

(三) 顿悟学习理论在语文教学中的应用意义

语文课的学习实际上就是语言的学习,语言的学习既不能一味硬记,也不可能进行完全合乎逻辑的严密推导,它是感性与理性统一的感悟过程。以学习语言文学为主的语文学科,人文性强,教师不可能把语文知识直接塞给学生,即使学生把知识咽进食道了,那也淡而无味,造成消化不良。语文的学习,主要在于"吸收、积累语言和习得、积淀语感,从而形成理解和运用语言文字的能力"[2]。这必须要靠学生在体验中顿悟,在尝试错误中不断提高听、说、读、写能力。除此之外,语文作为一门人文学科,积淀着深厚的民族文化,具有强烈的思想性、情感性,语文教学要注重挖掘教材中丰富独特的德育内容去教育学生,让学生在获得语文知识,提高语文听、说、读、写能力的同时,思想会受到教育,情感会受到熏陶,这一过程中的变化都与在学习中的"顿悟""内化"离不开的。

顿悟学习在语文学习中具有重要意义。顿悟学习在语文教学中的语感教学、阅读教学、写作教学,以及学生想象力的提高、创造性思维的形成等方面都具有很重要的应用价值。这要求教师在进行教学的过程中必须注重启发学生对知识的理性的、有深度的认知,而不应满足于平面式的、记忆式的讲授。顿悟学习对语文教学的价值上,具体表现为以下几个方面。

第一,汉语本身具有感悟性特征,顿悟有利于进一步提高学生的语感。汉语的内涵博大精深,在中学语文教学实践中,光靠严格的语法规则和专业的词汇知识去进行条分缕析,是远远不够的,人们常说的"只可意会不可言传"正是这个道理。语文的有效学习很大程度上取决于长期积累的语感,而语感是"对言语(包括口头言语、书面言语)的准确而又灵敏的感受能力,它不限于对言语的语音和文字符号的感觉,而是包含感知、理解、情感、体验在内的言语活动过程"[3]。要在理解语言表层意思的同时,敏锐地感知判断文章的整体意蕴,甚至包括作者难以言传的言外之旨、韵外之致,不能靠教师喋喋不休的理性逻辑分析,而主要靠学习主体的感悟、领悟和顿悟。教师要善于抓住这一规律,对学生加以有效的引导,使他们在面对有限的语文教材时,能迅速地把握学习要点,重点理解知识精华,并能创造性地顿悟到字面意思之外蕴含的东西,用有限的知识孕育和启迪更多的能力。

第二,顿悟有利于发挥学生的自觉能动性,提高教学效率,优化教学过程。原华东师范大学

---

[1] 苛勒.人猿的智慧[M].陈汝懋,译.杭州:浙江教育出版社,2003:166.
[2] 陈伯安,洪镇涛.构建"学习语言"语文教学新体系[J].中学语文,1996(9):4—7.
[3] 杨成章.语文教育心理学[M].成都:四川教育出版社,1994:34.

施良方教授在《学习论》一书中写道:"通过试误进行逐渐学习的过程,也可以被解释成一系列小的、部分的顿悟。"[①]语文教学可巧妙地运用"尝试错误原则",能极大提高学生学习语文的兴趣。这种试误,并不是无目的的、盲目的摸索,而是有明确意义的,让学生更好地把握语文学习内容的。例如,让学生完成课后练习,便是试误的方法,学生通过发现并及时纠正自己的错误,从而达到强化记忆、巩固知识的学习目的。

第三,顿悟有利于培养学生创新思维能力。中学特级语文教师宁鸿彬在他的课堂上实行"五个允许",即:在课堂上听说读写,允许有错误;允许随时改变自己的看法;允许同老师争论问题;允许保留自己不同于老师的意见;允许在老师讲述中随时质疑。有了这"五个允许"保障,学生可大胆自由思维,捕捉每一瞬间、每一偶发思维,从而实现顿悟,由顿悟获取的理解不易遗忘,甚至永远不会遗忘,这利于知识的迁移。

教师在启发学生进行思考的时候可以尽量用一些言简意赅的语句,或进行旁敲侧击。启发学生思考时用的语言越简单,教师说得越少,留的空白就越多,就越能调动学生的创造性思维和学习的主动性。这样让学生养成的勤于思考、敢于尝试的习惯,对学生的思维训练大有益处。

第四,顿悟能拓展精神生命,促进学生人格的发展和完善。语文教学的最高境界,是让学生的精神境界得到升华,完善自己的人格。一方面,狭义的语文教学追求培养学生对语文的感受力和悟性;另一方面,广义的语文教学本着树人、育人的理念,强调语文与人生相辅相成的内化作用,塑造学生的心灵,培养学生的智慧。在教师的指导下,学生往往在阅读一本书或一篇文章时,会被其中的一件事物或一个观点所影响,从而内化成为自己思想的一部分,当这种有意识的思维顿悟成为不自觉的人格的自我参照时,正是健全人格拓展精神的过程。如在指导杜甫的《茅屋为秋风所破歌》时,如果提问学生:"群童真的是盗贼吗?""诗人因为'老无力'而无法阻止儿童抢茅草的行为而叹息,但诗人真的是给儿童冠上'盗贼'的罪名吗?"并进一步引导学生,"为什么儿童要抢茅草,而不是其他东西?"等言语片段让学生加以思考顿悟,让他们脑海中浮现当时下层老百姓疾苦的生活场面,联系诗人的忧国忧民情怀,与学生当下的美好生活做比较,学生就不难体会到诗歌里面蕴含的深意,从而也使自己的精神境界得到升华,促进自身人格的完善和发展。

(四)顿悟学习理论对语文教学的启示

格式塔的顿悟学习理论对现在的语文教学具有重要的启示:

第一,创设问题情境,鼓励学生自主求悟。在苛勒的实验里,如果没有香蕉这一诱惑,黑猩猩就没有学习的动力,没有木箱、棒子这些情境的精心设置,黑猩猩也不会产生一系列的"顿悟",最终够到香蕉。叶圣陶先生曾说:"教师之为教,不在全盘授予,而在相机诱导。"教学的艺术不是在于传授,而是在于激励、启发和引导。教师在语文课堂上要打破"预先设计好固定的教学模式圈再让学生钻"的传统教学方法,要充分尊重学生在课堂上的主体地位。语文教学中的许多内容都是会引发各种问题的,教师在教学中应该为学生创设一定的问题情境,良好的问题情境对于激发

---

① 施良方.学习论[M].北京:人民教育出版社,2001:149.

学生的学习热情和学习需要会产生各种各样有效的激励作用,从而营造出强烈的求知气氛,然后让学生在这一氛围中自主去求索,进而解决问题,在这一自主学习的过程中达到自然"顿悟",真正成为课堂的主人。

第二,允许学生"试错",给予学生充分的学习思考的时间。在苛勒的实验里,黑猩猩之所以能够产生"顿悟",离不开黑猩猩的不断尝试,是它在不断的"试错"里产生一系列的"顿悟"。顿悟学习是通过学生的思考得以实现的,在语文课堂上,教师应当做好引路人、助手等角色,为学生提供学习的材料,在必要时给予学生恰当的点拨或指导,而不是占据课堂,一味地分析说教而忽视学生的思维过程。此外,在课堂上,教师还要注意提出问题后不要急于给出正确答案,应该留给学生多一点思考问题的时间,即使学生回答错了,也不要急于否定,要重视学生的思维过程,善于挖掘学生在思维过程中的亮点并加以引导,使学生在这一过程中有所收获。

第三,重视学生知识经验的积累,为学生搭建系统的知识结构。知识结构的系统性在顿悟学习中起着重要的作用。既然顿悟学习是学习者运用已有的知识经验去领会情境关系,那么学习者已有的知识结构是否是清晰、准确、完备,是否有条理性、系统性,就成了制约顿悟学习的重要因素。① 因此,语文教师要想实现学生在学习过程中的"顿悟",就必须注重帮助学生积累一定的知识经验,教给学生系统的、准确的知识,以便学生在遇到问题时能够及时调动已有的知识经验去思考问题、解决问题。

格式塔的顿悟学习理论对提高我们现代的语文教学水平是具有重要价值的,我们语文教师应该仔细体会领悟顿悟学习理论,并把它灵活运用于自己的语文教学实践中,使自己的教学水平得以提高,学生的语文能力得以发展。

三、学习迁移理论与语文教学

(一)学习迁移的内涵

学习迁移指一种学习对另一种学习的影响,也就是将学得的经验有变化地运用于另一情境,它广泛地存在于知识、技能、态度和行为规范的学习中。任何一种学习都要受到学习者已有知识经验、技能、态度等的影响,只要有学习,就存在迁移。迁移是学习的继续和巩固,又是提高和深化学习的条件,学习与迁移不可分割。

(二)学习迁移与格式塔理论

虽然对迁移的研究早在18世纪中叶已经开始,但真正研究迁移现象是近一二百年的事。在此期间,研究者从不同哲学角度和不同理论基础出发,对迁移的本质、原因、过程、影响因素等进行了探索并形成了各种学习迁移理论。②

---

① 刘菊华.顿悟学习理论与阅读教学[J].西南科技大学学报(哲学社会科学版),2004(3):124-127,140.
② 王小会,黄珊.小学生发展与教育心理学[M].西安:陕西师范大学出版社总社,2015:211.

比如,美国心理学家爱德华·李·桑代克(Edward Lee Thorndike)首先提出了相同要素。桑代克认为,当两种情境中的刺激相似而且其反应也相似时,迁移才会发生,而且一个情境与另一个情境中相同的元素越多,迁移越大。美国心理学家罗伯特·塞钦斯·伍德沃斯(Robert Sessions Woodworth)后来把相同元素说改为共同要素说,也就是说,在两种情境中有共同的成分才能发生迁移。桑代克把共同要素作为迁移产生的决定性因素。美国心理学家霍华德·加德纳(Howard Gardner)认为,两种活动之间存在共同成分只是产生迁移的必要前提,而迁移产生的关键在于学习者能够概括出两组活动之间的共同原理,而且概括化的知识是迁移的本质,知识的概括化水平越高,迁移的范围和可能性越大。

而格式塔心理学家在1929年提出的学习迁移理论是关系转换理论。格式塔心理学家从理解事物关系的角度对经验类化的迁移理论进行了重新解释,代表人物是苛勒。苛勒在1929年用"小鸡啄米实验"证明了关系转换的学习迁移理论。他让小鸡在深、浅不同的两种灰色的纸下面寻找食物。通过条件反射学习,小鸡学会了只有从深灰色纸下才能获得食物奖赏。然后,变换实验情境,保留原来的深灰色纸,用黑色纸取代浅灰色纸。现在的问题是:如果小鸡仍然到深灰色纸下面寻找食物,那就证明迁移是由于相同要素的作用;如果小鸡是到两张纸中颜色更深的那张(即黑色纸)下面寻找食物,那就证明迁移是对关系做出的反应。实验表明:小鸡对新刺激(黑色纸)的反应为70%,对原来的阳性刺激(深灰色纸)的反应是30%;而幼儿在做同样的实验时始终对黑色纸的刺激做出反应。

这一实验结果说明,影响被试学习的是对两个事物之间关系的理解和转换。但是,关系的转换又是复杂的,受到原先学习内容的掌握程度、诱因大小和练习量等因素的影响。[①]

苛勒认为实验结果证明是情景中的关系对迁移起了作用,而不是其中的相同要素,被试选择的不是刺激的绝对性质,而是比较其相对关系(把在前一种情景中学会的关系即"食物总是在颜色较深的纸下面"迁移到后一种情景中,从而做出了正确的反应)。

苛勒通过实验证明,迁移产生的实质是个体对事物间的关系的理解。即迁移的产生依赖于两个条件:一是两种学习之间存在有一定的关系;二是学习者对这一关系的理解和顿悟。其中后者比前者重要。习得的经验能否迁移,并不取决于是否存在某些共同的要素,也不取决于对原理的孤立的掌握,而是取决于个体能否理解各个要素之间形成的整体关系,能否理解原理与实际事物之间的关系,即对情境中一切关系的理解和顿悟是获得一般迁移的最根本要素和真正手段。苛勒认为,人们越能发现事物之间关系,则越能加以概括、推广,迁移越普遍。

因此,格式塔心理学家主张顿悟可以促进学习的迁移。顿悟的结果能使个体形成新的认知结构,从这一点上看,格式塔学派的学习观同现代认知心理学的学习观是一致的。他们主张要想创造性地学习和解决问题,必须把细节放在问题的整体中,将细节与整体联系起来加以考察,以对问题有个完全概观的理解。[②]

[①] 王大顺,张彦军.发展与教育心理学[M].西安:陕西师范大学出版社,2015:270.
[②] 马欣川.现代心理学理论流派[M].上海:华东师范大学出版社,2003:168.

(三)学习迁移理论关于"迁移"的分类

学习迁移理论中关于迁移的分类主要有以下三种:

1. 正迁移、负迁移和零迁移

从迁移产生的影响来划分,可以分为正迁移、负迁移和零迁移。一种学习能够对另一种学习产生正向、积极的促进作用,称之为正迁移。一种学习对另一种学习产生了负向、消极的干扰作用,称之为负迁移。零迁移也称作中性迁移,它是指一种学习对另一种学习不起任何作用,它们之间没有影响存在,迁移的效果为零。

2. 顺向迁移和逆向迁移

从迁移的时间顺序可以划分为顺向迁移和逆向迁移。先前学习对后续学习产生影响称为顺向迁移,常说的举一反三便是顺向迁移的例子。逆向迁移指的是经过了后续学习,反过来对先前学习产生了影响。也有一种观点认为这两种迁移是从新旧知识的等级来区分的,由低级到高级就是顺向迁移,由高级到低级则为逆向迁移。[①]

3. 水平迁移和垂直迁移

水平迁移和垂直迁移是根据迁移内容的抽象和概括水平的不同来划分的。水平迁移也叫侧向迁移,是指处于同一抽象和概括水平的经验之间的相互影响,学习内容之间的关系是相互并列的。垂直迁移也叫纵向迁移,是指处于不同抽象和概括水平的经验之间的相互影响。垂直迁移又可以分为两种,自上而下的迁移和自下而上的迁移。[②]

(四)学习迁移理论对语文教学的启示

学习迁移理论历来是学习理论研究中的一大重点,也是教育学者和从事教育事业的工作者们研究的热点。学习的理解、记忆和运用都与迁移相关,它对解释学习主体、学习内容、学习过程和学习过程中问题的内在关联等方面有着重要的启发作用。当今教育界甚至有人喊出"为迁移而教"这样的口号,可见迁移的重要性。而为实现有效的学习迁移,在进行语文教学设计时,教师就要将学习迁移理论融入其中,在学习迁移理论的有效指导下,设计促进学习迁移的有效教学,使语文教学和语文学习都获得更好的效果,从而使学习者在遇到实际问题时能够学会迁移,举一反三,恰当地利用课堂中所学的知识和技能去解决实际问题。但是,学习迁移在教学和学习中并非是完全自动产生的,而是需要个体对情境中一切关系的理解和顿悟。

语文教学是一个动态变化的过程,教师面对的是个性迥异、聪明好奇的教育对象,因而在教学中难免会出现意外的变化。好的语文教师应处变不惊,机智巧妙地利用外物的刺激激发灵感,即兴发挥,导演出奇特合理的教学艺术。一根红色粉笔能使教师眼前一亮,在《药》的明线和暗线的情节交接处,用红粉笔勾画一个"人血馒头"的轮廓,再用白粉笔在中间填上一个"药"字,这一

[①] 张晓蕾.基于学习迁移理论的对外汉语动量补语教学设计[D].哈尔滨:哈尔滨师范大学,2019:9.
[②] 王小芳.迁移理论在小学语文教学中的应用研究[D].济南:山东师范大学,2010:9.

信手拈来的教学简笔画,一下子激发出学生探索小说深刻意蕴的好奇心。

练习题

1. 简答题:请简要介绍顿悟学习理论与学习迁移理论的基本观点。
2. 简答题:联系实际,谈谈如何对顿悟学习理论在语文教学中的运用进行创新。
3. 简答题:联系实际,谈谈如何在语文教学和学习中应用学习迁移理论(书本例子除外)。

第二节　有意义学习理论视野下的语文教学

认知主义心理学的发展经历了萌芽、成熟、趋缓三个阶段,格式塔理论是认知心理学萌芽阶段的理论成果,而有意义学习理论是认知心理学趋缓发展阶段的理论成果,由这一阶段的代表人物美国著名认知派教育理论家奥苏伯尔(David Pawl Ausubel)提出并进行了阐释。

一、有意义学习理论的基本观点

(一)有意义学习的内涵

有意义学习是针对机械学习而言的,是指在学习知识的过程中,符号所代表的新知识与学习者认知结构中已有的适当观念建立起实质性的和非人为的联系。

实质性的联系亦非字面上的联系,是指符号所代表的观念与学习者认知结构中已有的概念或命题建立内在联系,能够用同义词或其他等值符号替代而不改变意义或内容。如在学习"三条边都相等的三角形是等边三角形"这一新概念时,学生会在头脑中已有的"三角形"的概念的基础上进行改造,从而产生"等边三角形"的概念。这时候,新知识"等边三角形"就与已有观念"三角形"建立起了实质性的联系。若将"等边三角形"描述成"其中一个角为60度的等腰三角形",而学生仍能做出正确的判断,那么可以认为该学生对新知识正在进行有意义学习。非人为的联系即非任意性,是指符号所代表的新知识与认知结构中的有关观念表象建立的是符合人们所理解的逻辑关系上的联系,而不是一种任意附加上去的联系。例如,"等边三角形"和"三角形"之间的联系就不是任意的,不以人的意志为转移。

(二)有意义学习的条件

从有意义学习的内涵出发,不难发现,有意义学习是要遵循一定的条件的,包括外部条件和内部条件。

1. 外部条件

学习材料必须具有逻辑意义。材料的逻辑意义是指学习材料本身与人类学习能力范围内的有关观念可以建立实质性的和非人为的联系。如"奥苏伯尔于1918年生"这一事实就不具备什么逻辑意义。

2. 内部条件

(1) 学习者的认知结构中必须具备与新知识进行联系的适当的知识。

(2) 学习者必须具有有意义学习的倾向,能够积极主动地促进新知识与已有适当观念建立起联系。

(三) 有意义学习的类型

有意义学习可分为三种类型:表征学习、概念学习和命题学习。

1. 表征学习

表征学习是指学习单个符号或一组符号的意义。表征学习的主要内容是词汇学习,即学习单词代表什么。表征学习的心理机制,是符号和它们所代表的事物或观念在学习者认知结构中建立了相应的联系。例如,将"苹果"这一个符号和苹果这种水果进行关联。

2. 概念学习

概念学习实质上是掌握同类事物的共同的本质属性和关键特征。例如,在看见许多玻璃杯、塑料杯、马克杯等之后形成"杯子"的概念;又如学习"正方形"这一概念,就是掌握正方形有四个直角和四条相同边长这两个共同的关键特征,而与它的大小、颜色等特征无关。

3. 命题学习

命题学习是"学习以命题形式表达的观念的新意义"。根据新学习的命题与已有概念或命题之间的关系,可以分为三种类型的命题学习:

(1) 上位学习。上位学习又称总括学习,是指掌握一个比认知结构中原有概念的概括性和包容程度更高的概念或命题的学习。上位学习一般遵循从具体到一般的概括归纳过程。例如,在教学金属的特性时,可以先让学生学会铜能导电、铁能导电等命题,最后概括出"金属都是能导电的"这一命题,这就是上位学习。学生通过上位学习,能够掌握更为概括、更具一般性的知识内容,从而使自己的知识结构更加系统。

(2) 下位学习。下位学习又称类属学习,是指掌握一个比认知结构中原有概念的概括性和包容程度更低的概念或命题的学习。例如,在学习了"轴对称图形"之后又学习"圆"。

(3) 组合学习。组合学习是指新命题与认知结构中已有命题既非上位关系又非下位关系,而是一种并列的关系,它需要对新旧知识的联系和区别进行认真的比较后才能掌握。例如,学习质量和能量、需求和价格等概念之间的关系就属于组合学习。它们虽然不能形成包含与被包含的关系,但它们之间仍存在着某些共同的关键特征,如后一变量随着前一变量的变化而变化等,根据这些共同特征可以使新命题与已有命题建立起意义联系,从而理解新命题的意义。

二、有意义学习理论在语文教学中的运用

在有意义学习理论的基础上,奥苏伯尔认为学习是通过接受而发生的。教师应该给学生提供经过仔细考虑后有组织的、有序列的学习材料,保证学生接受的是最有用的材料,他把这种强调接受学习的方法叫作接受教学。针对接受教学,奥苏伯尔又提出了两个教学原则和先行组织者教学策略,这对于语文教学有很大的借鉴意义。

(一)教学基本原则

1. 逐渐分化的原则

逐渐分化是指教学要根据学生认识新事物的自然顺序和认知结构的组织顺序,在呈现新教材内容时,遵循由整体到部分,由一般到特殊的原则。如在语文教学中,教师通常先引导学生通读课文,从而使学生获得关于课文的宏观上的认识,接着再对课文进行解剖分析。

2. 整合协调的原则

整合协调是指对认知结构的已有知识重新加以组合,通过类推、比较、分析、综合,从不同角度为新旧知识建立联系,从而做到融会贯通,形成综合、稳定的知识体系。如课程标准中"整本书阅读与研讨""思辨性阅读与表达""语言积累、梳理与探究"等学习任务群的提出,为语文教学整合知识提供了一个新的实践方向。

(二)先行组织者

1. 先行组织者的内涵

先行组织者策略是奥苏伯尔对知识教学的创造性贡献。先行组织者是指先于某个学习任务本身呈现的准备性的、引导性的学习材料,这些学习材料具有更高的概括水平,且与学习者认知结构中原有的观念以及新知识相关联,能够为学生学习新知识提供一个较好的固定点。语文教材就包括了先行组织者,如每个单元一开始的导语部分。

奥苏伯尔认为,在传统的教学过程中,学生之所以会产生机械学习,是因为在学生还不具备其固定作用的先前知识时,教师就要求他们学习某种新内容。由于学生认知结构中没有可以与新知识建立联系的有关观念,因而使新知识失去了意义。所以,在教学之前,教师应该分析学生是否已经具备学习该内容所需要的先前知识,根据需要为学生提供必要的先行组织者。

2. 先行组织者策略在语文教学中的运用

下面将通过一个具体的教学案例来论述先行组织者策略在语文教学中的具体运用。

例如,《烛之武退秦师》是学生步入高中阶段后学习的第一篇文言文,也是高中阶段学生第一次接触宾语前置的用法,所以在讲到"夫晋,何厌之有?"的用法时,很多学生一时难以做出判断。这时,教师可以在课件上展示出提前准备好的先行组织者:

"忌不自信。"——《邹忌讽齐王纳谏》

"问女何所思!"——《木兰诗》

"微斯人,吾谁与归!"——《岳阳楼记》

"何陋之有?"——《陋室铭》

这里所呈现的先行组织者都是出自初中时学生已经学过的文言文,所以在判断这几句话的用法时,学生自然而然地就会回忆起宾语前置的定义以及几种常见的用法。当学生回忆起这些知识后,教师再将这句"夫晋,何厌之有?"呈现在学生眼前,学生就很容易判断出这是宾语前置的用法。这里教师并没有直接将答案灌输给学生,而是充当一位组织者和引导者,通过呈现先行组织者为学生搭建了一个攀登的阶梯。先行组织者的运用不仅帮助学生很好地理解了"夫晋,何厌之有?"的用法,也让学生对宾语前置的用法的理解更加深刻,运用更加熟练。[①]

三、奥苏伯尔有意义学习理论评价

奥苏伯尔强调有意义的接受学习,重视学生原有的认知结构在学习中起到的重要作用,澄清了长期以来对传统讲授教学和接受学习的偏见,而他提出的先行组织者的教学策略对改进课堂教学设计、提高教学效果有很大的实践参考价值。

但是,他过于突出学生对知识的掌握,过于强调接受学习,而没有给予发现学习应有的重视。而我们应该认识到,在学生的学习活动中,有意义的接受学习和有意义的发现学习各有所长,对于学生的学习均能起到一定的帮助作用,两者是相辅相成、互相补充的。

练习题

1. 名词解释:

(1) 上位学习

(2) 先行组织者

2. 简答题:请简单介绍奥苏伯尔的有意义学习理论。

3. 论述题:请结合例子谈谈先行组织者教学策略对你的启示。

第三节 多元智能理论视野下的语文教学

一、多元智能理论的内涵

多元智能理论是美国哈佛大学加德纳教授1983年在《智能的结构》一书中提出来的关于智

---

① 侯琳."先行组织者"理论在高中文言文教学中的应用[D].武汉:华中师范大学,2017:36.

力结构的新理论。在加德纳教授看来,作为个体,我们每个人都同时拥有至少七种智能:言语—语言智能、逻辑—数理智能、音乐—节奏智能、视觉—空间智能、身体—动觉智能、自知—自省智能、人际交往智能。1996年,加德纳在这七种智能的基础上又提出了"自然观察智能"。加德纳教授在他的研究中,着重对相对独立存在的八种智能进行了具体的阐述。[①]

(1)言语—语言智能。言语—语言智能主要是指听、说、读、写的能力,表现为个人能够顺利而高效地利用语言描述事件、表达思想并与人交流的能力。记者、编剧、作家、演讲家和政治领袖等人都显示出高度的语言智能。

(2)逻辑—数理智能。逻辑—数理智能主要是指运算和推理的能力,表现为对事物间各种关系如类比、对比、因果和逻辑等关系的敏感,以及通过数理运算和逻辑推理等进行思维的能力。这种智能在科学家、数学家、工程师、律师和侦探身上都有比较突出的表现。

(3)音乐—节奏智能。音乐—节奏智能主要是指感受、辨别、记忆、改编和表达音乐的能力,表现为个人对音乐包括音调、音色、节奏和旋律的敏感,以及通过作曲、演奏和歌唱等表达音乐的能力。作曲家、歌唱家、演奏家和乐器调音师等人都拥有较高的音乐—节奏智能。

(4)视觉—空间智能。视觉—空间智能主要是指感受、辨别、记忆、改变物体的空间关系并借此表达思想和情感的能力,表现为对线条、形状、结构、色彩和空间关系的敏感,以及通过平面图形和立体造型将他们表现出来的能力。如画家、建筑师、雕塑家、航海家和飞行员所表现的能力。

(5)身体—动觉智能。身体——动觉智能主要是指运用四肢和躯干的能力,表现为能够较好地控制自己的身体、对事件能够作出恰当的身体反应,以及善于利用身体语言来表达自己的思想和情感的能力。这种智能在运动员、舞蹈家、赛车手、演员和外科医生身上表现突出。

(6)自知—自省智能。自知—自省智能主要是指认识、洞察和反省自身的能力,表现为能够正确地意识和评价自身的情绪、动机、欲望、个性、意志,并在正确的自我意识和自我评价的基础上形成自尊、自律和自制的能力。如哲学家、小说家、律师等人身上都有较强的自知—自省智能。

(7)人际交往智能。人际交往智能主要是指与人相处和交往的能力,表现为觉察和体验他人的情绪、性格、动机和意向,并据此作出适宜反应的能力。教师、律师、公关人员、推销员、管理者和政治家等人都拥有高度的人际交往智能。

(8)自然观察智能。自然观察智能主要是指人类观察自然环境的敏感能力,表现为喜欢观察自然界中的各种形态,对物体进行辨认和分类,能够洞察自然或人造系统的能力。学有专长的自然观察者包括农夫、植物学家、生态学家、庭院设计师和猎人。

通过上述对八种智能概念的分析,可以发现,多元智能的本质是多元的。加德纳的多元智能理论为我们展示了新的教育思维,其核心内容可以从以下几个方面来总结。

1. 个体智能具有差异性

每个人身上都存在不同的智能,不同智能各有特点,不同智能之间的优势和特点也难以相互迁移。正是这八种智能在每个人身上以不同的方式、不同的程度组合,使得每一个人的智能各具

[①] 霍力岩.多元智力理论与多元智力课程研究[M].北京:教育科学出版社,2003:1.

特点。因此,我们判断一个人聪明与否的标准应该是多种多样的,而不是仅以语言智能和数理智能为核心。

2. 个体智能具有发展性

智能是动态发展的。随着环境的变化和人的成长,有的智能可能被唤醒,有的智能可能没有被开发。不同的环境和教育条件都对人的智能发展方向和程度有很大的影响。也就是说,我们除了要发现智能的多样性外,还需要以发展的眼光来看待智能,寻求智能的多样发展。某些薄弱的智能领域随着后天的努力,也可以被克服,达到一定的发展。

3. 智能是一种高级的解决实际问题的能力和创造能力

多元智能理论中智能包括两个方面的能力:解决实际问题的能力,生产和创造为社会所需要的有效产品的能力。加德纳指出,传统的智力测验也许能较好地评估学生在校的学习成绩,但对评估和预测学生学校以外的表现和发展作用不大。不少学生在校成绩"优秀",进入社会中却难以适应社会要求。加德纳认为教育的直接目的就在于培养受教育者具有"真正理解并学以致用的能力",鼓励学生智能的多元发展,重视培养学生解决实际问题的能力和创造能力,这与倡导全面发展和个性展示的现代信息社会相吻合。

二、多元智能理论在语文教学中的运用

多元智能理论倡导开发学生的多项智能,这与现在推行的素质教育的理念非常吻合,素质教育提倡培养学生的综合素质。语文作为一门基础性学科,注重培养学生"逐步形成良好的个性和健全的人格",促进学生德、智、体、美的和谐发展。《义务教育语文课程标准》(2022年版)提出"促进学生自主、合作、探究学习",因此,语文教学不应是教师单纯讲授知识,而应建立以学生为主体、教师为主导的课堂模式。语文课程提倡以人为本,要求全面提高学生的语文素养,充分发挥语文课程的育人功能。应该说,多元智能理论为语文教学的变革和发展提供了很有参考价值的学理阐释和实践指导。

(一)创建多元智能理论下的语文课堂

1. 利用综合实践活动,发展语言智能

语言智能是指有效地听、说、读、写的能力,语文学科的学习目标之一就是发展语言智能,使学生具有适应实际工作和生活需要的识字、写字能力,阅读能力,写作能力,口语交际能力。除了在语文课堂上进行识字写字、阅读、写作训练外,开展各种各样的综合实践活动,是发展学生语言智能的最直接的途径。例如,开展谈论会、辩论会、研讨会、诗歌创作等形式多样的活动课。教师在语文综合实践活动中,一方面,可以让学生撰写与活动有关的书面材料,如戏剧、剧本、广播稿、研究成果、布告栏、宣传手册等,加强学生的写作能力;另一方面,鼓励学生有感情、准确地表达自己的观点和意见,可加强学生的语言表达能力。学生通过多写多说达到能写会说,让自己的语言

智能获得全面有效的发展。

2. 加强思维训练,促进数理智能

对"听、说、读、写"来说,"想"发挥着中枢控制的作用。思维是智力的核心因素,培养学生的数理智能,实际是培养学生的思辨能力。语言是思维的外壳,是思维的载体和工具,思维是语言的形式和内容,两者是相辅相成,密不可分的,而语文就是语言和思维的统一体。所以,在语文教学中,教师加强对学生的思维训练是促进其数理智能发展的最直接、最有效的途径。

在语文阅读教学中,要发展学生的数理智能,就要培养学生对文本的理解能力、分析能力、概括能力、比较能力、综合能力。归纳文章的段意、概括文章基本大意和理解作者的中心思想,这是最基础的步骤。对于富有故事情节的记叙文、小说、戏剧,学生自然而然地运用想象力对文章内容进行进一步的分析,这是进阶阶段。在获得整体感知后,教师鼓励学生独立思考,拓展思路,获得个性化解读,这是阅读中培养学生逻辑思维和思辨能力的关键。但目前的语文课堂上"满堂灌"的教学模式依然存在,学生思维缺乏创造力。语文学习中,学生是学习的主体,教师不能以自己的见解代替学生的思考,要尊重阅读主体,鼓励学生立足文本,展开思考。因此,教师可以采用个性化阅读、对话式阅读、发现阅读的教学模式,鼓励学生坚持独立思考,敢于提出新见解。如让同学们学了《拿来主义》一课后,具体分析一下这篇文章的论证过程。

而在语文写作教学中,写作训练的核心就是审题立意时思维的训练。在审题立意上,教师可以引导学生从"因果、所属、并列、递进、对比"五种思维关系入手。审题立意呈现的是思维的广度、思维的厚度、思维的深度及思维的高度。如在初中写作课中,作文题为《做时间的主人》时,教师可以引导学生从以下几个方面进行思考,如图2-1所示。

3. 营造音乐环境,培养音乐智能

在八种智能领域中,音乐、节奏、声音以及振动对人的意识的唤醒作用要大于其他各种智能。所以,教师可以充分抓住音乐对语文教学的重要性来开展教学活动。例如,教师在教柳永的《雨霖铃》时,教师不妨通过音乐来渲染,请学生收集大家耳熟能详的关于"离别"的歌曲,在课堂上通过这些低沉凄婉的曲调营造出浓厚的"离别"气氛,从而收到更好的教学效果。而有一些词早就有了乐谱,如《水调歌头》(苏轼)、《虞美人》(李煜)、《一剪梅》(李清照),教师可以让学生课前学唱,加深对诗歌的理解。

对音乐的辨别、创造和再现能力是音乐智能的高级形式。学生根据自己独特的感受创造节奏、旋律和声音,既加深了对文学作品的理解能力,也培养了自身的音乐智能。如广州市执信中学高二年级同学将《春江花月夜》一诗加以改造,为之谱写了聚古风特色和现代流行元素于一体的乐谱。这一首完全由学生独立编曲的原创作品,斩获了2019年广州市"经典咏流传"古诗文阅读活动的一等奖。

4. 开发空间想象力,激活空间智能

视觉是大脑的第一语言,大脑通过表象特征反映进行思考,才与语言相联系。空间智能要求学生能在头脑中形成具体的形象、立体地看待事物和空间的关系,从而获得敏锐而准确地感知视

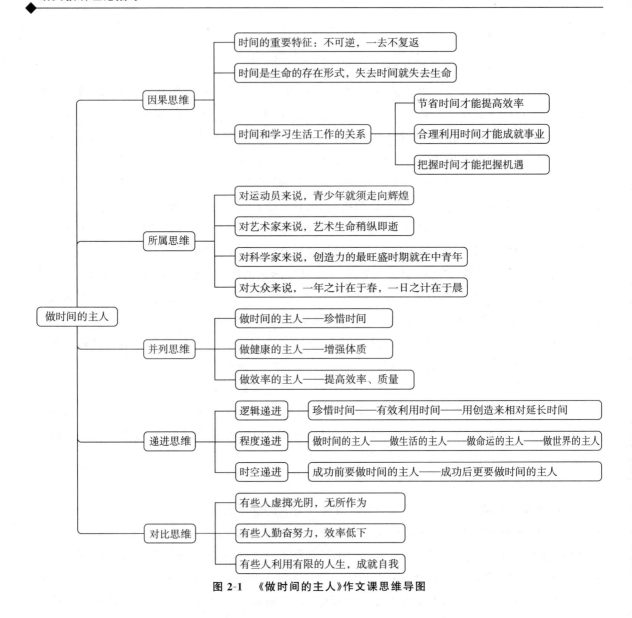

图 2-1 《做时间的主人》作文课思维导图

觉世界的能力。在语文学习中,情景的想象、空间的建构、对文章作者思想的感悟、知识的理解记忆,对事物的观察、描绘、表达等都在潜移默化地训练着学生的空间智能。因此,教师可采用电影、电视、投影片、多媒体、挂图、图解、图表等形象化工具辅助教学。教师在进行复杂的说明文教学中,可以将较为抽象的事理的过程与具体的动作或表演的过程联系起来,例如,《核舟记》中苏轼、黄庭坚和佛印和尚三人的位置姿态是文中学生理解的难点,教师可将此变成图像,帮助学生理解。

同时,学生也可为课文绘图,通过把所学所感的内容变成图像,既加深对课文内容的理解,也加强了空间智能。如教师在教学完《装在套子里的人》一课后,让学生画一画"你眼中的别里科夫",将文字转换成图画,激发学生的学习兴趣。

5. 加强动作训练,提高动觉智能

动觉智能是一种通过身体来沟通、表达和解决问题的能力。在语文教学中,教师可以为学生提供角色表演的机会,让学生在身体动作中理解课文,表达自我。以《皇帝的新装》为例,教师可以进行课本剧改编,让学生分饰角色,皇帝、骗子、大臣、孩子、周围的百姓及旁白,以教材内容为基准进行多样化表演。通过戏剧表演和其他游戏活动,让学生在玩中学,这有利于学生的身心健康和身体动觉智能的发展;在玩中看、听、说,也体现了"在做中学"的原则。

6. 加强反思自省,发掘自省智能

自知—自省智能可能是八种智能中最不为人知的一种,同时也是最不被人看重的一种。在语文学习中,学生往往会把自己与课文中的思想内容、人物或周围的学生进行比较,从而反省自己,评价自己甚至改正自己。例如,学习了《小狗包弟》后,学生会从中反思自我,这时教师可引导学生将自我反思的感受记录下来。此外,学生可以利用对自我的认知来进行决策和设定目标,即根据个人兴趣,设定个人的学习计划。如学生能发挥自省智能去明确自己在阅读方面的优势,充分发挥优势,激发自己对阅读的兴趣,大范围进行自主阅读,养成良好的阅读习惯。教师应允许学生按照自己的节奏进行学习,为其安排个人化的自主学习方案,这样可以激发学生的学习兴趣,达到教育效果最大化。

7. 开展合作学习,加强人际交往智能

人际交往智能要求学生能够有效地理解别人并与别人产生互动,注意他人之间的差异,并作出区别。而开展合作学习就是加强学生人际交往智能最有效的途径。语文是最重要的交际工具,是人类文化的重要组成部分。语文为加强学生的人际交往智能提供了丰富广阔的空间。例如,在初中语文中,教师可以开展以"古诗中的四季"为专题的综合性实践活动,强调学生通力合作,将四季美景与中国古典诗歌相结合,进行探究。学生在合作学习中,既可以从同伴那里得到反馈意见,又可以锻炼团队协调能力。在团队中建立并维持协同的能力是人际交往智能的一种核心能力。在团队中要理解他人观点和立场,积极合作,发起并维持协同。除合作学习之外,还可通过采取讨论、集体活动、指导同伴、参加会议和社会活动等方式加强人际交往智能。

8. 留心观察环境,养成自然观察智能

自然观察智能的核心是培养学生的注意力和观察力。在现今学生课堂中,不少教师鼓励学生将"自然"带到课堂,如植物、树叶、昆虫或有趣的岩石,让学生和自然界保持着密切的接触。上至日月星辰,下到虫鸟鱼兽都可以成为学生观察的对象。学生对周围世界充满好奇感,这是教师培养学生自然观察智能的有利条件。教师可以结合写景状物或生态环保类的课文,引导学生对自然进行观察与体悟;也可以让学生制作环保剪报,收集观察自然的资料。

写作也可以培养学生的观察能力。在写作教学中,教师在学生观察前应明确观察要求,写好观察记录。观察过程需要多种感官共同参与,学生边看、边写、边思考,在实际动手操作中就养成了对自然界观察的能力。

加德纳的多元智能理论指出,智能的基本性质是多元的——不是一种能力而是一组能力,其基本结构也是多元的——各种能力不是以整合的形式存在,而是以相对独立的形式存在。所以,在语文教学中,教师不是要培养学生的某一种智能,而是要鼓励学生寻求智能的多元发展,挖掘自身潜在的智能优势,弥补不足。在设计教学活动的过程中,教师应该尊重学生的需要,给学生展示个性差异的机会,让拥有不同智能的学生都可以得到一定的发展。具体的例子如下:

(1) 如果教师要向学生介绍国庆节的概念和基本知识,在言语—语言智能领域,教师可以组织学生举办有关国庆节的诗歌朗诵会或庆祝祖国生日的联欢会;在音乐—节奏智能领域,教师可以让学生学唱有关歌唱祖国的歌曲;在自知—自省智能领域,教师可以让学生观看爱国视频后写读后感,说出或写出"我和我的祖国"的故事;在人际交往智能领域,可以组织学生以"小记者"的身份采访各个领域的代表人物或与这些人物进行座谈。

(2) 在教《富饶的西沙群岛》一文时,教师组织学生分小组学习,学生就会根据自己的喜好,各显所长:或当小导游介绍西沙群岛(培养言语—语言智能),或用彩笔描绘西沙群岛之美(培养视觉—空间智能),或编唱赞美西沙群岛的歌曲(培养音乐—节奏智能),或模拟岛上各种鸟类的姿态(培养身体—动觉智能)。他们互相合作,配合默契,课堂气氛热烈,充分展现了人际交往智能。

(3) 学习了朱自清的《春》之后,教师可以进行这样的作业设计:

① 列出你在这节课中学到的语文知识。

② 朱自清用他的笔给我们描绘了春天的美,同学们也可以用自己喜欢的、擅长的方式来展现春天的美:喜欢绘画的同学可以用彩笔描绘春天的美;喜欢朗诵的同学可以选择适合的音乐有感情地朗读课文,进行配乐朗诵;喜欢文学创作的同学可以用诗歌等文体来表达你对春天的赞美之情。

从上述例子可以知道,在语文教学中,每一种智能的培养都有相对固定的活动形式,具体的活动参考如表 2-1 所示。[①]

表 2-1　智能培养活动形式

智能类型	活动参考
语言—言语智能	① 写散文或者创造诗歌; ② 写报告等文字稿; ③ 正式演讲(说服性或说明性的); ④ 辩论
逻辑—数理智能	① 列提纲并进行注释; ② 展示思维模式,如比较与类比; ③ 解释某一现象或过程的原理; ④ 求同存异,辩证看待

[①] 拉齐尔.智慧的课程——利用多元智力发掘学生的全部潜力[M].缪胤,译.北京:教育科学出版社,2003:1.

续表

智能类型	活动参考
音乐—节奏智能	① 为诗文配上音乐伴奏； ② 探索节奏,创造独特的韵律； ③ 创造歌词(为已有的曲子或者全新创作的曲子作词)
视觉—空间智能	① 多媒体配图配画； ② 画出意图(图画或壁画)； ③ 制作流程图； ④ 设计海报和宣传册
身体—动觉智能	① 创造戏剧,进行角色扮演或模仿； ② 跳舞； ③ 创造生动的场面(利用身体语言、手势)
自知—自省智能	① 写自传； ② 把自己的反省写到日记中或画下来； ③ 将自己的思考记录下来； ④ 利用自我认知,制订计划
人际交往智能	① 进行思考—组队—分享练习； ② 与同伴合作学习； ③ 问卷调查； ④ 进行相互学习和教学
自然观察智能	① 用摄像机拍摄自然景观； ② 将自然带入课堂； ③ 写作中做好观察记录

(二) 创建语文教学的多元智能评价体系

加德纳还率先提出了"智能本位评价"的创新理论,这是一种由不同智能指标所构成的多元智能评价体系。在语文教学中,评价是一个极其重要的环节。正确高效的评价可以激发学生学习的兴趣,提高学生的自信心,促进学生语文成绩的提高。根据多元智能评价体系,每一个人都有自己擅长的智能领域,在评价学生的在校表现和评估学生未来发展时,其评价体系也是多元的。具体阐述如下:

1. 评价内容多元化

加德纳认为,多元智能理论引起教育界广泛关注的原因之一就是它提出了一系列的主张:我们每一个人都是不同的;我们拥有不一样的大脑;当教育能够考虑到而不是否认或者忽视人所具有不同的智能和长处时,教育就能取得最好的成果。为此,语文学科的评价内容不仅应关注语言智能,即听、说、读、写能力的发展情况,还应同时关注学生其他智能的发展,重视对非智力因素的评价。教师应通过多元多维的评价,给予学生发挥特长、展示自我的机会。

2. 评价主体多元化

标准性评价是以教师为主体的单项评价,导致教师在评价中占有绝对权。多元智力理论强调"传统的测验导致了以教师为中心的教学,而真实评价却需要倡导一种以学生为中心的教学",加德纳将之称为个人为本的评价。因此,教师在评价学生时,首先要重视学生自评,注重引导学生自我反思,自我纠正。其次,可以采取学生互评、家长参与评价的评价方式,共同合作对学生做出客观的全面的评价,在多方力量之下,让学生及时发现和纠正自己的错误。最后,教师要具体地使用评价语,补充标准测试的抽象化。例如,教师在写评语时可以多元化表达,"你的写作开头写得很好,很有诗意"或"你的字写得很好,看了让人赏心悦目"。

3. 评价方式多元化

语文教师应摒弃以往单一的纸笔测验和考试的评价方法,将丰富多样的评价形式引入到评价活动中来。具体来说,教师可以采用观察记录、面谈采访、问卷调查、问题解决、日志记录、项目活动和建立学生档案等多种形式,全面了解学生各项智能的发展情况。其中建立学生档案是一种非常有效的方式,既可以培养学生自知—自省智能,也可以使评价更为具体。

4. 评价标准多元化

全面发展并不意味着平均发展,学生的天赋千差万别,简单划一的评价标准很难适应客观实际需求,不利于学生有个性地协调发展。因此,建立多元化的评价标准尤其重要。具体来说,评价标准既要有以课程目标为参照的统一标准,又要有以学生的纵向发展为参照的个人标准,两者相辅相成,共同对学生的学习状况进行评价。评价标准并非一成不变,教师要根据学生成长的变化和社会的要求灵活变化。

(三)多元智能理论对语文教学的启示

1. 树立新的学生观、教学观和评价观

(1)树立积极乐观的学生观。在多元智能理论看来,每一位学生都有相对的优势智能领域,鉴别学生的优势智能领域是教师教育教学工作中的一项重要工作。加德纳认为"每一个儿童都是一个潜在的天才儿童",每一位学生都有不同的智力水平和不同智能的组合,所以判断一位学生聪明与否的标准也应该是多种多样的。为此,教师要树立新的学生观,面向全体学生,帮助学生找到自身闪光点,挖掘内在潜力,提高学习兴趣。教师有责任充分挖掘每位学生的内在潜力,让每位学生至少发现自己身上的一个强项。如果教师肯定和欣赏传统教育下所谓的"差生"的某一项智力强项,学生也会尊重这种差异,这样每一位学生就生活在平等、被尊重的学习氛围之中,学校教育才会发挥最大的效果。

(2)树立因材施教的教学观。每位学生都是有着不同智力特点,属于不同学习类型和发展方向的可造就之才,这就要求教师的教学方法和教学手段应根据不同的教学对象而有所不同。

加德纳指出:"我们不应将某一种智力和某一特定的课程领域或学科混淆起来,人们可以通过几种智力实现任何领域的活动。"语文作为一门基础学科,言语—语言智能并非只是唯一的培养目标。即使是同样的教学内容,教师也应该根据对不同学生的观察设计出个性化的教学策略。教师应帮助学生看到自己的优势智能领域和弱势智能领域之间的联系,发展不同学生的不同优势智能领域,以达到发展强项与获得学业成功之间的平衡。

(3)树立灵活多样的评价观。教师应拓展对学生智能的诊断性评价,不能仅靠测验和分数评价学生。仅仅使用言语—语言智能和逻辑—数理智能来评估学生并不能真实地反映学生在学校的学习情况,也难以真实准确地反映学生解决问题的能力和创造能力。首先,教育评价应该通过多种渠道、采取多种形式,切实考察学生的实际能力和不同智能发展差异。其次,教师应该从多个方面观察、评价和分析学生的优缺点,树立多元化的评价观。最后,评价必须以学生解决问题的实践能力和创造能力为核心。教育的直接目的就在于培养受教育者具有"真正理解并学以致用的能力"。

在多元智能理论的视野之下,个体之间的差异是一种可利用的独特资源。多元智能理论给了教育者重新审视学生学习和教育的价值的机会,使学校人性化,让学校来适应学生的学习需要,注重学生学习的主体地位,全方位展现学习领域,促进每一位学生充分发展。教师应充分挖掘多元智能理论的潜在价值,实现差异教育和个性教育,促进所有学生全面、主动发展,对素质教育的发展有一定的借鉴意义。

2.多元智能理论指导下的语文应用反思

多元智能理论体现了以人为本的教育理念,为我们提供了新的教育思维。但教师在运用多元智能理论指导语文教学的实践中,需要处理好以下问题。

(1)发展多元智能不等于忽略人格等其他方面的培养。未来的社会需要"完人",未来的教育培养"完人"。在多元智能理论的指导下,在素质教育的倡导下,语文学科作为一门基础性学科,"全面育人"的责任重大。语文学科具有广泛的思想性和人文性特点,是培养一个人的人格等方面的重要学科。因此,在多元智能理论和语文教学整合的过程中,语文学科对青少年的价值观的引导也尤其重要,不可或缺。教师只有把发挥语文学科育人的理念和培养学生各项智能的发展相结合,处理好语文学科工具性和人文性两者的关系,才能让语文发挥出最大的教育价值。

(2)要处理好智力因素和非智力因素的关系。智力因素则包括观察力、注意力、记忆力、思维力、想象力等因素,非智力因素一般指动机、兴趣、情感、意志和个性。事实证明,一名学生智力因素再好,如果没有非智力因素积极参与,一样不能成才,甚至会危害社会和毁灭自己的前程。因此,在培养学生智力因素发展的同时,非智力因素的培养也尤其重要。两者是相辅相成,密不可分的关系。语文学科追求的最高境界就是借助人类创造出来的精神财富和文化价值,使学生的个性健康全面地发展,达到智力因素与非智力因素的全面发展。

(3)发展多元智能要量力而行。多元智能理论只是一种教育理论,不能代替课程标准在教育教学中的地位和作用。多元智能理论的实施,也要考虑与中国的教育实际存在的差异,做到具体问题具体分析。中小学教育是基础学习,非专业性教育。教师在贯彻多元智能理论时,要考虑到学校和教师时间精力的现实情况,量力而行。发展多元智能不是说活动越多、越新就越好,关键是所设计的活动是否真的有助于发展学生的智能,正确的做法是将这一理论贯穿于整个教学过程中,渗透于具体课堂实践操作中。因此,语文教师在利用多元智能理论指导教学时,要充分考虑学生的具体情况,在实践中多总结多思考,不断开发多元智能理论在语文教学中的价值。

练习题

1. 单选题:开展合作学习,是培养学生(　　)的最直接的途径。
    A. 语言—言语智能　　　B. 逻辑—数理智能　　　C. 人际交往智能　　　D. 自然观察智能
2. 单选题:(　　)是智力因素的核心。
    A. 记忆力　　　　　　B. 思维力　　　　　　C. 想象力　　　　　　D. 兴趣
3. 填空题:加德纳认为多元智能的核心是培养学生_____的能力。
4. 简答题:根据多元智能理论,我们应该创建怎样的语文教学评价体系?我们在运用多元智能理论指导语文教学时要注意哪些问题?
5. 论述题:加德纳认为"多元智能理论的精髓——理论上和实际上的——在于严肃地对待人类的差异"。假设你是一名中学语文老师,要给学生制定观察记录表,你能想出哪些具体的评价标准和评价方式?请根据多元智能理论为学生制定一份具体的观察记录表,并说明理由。

第四节　建构主义理论视野下的语文教学

一、建构主义理论的基本观点

建构主义,又称"结构主义",这一理论对当今教育领域的影响颇深。国内外有不少学者将其视为"当代教育心理学中的一场革命",是"对传统教学理论和学习理论的一场革命",甚至将其誉为"革新传统教学的理论基础"。[①]

建构主义理论的最早提出者可追溯至瑞士心理学家让·皮亚杰(Jean Piaget),后来发展出很多不同的类型和流派,在教育领域主要有 6 种,分别是:激进建构主义(或称极端建构主义、个人建构主义)、社会建构主义、社会建构论、社会文化认知观点、信息加工建构主义和控制系统论。我们一般说的建构主义更多指社会建构主义,它在肯定学习活动的个体性质的同时又承认学习活动的社会性,而激进建构主义则绝对肯定认识活动的个体性质。20 世纪 90 年代后,激进建构主义向社会建构主义转变,这是建构主义理论实际发展的轨迹。

---

① 张桂春.激进建构主义教学思想研究[M].大连:辽宁师范大学出版社,2002:3.

(一) 建构主义理论的核心理念

由于个体的认知发展与学习过程密切相关,因此利用建构主义理论可以较好地说明人类学习过程的认知规律,即能较好地说明学习如何发生、意义如何建构、概念如何形成,以及理想的学习环境应包含哪些主要因素,等等。建构主义理论解释了个体是如何通过与客观知识之间的相互作用而使客观的知识结构内化为个体的认知结构的。建构主义理论认为,个体对世界的理解、对世界赋予的意义是由个体自己决定的。在学习过程中,人脑不是被动地学习和记录输入的信息,个体是以原有的经验、心理结构和信念为基础主动地建构对信息的解释,强调学习的主动性、社会性和情境性。

建构主义理论经由诸多学者的研究发展成为内容丰富复杂的理论,但万变不离其宗,其核心内容可简单概括为:世界是客观存在的,但是对于世界的理解和赋予意义却是由每个人自己决定的。我们以自己的经验为基础来建构现实,或者至少说是在解释现实。我们的个人世界是用我们自己的头脑创建的。由于我们的经验以及对经验的信念不同,于是我们对外界世界的理解也就不同。[1] 比如,同样是秋天的枫叶,在怀着恬淡舒适心情的杜牧看来是"停车坐爱枫林晚,霜叶红于二月花",在这里秋天的枫叶比二月的鲜花还要鲜艳动人;在满怀离别思绪的崔莺莺眼中则是"晓来谁染霜林醉,尽是离人泪",在这里秋天的枫叶就像是被泪水染过一般凄凉,让人伤感心碎;在满腹忧国情怀的戚继光眼里又是"繁霜尽是心头血,洒向千峰秋叶丹",在这里秋天的枫叶透露出一种豪迈悲壮的色彩。

(二) 建构主义理论的基本观点

在教与学方面,建构主义理论的基本观点主要体现在知识观、学习观、教学观和师生观四个方面。

1. 建构主义知识观

建构主义知识观认为知识具有动态性和相对性,既与时俱进又因人因事而异,并不能准确地概括世界的法则。它要求教师在进行教学的过程中,既要引导学生灵活运用所学知识,活学活用,还要重视学生的质疑精神和独到的见解,注重培养学生的发散思维和创新能力。

2. 建构主义学习观

建构主义学习观认为学习是个体依据自己的经验和图示主动构建自己知识的过程,更加强调学习过程的自主建构性和意义性。学生的学习是基于原有知识经验基础,在一定的环境中进行,学习者主动地对新知识和信息进行加工处理,并转化为自己内在的东西,所以在学习新课程之前,学生的头脑并不是一片空白的,教师要善于利用学生已有的知识与新知识形成联系,加深学生对新知识的学习和对已有知识的巩固。学生建构自己知识体系的过程是新旧知识经验双向的相互作用,涉及同化和顺应两个过程,学生经历这种学习过程的体验对其成长具有重要的意义。

---

[1] 陈美荣,胡永萍.教育心理学[M].广州:中山大学出版社,2012:94.

3. 建构主义教学观

建构主义教学观认为教师的教学是"为了每位学生的发展",要做到以学生为中心。教学不仅是一个传授知识、调动学生学习动机的过程,也是一个教会学生学习、激发学生自主学习建构经验的过程。在这里,教师应该重视学生自己对知识的理解,关注他们的所思所想,思考他们这些想法的由来,并循循诱导。教师要积极创设学生学习活动的情境,包括学习活动的组织、学习者心态分析、课堂文化的建设、心理氛围的营造等。

4. 建构主义师生观

建构主义师生观认为:"知识不是通过老师传授得到的,而是学习者在一定的社会文化背景下,借助其他人(包括教师和学习伙伴)的帮助,利用必要的学习资料,通过意义建构的方式获得的。"[①]在建构主义理论下,语文教师扮演的角色是学生建构知识的忠实支持者,是为学生解决复杂问题的指导者和积极帮助者。在教学环节中,教师要以学生为中心,站在学生的角度进行教学设计,肯定学生在学习中的主体地位,并学会激发学生的学习热情,引导学生正确建构知识,创设有效合理的情境帮助学生建构当前知识,使之朝着有利于意义建构的方向发展。

(三) 建构主义理论对语文教学的启发

1. 建构主义知识观对语文教学的借鉴价值

建构主义知识观认为知识具有动态性和相对性,学习者获取知识的方式是:"学习者以自己的方式建构对事物的理解,从而不同人看到的是事物的不同方面,不存在唯一的标准的理解,但是我们可以通过学习者的合作而获得全面的理解"。[②]对语文教学来说,这一点很有借鉴价值。如在《项链》这篇文章的教学中,学生对主人公玛蒂尔德的遭遇就有不同的见解:有的同学认为她虚荣心很强终究害了自己,这是一种普遍的认识;但也有同学认为她非常地诚实、守信,不惜花费十年的光阴来偿还债务;还有同学认为她挺坚强、勇敢的,勇于接受残酷的现实,直面惨淡的人生等,此时教师要尊重学生的差异,不要用教师所谓的标准答案去禁锢学生的想法,因为学生才是课堂的主体,而教师的教学目的就是让学生在个体知识经验的基础上感悟、理解和建构知识,从而发散思维,形成创新能力。通过这一途径,教师也能获取到较全面的知识与观点。

2. 建构主义自上而下的教学设计模式适合中学语文教学

传统的语文教学将课本分成几个单元,让学生逐级学习,而建构主义则提倡采用与之相反的自上而下的学习方式,即首先呈现整体性的学习目标,让学生思考并解决问题,这样的教学设计能够让学生从一开始就明了语文学习的最终目标,对一次课堂上的语文知识有更加宏观的把控,从而更自觉更有逻辑地建构自己的知识体系。这种教学模式在中学语文课堂上具有借鉴价值。

3. 建构主义情境教学模式对语文教学有重要的指导意义

建构主义理论认为:"教学应使学习在与现实相类似的情况中发生,以解决学生在现实生活

---

① 王振宏,李彩娜.教育心理学[M].北京:高等教育出版社,2011:168.
② 梁鸿京.建构主义与语文教学[J].教研天地,2001(1):12—13.

中遇到的问题为目标,学习的内容要选择真实性的任务。"①在语文教学中,可以通过采用情境创设的方法激发学生的学习兴趣,例如,音乐情境,生活情境,问题情境等。

著名特级教师李镇西老师在执教《致女儿的信》一课时,就将学生带入到了一种生活化的情境中去。例如,在课堂上,李镇西老师和学生交流"父母是怎么回答爱情这一问题"时,李镇西老师就为他们创设了一种生活化的情境,让学生回家问问自己的父母。问过父母的学生,父母的回答给他们留下了深刻的印象,没有问过的学生也有深刻的心理体验。再如,李镇西老师说:"再过一个星期,下周一,我将去见苏霍姆林斯基的女儿。我们1998年第一次见面,已经六年不见了。李老师要去见她,你们有没有什么话要带给这位当年幸福的女儿?李老师一定带到!"这样,课本里的人物变成了学生生活中的人物,学习这篇课文后就要见这篇课文里写到的人物,学习这篇课文后的心得可以告诉这篇课文里的人。李镇西老师创造的生活情境极大地激发了学生学习的兴趣和动力。

4. 合作学习、交互式教学模式为语文教学开辟新领域

建构主义理论强调教师和学生之间的相互影响和配合。每个人都在以自己的经验为背景建构对事物的看法,容易出现"一叶障目"的现象,仅能理解到事物的不同方面,离事物的正确理解还有一定的差距。教学要使学生超越自己的认识,看到那些与自己不同的理解,看到事物的不同面,需要通过合作和讨论了解彼此的见解,以弥补自己的不足,从而形成更加丰富、正确和全面的理解。合作学习、交互式教学模式尤其适用于议论文教学和辩论课,已在语文教学中广为采用。

二、皮亚杰的认知发展理论与语文教学

皮亚杰于1966年提出认知发展理论,这是认知主义发展成熟阶段的重要成果,也是建构主义理论最具代表性的理论创见。

(一) 皮亚杰认知发展理论的几个基本概念

1. 图式

图式是行动的结构或组织,这种结构或组织具有概括性的特点,它可以从一种情境迁移到另一种情境。换句话说,图式就是在同一活动重复运用中保持共同的那个东西。图式种类的多寡和质量的高低是随年龄和经验的增长而变化的。成年时,人形成的复杂图式构成了人的认知结构。②

2. 同化与顺应

同化是把外部环境中的有关信息吸收进来并结合到儿童已有的认知结构中进行内化的过程;顺应是指外部环境发生变化,而儿童原有认知结构无法同化新环境提供的信息时所引起的其

---

① 周艳阳.建构主义理论指导下的语文教学设计[D].沈阳:沈阳师范大学,2005(10):10.
② 何克抗.建构主义——革新传统教学的理论基础(一)[J].学科教育,1998(3):29—31.

认知结构发生重组与改造的过程,也就是个体的认知结构受外部刺激的影响而发生改变的过程。同化是认知结构数量的扩充,而顺应则是认知结构性质的改变。①

3. 平衡

平衡是同化和顺应两种活动的平衡。在皮亚杰看来,平衡是认知发展的动力因素。达成平衡的两个过程是同化和顺应,保持同化和顺应的和谐发展,使之处在一种平衡状态,是智力正常发展的必要条件。同化或顺应任何一种居于支配地位,另一种受到压抑,就会阻碍智力的正常发展。平衡的倾向作为一种过程,总是把儿童的认识水平推向更高阶段。当低层次的平衡被冲破以后,由于有了这种倾向,平衡就在高一级的水平上得以恢复,从而推动了智力的发展。②

(二)皮亚杰认知发展理论的基本观点

皮亚杰认知发展理论的基本观点是:儿童是在与周围环境相互作用的过程中逐步建构起关于外部世界的知识,从而使自身认知结构得到发展。

他认为,儿童与周围环境的相互作用贯穿于两个过程,即"同化"与"顺应"。个体通过同化与顺应两种形式来达到与周围环境的平衡;当儿童能用现有的图式去同化新信息时,他处于一种平衡的认知状态;而当现有图式不能同化新信息时,平衡即被破坏,而修改或创造新图式(顺应)的过程就是寻找新平衡的过程。儿童的认知结构就是通过同化与顺应过程逐步建构起来,并在"平衡——不平衡——新的平衡"的循环中得到不断的丰富、提高和发展。

(三)儿童智力发展的阶段

皮亚杰根据儿童智力发展的主要特征和变化的规律,将儿童智力发展划分为四个阶段,分别是感知运动阶段、前运算阶段、具体运算阶段、形式运算阶段。

1. 感知运动阶段(0~2岁)

这一阶段儿童的认知发展主要是感觉和动作的分化,从出生至2岁,大致处于这一阶段。出生婴儿只有先天的遗传性无条件反射,随后才逐渐发展出通过组织自己的感觉与动作以应付外部环境刺激的能力。到这一阶段后期,感觉与动作明显区分,手段与目的逐渐分化,思维开始萌芽。

2. 前运算阶段(2~7岁)

这一阶段儿童的各种感觉运动图式逐渐内化为表象或形象图式。随着语言的出现和发展,儿童日益频繁地使用表象和词语来表征外部事物,但他们的词语或其他的象征符号还不能代表抽象的概念,只能在不脱离实物和实际情景的场合应用,他们的思维仍受具体的直观表象的限制。例如,让4岁或5岁儿童用两只手分别向两个同样大小的杯子内投放同等数量的木珠(每次投一颗),儿童知道这两个杯子里装的木珠一样多。然后实验者将其中一杯珠子倒入另一个高而

---

① 何克抗.建构主义——革新传统教学的理论基础(一)[J].学科教育,1998(3):29—31.
② 同①.

窄的杯子中,问儿童:两杯珠子是一样多,还是不一样多?部分儿童会说,矮而宽的杯子中的珠子多;另一部分儿童会说,高而窄的杯子中的珠子多。

3. 具体运算阶段(7～11岁)

具体性是具体运算阶段儿童的最主要特征。儿童在这个阶段中随着抽象概念的形成,已开始具有逻辑推理能力。但是这时儿童的逻辑推理还离不开具体事物的支持,否则会感到困难,所以这种逻辑推理能力只是初步的。例如,向7～8岁小孩提出这样的问题:假定 A＞B,B＞C,问 A 与 C 哪个大,他们可能难以回答。若换一种说法:张老师比李老师高,李老师又比王老师高,问张老师和王老师哪个高,他们可以回答。因为在后一种情形下,儿童可以借助具体表象进行推理。

4. 形式运算阶段(11～12岁开始)

这一阶段的儿童主要特征是:思维形式与思维内容开始区分;能运用假设进行各种逻辑推理;有特定的形式运算结构形式。例如,针对"如果这是第9教室,那么它就是4年级。这不是第9教室,这是4年级吗"这个问题需要的假设——演绎思维。有人请小学生以"是""不是"或"线索不充分"来回答这个问题,多数小学生回答"不是",但正确答案应是"线索不充分"。处于形式运算阶段的中学生开始能解决这类问题了,他们的抽象思维能力更强,能运用符号进行命题思维。

(四)皮亚杰认知发展理论对语文教学的启发

依据皮亚杰的理论,儿童的认知能力具有阶段性的特点。在每一个年龄阶段,儿童的智力结构与功能限制了其能获得什么样的知识和怎样获得知识。依据这一特点,教师应根据学生的认知特点组织课程,不要使学习材料超过或落后于其认知水平,要以学生心理发展的特点作为组织教育与教学的科学依据。

1. 理解认知发展

教师应理解学生的认知结构水平,相应地调整教学以适应学生的水平。不应期望一个班的所有学生认知活动在同一个水平上。处于过渡期阶段的学生可以适应更高一级水平的教学内容,认知冲突不会太大。

2. 保持学生的主动性

皮亚杰认为儿童需要丰富的环境,教师应允许他们主动探索,亲身参加实际活动,这能促进学生主动建构知识。

3. 制造认知矛盾

当输入的环境信息与学生的图式不相匹配时,才会出现发展。理想的情况是教师给出的学习材料不能立即被同化,也不应太难而使学生无法顺应。学生在解决问题的同时得到错误的答案会产生认知矛盾,教师对错误答案的反馈能够导致学生产生失衡状态,进而促进其认知的发展。

4. 提供社会互动

教师必须提供社会互动的活动，具有不同学习观点的人能帮助学生去自我中心化。教师需要知道学生当前是怎样思维的，这样就能在适当的水平上导入认知冲突，使得学生能够通过同化和顺应解决它。

（五）对皮亚杰认知发展理论的评价

皮亚杰的认知发展理论坚持唯物辩证的认知发展观，反对唯心的和机械的认知发展观，首次将儿童心理发展的研究引入认识论领域，为"发生认识论"的建立做出开创性贡献;[①] 首次揭示出儿童认知发展具有阶段性，并对其中某些阶段的发展做出了比较准确的描述。因此，在皮亚杰看来，我们应该注重学生内在的认知重组过程，不能把学习速度作为学习的唯一指标。但皮亚杰的理论也有不足之处，他对儿童思维的发展阶段进行固定划分，过分强调天生的作用，忽视语言环境的影响和教育的作用，忽视了社会因素在儿童思维发展中的重要作用。他以运算作为划分认知发展阶段的标准，认为儿童7岁以前不可能有基于命题假设的抽象逻辑思维，只有基于表象的思维和离不开具体事物支持的初步逻辑思维。这种观点对小学生创新思维能力的培养是不利的。[②]

三、维果茨基的社会文化发展理论与语文教学

维果茨基（Lev Vygotsky）是苏联早期卓越的儿童心理学家，他的一生虽然短暂，但却对苏联心理学的理论和体系的建立与发展做出了不可磨灭的贡献。

（一）维果茨基的社会文化发展理论基本观点

1. 文化—历史发展理论

维果茨基创立了"文化—历史发展理论"，用以解释人类在心理本质上与动物的不同，人类所独具的那些高级的心理机能。

维果茨基认为，由于工具的使用，人在物质生产的过程中用间接的方式适应自然，而不像动物以身体的直接方式来适应自然。在人的工具中凝结着人类的间接经验，即社会文化知识经验，这就使得人类的心理发展规律不再受到生物进化规律的制约，而受社会历史发展的规律所制约。

当然，工具本身并不属于心理的领域，也不加入心理的结构。但是在物质生产的基础上产生的人与人互相交换的方式和社会文化生产的产物——人类社会所特有的语言和符号，从根本上改变了人的心理结构，形成了人类特有的、高级的心理机能。[③]

[①] 何克抗.儿童思维发展新论和语文教育的深化改革——对皮亚杰"儿童认知发展阶段论"的质疑[J].教育研究，2004（1）：55—60.
[②] 同①.
[③] 付建中.教育心理学[M].2版.北京:清华大学出版社,2018:180.

2. 心理发展观

维果茨基认为发展是指心理的发展。所谓心理的发展就是指一个人的心理(从出生到成年)是在环境与教育影响下,由低级心理机能逐渐向高级心理机能转化的过程。所谓的低级心理机能是生物进化的结果,是人和动物所共有的,包括直觉、不随意注意、形象记忆、情绪、冲动性意志、直观的动物思维等。所谓的高级心理机能是以"语言"为中介,是人类历史发展的结果,是人类所特有的。人类个体只有在掌握了人类经验的基础上才能形成各种高级心理机能。高级心理机能包括观察、随意注意、抽象思维、高级情感、意志等。心理机能由低级向高级发展,起源于社会文化—历史的发展,是受社会规律所制约的。

从个体发展来看,儿童在与成人交往过程中通过掌握高级心理机能的工具——语言、符号这一中介,使得其在低级心理机能的基础上形成了各种高级心理机能,高级心理机能是不断内化的结果。

由此可见,维果茨基的发展观是与他的文化—历史发展理论密切联系在一起的。他强调,高级心理机能是人类物质生产过程中发生的人与人之间的关系和社会文化—历史发展的产物;他强调心理过程是一个质变的过程,并为这个变化过程确定了一系列的指标。

3. 教学与发展的关系——最近发展区

最近发展区理论的基本观点是,在确定发展与教学的可能关系时,要使教育对学生的发展起主导和促进作用,就必须确定学生发展的两种水平:一是学生已经达到的发展水平,表现为其能够独立解决问题的智力水平;二是学生可能达到的发展水平,指借助成人的帮助,在集体活动中通过模仿解决问题的水平。实际的发展水平与可能达到的发展水平之间的差距就是最近发展区。第一个发展水平与第二个发展水平之间的差距取决于教师在教学中如何帮助学生掌握知识并促使其内化。①

通过以上观点,维果茨基特别提出:"教学应当走在发展的前面。"教师在教学过程中,重要的不是着眼于学生现在已经完成的发展过程,而是关注他那些正处于形成的状态或正在发展的过程。教学决定着智力的发展,因此,如果教师在教学过程中只是利用学生现有的知识水平,那么教学过程就不可能成为学生发展的源泉,学生的发展就会受到限制或阻碍,积极性和创造性受到影响。只有走在发展前面的教学才是良好的教学,才能有效地促进学生的发展。

4. 内化学说

维果茨基是最早提出内化学说的心理学家之一。他指出,教学的最重要的特征便是教学创造着"最近发展区"这一事实,即教学激起与推动学生一系列内部发展过程,学生通过教师的教学而掌握全人类的经验,内化为自身的内部财富。维果茨基内化学说的基础是他的工具理论。他认为,人类的精神生产工具或"心理工具"就是各种符号。运用符号就能使心理活动得到根本改造,这种改造转化不仅在人类发展中,而且在个体的发展中进行着。学生早年还不能使用语言这

---

① SHAFFER D R,KIPP K.发展心理学:儿童与青少年[M].邹泓,译.9版.北京:中国轻工业出版社,2016:234-244.

个工具来组织自己的心理活动,心理活动的形式是"直接的和不随意的、低级的、自然的"。只有掌握语言这个工具,才能转化为"间接的和随意的、高级的、社会历史的"心理机能。新的高级的社会历史的心理活动的形成,首先是作为外部形式的活动而形成的,然后才"内化",转化为内部活动才能默默地在头脑中进行。①

(二)维果茨基的社会文化发展理论与语文教学

维果茨基的思想体系是当今建构主义理论发展的重要推动力量,他的思想强烈地影响到建构主义者对教学和学习的看法。建构主义者们不再局限于强调教学的结果和各种外部变量,而是开始注重影响教学有效性的各种内部变量。在维果茨基思想的启发下,语文教育研究者对学习和教学进行了大量理论建设和实践探索。

1. 支架式教学的应用

教育研究者在维果茨基搭建支架的基础上,提出了支架式教学主张。这种教学方式的要点在于:① 强调学生在教师指导下的发现活动;② 教师指导的成分逐渐减少,最终要使学生达到独立发现的效果,将监控学习和探索的责任由教师向学生转移。在运用支架式教学时,教师要保证提供的支架一直使学生处于最近发展区之内,在学生能力有所发展的时候,随着学生认知发展的变化而进行调节。

如将支架式教学应用到语文写作评改中,教师就不用再对学生的作文埋头苦改,而是通过更加有效的教学设计来提升学生写作水平。具体的做法是:首先,进入写作情境,教师拟制写作提纲来打好基础支架;然后,搭建支架,教师引导学生积极探索,以自评互评的形式来进行协作学习;其次,深入写作,再搭支架,教师再次发动小组内各成员,要求学生协作,要求学生找出文章的类型化问题,并确定修改办法来继续协作;最后,教师可以引导学生,再读自己的写作,对比前后变化,感受自己的进步,让学生在提升写作能力后感到满足、获得成就感。这样的支架式教学能充分调动学生在写作评改环节中的积极性,让其全面参与到评改实践中来,一步步发现问题、分析问题,并通过教师引导搭建支架改正,最后实现写作能力的切实提高。②

2. 最近发展区的应用

按照维果茨基最近发展区的观点,教师必须在教学中给学生提供处于其最近发展区内的且难度适当的学习材料,而最近发展区是个动态的区域,因此教师需要不断地获得有关学生发展的反馈。

在语文课堂的提问设置应有梯度。课堂要以问题为引领,教师要借助问题来提高学生语文分析和鉴赏能力,问题的设置则成为关键。教师设置问题要有一定的考量,一要围绕目标,问题是实现目标的手段;二要有梯度,由浅入深,符合学生的思维认知规律;三要突出教学重点,问题少而精,既能扣紧文章核心,又能提高学生能力。例如,在苏教版高一语文必修二《鸟啼》一文可

---

① BIO 国际组织教材编写组.发展心理学[M].北京:人民日报出版社.2007:68—69.
② 朱建斌.支架式教学在写作评改中的应用[J].中学语文教学参考,2019(15):15—16.

以设置以下三个问题：① 阅读文中描写鸟啼的段落，找出关键词，概括鸟啼的特征；② 试从修辞等角度分析作者是如何描写鸟啼的；③ 鸟啼给了作者哪些启示，作者对生和死有怎样的思考？三个问题一步步深入，让学生先把握住鸟啼特征，再到手法分析，进一步强化对特征的理解，最后引出作者的感悟。问题设置循序渐进、水到渠成，突出了文章重点。① 在学生进行回答时，教师要根据回答来判断学生最近发展区的变化，同时可以适当地增加作者的相关材料和同类型文本让学生感悟，对问题的回答进行引导。只有针对最近发展区的提问，才能促进学生的发展，而停留在现在发展区的提问，只能阻碍学生的发展。

但是如果课堂提问完全超越学生的最近发展区，大大超过学生当下能力发展的上限，让学生"跳一跳"总"够不着"，也是不能促进学生能力发展的。如在苏教版五年级上册《少年王冕》中，课文第五段对雨后美景作了具体精彩的描写。例如，教师在教学这段时，不停地追问"为什么作者要花这么多笔墨来写景？为什么写荷花"，来希望学生认识到写景与写人的统一。然而此阶段学生的认知水平决定了他们只能回答"写这段美景是为了具体说明王冕被这里的美景所吸引、所陶醉，因为后面一句说'王冕不禁看得入了迷'，这样王冕才想到学画荷花，为后面'王冕画荷'的故事情节作铺垫。② 教师在提问时不仅要以发展学生的能力为追求，还应该顾及学生的原有认知和思维特征，只有这样，才能更好地把最近发展区应用到语文课堂提问中去。

总之，在推行新课程改革、实施素质教育的今天，语文教师要充分了解学情，明确学生的现有水平，提升学生的潜在水平，运用维果茨基提出的"最近发展区"理论，探究具体实施策略，让每一位学生获得真正的发展。

四、元认知理论与语文教学

（一）元认知的概念

早在 1976 年，美国发展心理学家约翰·弗拉维尔（John Hurley Flavell）就提出了元认知概念，这一概念提出后对认知心理学的发展产生了很大的影响，有些人甚至认为是认知心理学的一次革命。所谓的元认知就是对认知的认知，具体地说，就是个体对自己的认知活动的自我意识、自我控制和自我调节。一方面，元认知来自个体过去的认知活动，随着个体在成长过程中不断地认知活动，每个人都会形成关于自己认知过程的知识和调节过程的能力。③ 例如，如果问中学生"你是如何学习的？"几乎每一个学生都能讲出他如何学习、如何记忆、如何思考问题等，这便是他所具有的元认知知识，而他们往往正是用这种知识调节和控制他们的学习，这些就是我们所讲的元认知。另一方面，学生已经形成的元认知又会对他们随后的认知或学习活动产生影响，学生的元认知越是丰富、越是科学，越有利于以后的学习。

---

① 丁美华."最近发展区"理论在高中语文教学中的应用[J].中学课程资源，2016(6):34—35.
② 王祥连.魏武挥鞭知何方——语文特级教师课堂提问指向性探微[J].教育科学论坛，2016(5):44—45.
③ 唐龙云.心理学基础[M].杭州:浙江大学出版社.2015:234.

（二）元认知策略的内容

学习时,学习者要学会使用一些策略去评估自己的理解、预计学习时间、选择有效的计划来学习解决问题。例如,假设你读一本书,遇到一段读不懂,你该怎么办呢?你或许会慢慢再读一遍;你或许会寻找其他线索,如图、表、索引等来帮助理解;或许你还会去了解这一章更前面的部分,这意味着你要学会如何知道你什么地方不懂以及如何去改正你自己。此外,你还要能预测可能会发生什么,或者能说出什么是明智的,什么是不明智的。所有这些都属于元认知策略。元认知策略包括元认知计划、元认知监控和元认知调节。

1. 元认知计划

元认知计划是根据认知活动的特定目标,在一项活动之前计划各种活动,预计结果、选择策略、设计解决问题的方法,并预计其有效性等。元认知计划策略包括设置学习目标、浏览阅读材料、产生待回答的问题以及分析如何完成学习任务。不论是完成作业,还是为了应付考试,学生在每一种学习中都应当有一种计划和"对策"。成功的学习者往往除了有这种对策和计划外,还会预测完成作业需要多长时间,在作业前获取相关的信息,在考试前复习笔记,在必要时组织学习小组对困难的问题进行讨论,以及使用其他的方法帮助自己学习,因此,成功的学习者是一个积极的而不是被动的学习者。

元认知计划属于学习活动之前的监控,它是指学习者对某一时间内学习活动的设计和安排。为学习做计划既可以是较长期的,也可以是针对具体的学习任务所指定的计划,就好比一个足球队一样,除了有较长期的训练计划、比赛计划以外,面对不同的对手还要根据对手的特点与出厂情况制订具体的对策和计划。学习计划既可以是写出来的,也可以是头脑内部的,不管是哪一种,都应该是在对具体的学习任务分析以后产生的。

2. 元认知监控

元认知监控是指个体在进行认知活动的过程中,根据元认知目标,及时评价、反馈认知活动的结果与不足,正确估计自己达到认知目标的程度、水平,并且根据有效性标准,评价各种认知行动、策略的效果。例如,在学习过程中,时时自省自己的学习方法是否有效,学习的状态是否良好,学习效率如何,对学习结果的归因,提出改进和补救措施,及时作出调节等。

3. 元认知调节

元认知调节是根据对认知活动结果的检查,如发现问题,则采取相应的补救措施,根据对认知策略的效果的检查,及时修正、调整认知策略。元认知调节策略与监控策略有关。例如,当学习者意识到他不理解学习材料的某一部分时,就会退回去重新阅读困难的段落,在阅读困难或不熟的材料时放慢速度,复习自己不懂的课程材料;测验时跳过某个难题,先做简单的题目等。学习者调节策略能帮助其矫正不良的学习行为,补救理解上的不足。

元认知策略总是和认知策略一起才能发挥作用的。如果一个人没有使用认知策略的机能和意愿,他就不可能成功地进行计划、监控和调节。元认知过程对于帮助我们估计学习的程度和决定如何学习是非常重要的;认知策略则帮助我们将新信息与已知信息整合在一起,并且储存在长时记忆中,因此,我们的元认知策略和认知策略必须一起才能发挥作用。认知策略(如圈点勾画、口头复述等)是学习内容必不可少的工具,元认知策略则监控和指导认知策略的运用。也就是说,教师可以教学生使用许多不同的策略,但如果他们没有必要的元认知机能来帮助他们决定在某种情况下使用哪种策略或者改变策略,那么他们就难以成为成功的学习者。

(三)元认知理论与语文教学

基于元认知策略的认识,可以在语文阅读教学中使用一种具体的监控策略——领会监控策略。一些研究表明,从幼儿到大学生,大多数人都缺乏这种领会监控机能,许多学生总是采用重复如再读、抄笔记等所谓的策略,从课本或演讲中学习新知识。但在语文阅读教学中,教师运用元认知的领会监控策略来提高领会能力时的做法,具体操作如下:

(1)变化阅读速度,以适应对不同课文领会能力的差异。对于比较容易的章节读快些,抓住作者的整体观点;对于较难的章节,则要放慢阅读速度。

(2)中止判断。如果某些事不太明白,继续读下去。作者可能会在后面填补这一疑惑并增加更多的信息,或在后文中有明确的说明。

(3)猜测。当对所读的某些事不太明白,养成猜测的习惯,猜测不清楚段落的含义且继续读下去,看看自己的猜测是否正确。

(4)重读较难的段落。重新阅读较难的段落,尤其是当信息仿佛自相矛盾或模棱两可时,最简单的策略往往是最有效的。[1]

练习题

1. 名词解释:
(1) 图式
(2) 同化和顺应
2. 简答题:
(1) 请简单介绍建构主义理论的基本理念。
(2) 请结合一道具体的写作题目来对支架式教学进行图示讲解。
3. 论述题:
(1) 请结合例子谈谈认知发展理论在语文教学领域对你的启示。
(2) 请结合你自身的经历和元认知理论来简述你的是如何进行阅读的。
4. 探究题:
(1) 维果茨基的心理发展观对我们语文教育有何启示?
(2) 如何将元认知策略应用于语文写作教学上?

---

[1] 付建中.教育心理学[M].2版.北京:清华大学出版社,2018:180.

第三章 目标分类及制定理论

导　言

本章分为两节，分别介绍了国内外主要的语文教学目标的指导理论和语文教学目标的制定依据、原则及步骤等。

学习本章，应该达成的目标：
了解国内外不同的教学目标分类理论。
理解各类教学目标分类理论对语文教学目标的指导意义。
掌握语文教学目标的制定依据、原则和步骤。

学习本章，应该掌握的重点：
国内外语文教学目标的指导理论。
语文教学目标制定的过程。

学习本章，应该运用的方法：
分析法。在学习国内外主要的教学目标分类理论时，要在把握这些理论体系的基础上，分析其对语文教学目标的指导意义。

比较法。在学习国内外主要的教学目标分类理论时，要在把握这些理论体系的基础上，对不同理论进行比较，把握其异同，从而更好地指导自己的实践。

理论联系实际法。学习时首要把握语文教学目标的制定过程，然后抓住"理论"和"制定"两个关键词来学习教学目标理论体系，以达到用理论指导语文教学目标制定实践的学习目的。

第一节　语文教学目标的指导理论及其体系

一、布鲁姆的教学目标分类理论

（一）1956 年版布鲁姆教育目标分类理论

美国当代著名心理学家、教育家布鲁姆（Benjamin Bloom）等人在讨论了分类前的种种原则和问题之后,将认知领域分成知识与心智、能力与技能两部分,对认知领域的教育目标进行了分类,并把教育目标按从简单到复杂的原则,依次列出了大类的目标,在每个大类下面又细分出了亚类,对每一个类别都作了术语上的严格限定。

1956年,布鲁姆等人出版了《教育目标分类学——认知领域》,对有关知识的回忆或再认、理智能力或理智技能的教育目标进行了分类。他们按照复杂程度来排列认知行为,并确定了由六个大类组成的主要类别,在每个大类中又分若干亚类和次亚类(如表3-1所示),即知识(知道)、领会(理解)、运用、分析、综合、评价。

表3-1 1956版布鲁姆认知领域教育目标分类学表[①]

类别	主类	亚类
第一类(Ⅰ)	知识	(1) 具体的知识:① 对专门术语的识记;② 对具体事实的识记(如日期、事件、人物、地点、资料来源,等等) (2) 处理专门信息的方法和手段的知识:① 惯例的知识;② 趋势和顺序的知识;③ 分类的知识;④ 准则的知识;⑤ 方法论的知识 (3) 学科领域中普遍原理和抽象概念的知识:① 一般原理和概念的知识;② 理论和结构的知识;③ 理智能力与理智技能
第二类(Ⅱ)	领会	(1) 转化 (2) 解释 (3) 推断
第三类(Ⅲ)	运用	无亚类
第四类(Ⅳ)	分析	(1) 要素分析 (2) 关系分析 (3) 组织原理分析
第五类(Ⅳ)	综合	(1) 进行独特的交流 (2) 制订计划或操作步骤 (3) 推导出抽象关系
第六类(Ⅵ)	评价	(1) 依据内在证据来判断 (2) 依据外部准则来判断

1. 知识

这里的知识是指对具体事物和普遍原理的回忆,对方法和过程的回忆,或者对一种模式、结构或框架的回忆。为了便于测验,回忆的情境几乎就是指回想起适当的材料。虽然可能需要对这种材料做一些变动,但这种变动只是记忆任务中较小的部分。因为在知识测验情境中,要对问题进行组织和改组,以便能为个体获得信息提供适当的信号和提示。打个比方来说,如果把头脑

---

① 王汉松.布卢姆认知领域教育目标分类理论评析[J].南京师范大学学报(社会科学版),2000(3):67.

看作是一个档案库,那么在知识测验中的问题,就是有关问题或任务的适当的信号、提示和载索,进而能最有效地把已归档或已储存的知识显示出来。①

(1)具体的知识。具体的知识指对具体的、独立的信息的回忆。②

① 术语的知识是指具体符号(言语的和非言语的)的指称物的知识。这类知识包括最为普遍接受的符号指称物的知识,也包括可用于单一指称物的各种符号的知识,还包括最适用于某种符号特定用法的指称物的知识。

② 具体事实的知识是指日期、事件、人物、地点等方面的知识。这类知识可以包括非常精确和具体的信息,例如某种现象发生的具体日期或确切数量。也可以包括近似的或有关的信息,例如某种现象发生的大致时间或一般数量。

(2)处理具体事物的方式方法的知识。有关组织、研究、判断和批评的方式方法的知识。这种知识包括在某一领域内的探究方法、时间序列和判断标准,也包括用来确定各个领域中的各个方面并把它们内在地组织起来的组织结构。这种知识介于具体知识与普遍原理知识之间的中等抽象水平上。这种知识要求学生不在于主动地运用材料,而在于被动地认识它们的性质。③

① 惯例的知识是指有关对待、表达各种现象和观念的独特方式的知识。为了便于交流并取得一致的看法,每一领域的工作者往往使用最符合他们意图或看起来最符合他们借以处理各种现象的习惯用法、风格、常规和形式。我们应该认识到,尽管这些惯例的形式很可能是建立在随意的、偶然的或权威的基础之上,但它们之所以沿用下来,是因为得到了那些与该学科现象或问题有关的人士的一致同意。

② 趋势和顺序的知识是指有关时间方面各种现象所发生的过程、方向和运动的知识。

③ 分类的知识是指有关类别及排列的知识,它们被看作是某一特定的学科领域、目的、论题或问题的基础。

④ 准则的知识是指有关检验或判断各种事实、原理、观点和行为所依据准则的知识。

⑤ 方法论的知识是指有关在某一特定学科领域里使用的,以及在面对特定的问题和现象时所用的探究的方法、技巧和步骤的知识。这里的重点不在于个人使用方法的能力,而在于拥有相关方法的知识。

(3)学科领域中的普遍原理和抽象概念的知识。把各种现象和观念组织起来的主要体系和模式的知识。这些体系和模式是支配某一学科领域,或在研究各种现象或解决问题中使用非常普遍的主要理论和概念。这些知识处在高度抽象和异常复杂的水平上。④

① 原理和概念的知识是指有关对各种现象的观察结果进行概括的特定抽象概念方面的知识。这些抽象概念在解释、阐述、预见或确定采取最适宜、最恰当的行动或行动方向方面具有极大价值。

---

① 布卢姆,等.教育目标分类学(第一分册认知领域)[M].罗黎辉,丁证霖,石伟平,等译.上海:华东师范大学出版社,1986:59—60.
② 同①:59—60.
③ 同①:62—68.
④ 同①:83—85.

② 理论和结构的知识是指有关为某种复杂的现象、问题或领域提供一种清晰的、完整的、系统观点的重要理论和概括其相互关系方面的知识。它们是最为抽象的表达形式,可用来表明大量具体事物的相互关系和组织结构对各种特定文化的主要理论。

③ 理智能力与理智技能。能力与技能是指处理各种材料和问题的条理化操作方式和一般性技巧。这些材料和问题可能具有这样一种性质:即它们几乎不需要或根本不需要专门的和技巧性的知识。所需要的这类知识可以看作是个人知识总储备中的一部分。其他的问题则可能需要相当高层次的专门的、技术性的知识,譬如在处理问题和材料时需要的专门的知识和技能。能力和技能的目标注重为达到特定的目的而组织、改组材料的心智过程,这些材料可以是外部提供的,也可以是记忆中的。

2. 领会

领会是最低层次的理解。它指这样一种理解或领悟:个人不必把某种材料与其他材料联系起来,也不必弄清它的最充分的含义,便知道正在交流的是什么,并能够运用。① 领会包括转化、解释、推断。

(1) 转化。

领会是以一种语言或一种交流形式被译述或转化成另一种语言或另一种交流形式时的严谨性和准确性为依据的。判断转化是以忠实性与准确性为依据的,这就是说,尽管交流的形式变了,但原来交流中的内容在一定程度上仍然保留着非逐字逐句的表述(如隐喻、象征手法、反语、夸张)。转化能力包括:① 把数学语言材料转化为符号表达式的能力;② 把符号表达式转化为数学语言材料的能力。

(2) 解释。

解释是指对交流内容的说明或总括。转化是对交流的一种客观的、一部分一部分的解译,而解释则是对材料的重新整理、重新排列,或提出新的观点。解释能力包括:① 在理想的概括性水平上,从整体上把握某一作品思想的能力;② 解释各种社会资料的能力。

(3) 推断。

根据最初交流中所描述的条件,在超出用以确定各种内涵、后果、必然结果和效果等既定资料之外的情况下延伸各种趋向或趋势。推断能力包括:① 根据明确论述中得出的直接推理,探讨某一作品的结论的能力;② 预测趋势发展的能力。

3. 运用

运用指在某些特定的和具体的情境里使用抽象概念,这些抽象概念可能是以一般的观念、程序的规则或概括化的方法等形式表现出来的,也可能是那些必须记住的和能够运用的专门性的原理、观念和理论。② 运用的能力包括:① 把在其他论文中使用的科学术语或概念运用到一篇论文所讨论的各种现象中去的能力;② 预测某种因素发生变化后可能会对原先保持平衡的生物情

---

① 布卢姆,等.教育目标分类学(第一分册 认知领域)[M].罗黎辉,丁证霖,石伟平,等译.上海:华东师范大学出版社,1986:88—116.
② 同①:117—138.

境产生什么影响的能力。

4. 分析

分析指将交流分解成各种组成要素或组成部分,以便弄清各种观念的有关层次,或者弄清所表达的各种观念之间的关系。这些分析旨在澄清交流内容,表明交流内容是怎样组织的,指出设法传递交流内容的效果、根据和排列的方法。① 分析包括要素分析、关系分析、组织原理分析。

(1) 要素分析。要素分析是指识别某种交流所包括的各种要素。要素分析能力包括:① 识别未加说明的假设的能力;② 区别事实与假设的能力。

(2) 关系分析。关系分析是指交流内容中各种要素与组成部分的联结和相互关系的分析。关系分析能力包括:① 用特定的信息和假定检验各种假设的一致性的能力;② 领会一个段落中各种观念之间相互关系的能力。

(3) 组织原理分析。组织原理分析是指对将交流内容组合起来的组织、系统排列和结构的分析。组织原理不仅包括"外显"的结构,而且也包括"内隐"的结构。组织原理包括把交流内容组织成为一个整体的依据、必需的排列方式和构成法。组织原理分析包括:① 识别文学艺术作品的形式和模式,使之成为理解其意义的一种手段的能力;② 识别在诸如广告、宣传工具等各种诱导性材料中所用的一般技巧的能力。

5. 综合

综合指把各种要素和组成部分组合成一个整体。它是对各种片段,要素和组成部分等进行加工的过程,也是一个用这种方式对它们进行排列和组合以构成一种原先不那么清楚的模式或结构的过程。② 综合包括进行独特的交流、制订计划或操作步骤、推导出抽象关系。

(1) 进行独特的交流。进行独特的交流指提供一种交流条件,以便作者或演说者把观念、感情或经验传递给别人。进行独特的交流的能力包括:① 在写作时把各种观念和论述严谨地组织起来的技能;② 有效地表述个人经验的能力。

(2) 制订计划或操作步骤。制订计划或操作步骤指制订一项工作计划或提出一项操作计划,计划应满足任务的需要。任务可以是他人交给学生,也可以是学生自己提出。制订计划或操作步骤的能力包括:① 提出检验各种假设的途径的能力;② 为某种特定的教学情境设计一个教学单元的能力。

(3) 推导出抽象关系。推导出抽象关系指确定一套抽象关系,用以对特定的资料或现象进行分类或解释,或者是从一套基本命题或符号表达式中演绎出各种命题和关系。推导出抽象关系的能力包括:① 根据对所包含的各种因素的分析,阐述适当假设的能力;根据各种新的因素和值得考虑的事情修改这些假设的能力;② 作出精确的发现和概括的能力。

6. 评价

评价指为了特定目的对材料和方法的价值作出判断,即对这些材料和方法符合准则的程度

---

① 布卢姆,等.教育目标分类学第一分册认知领域[M].罗黎辉,丁证霖,石伟平,等译.上海:华东师范大学出版社,1986:119−156.
② 同①:156−177.

作出定量的和定性的判断。这些准则可以是学生自己制定的,也可以是他人为学生制定的。[①]

（1）依据内在证据来判断。依据内在证据来判断指依据诸如逻辑上的准确性、一致性和其他内在证据来判断交流内容的准确性。依据内在证据来判断的能力包括：① 根据内在的标准来判断或根据陈述、文献和证据等的确切性来估计报告事实的一般准确率的能力；② 指出论点中逻辑错误的能力。

（2）依据外部准则来判断。依据外部准则来判断指根据挑选出来的或回忆出来的准则来评价材料。依据外部准则判断的能力包括：① 对某些特定文化中的主要理论、概括、事实进行比较的能力；② 根据外部的标准来判断或将一件作品与该领域中已知的最高标准,特别是与其他公认的最优秀的作品进行比较的能力。

（二）修订版布鲁姆教育目标分类

修订版的工作是在布鲁姆去世之后,由三位著名教育心理学家、三位课程与教学专家、两位测量评价专家组成的专家组与有经验的中小学教师合作,且经过多年集体工作完成的。

原分类学将认知领域的目标分为由低级到高级的六个水平,分别是知识、领会、运用、分析、综合和评价,每一级的水平又分成若干亚类。

修订的教育目标分类学对于课程、教学、评估,以及这三者之间的一致性做出最大贡献的当属认知教育目标分类学表的提供,这也是修订后的教育目标分类学较之原目标分类学的最大变化。分类表由知识维度和认知过程维度两个维度构成,知识维度分别由事实性知识、概念性知识、程序性知识和元认知知识构成,而认知过程维度则是由记忆、理解、运用、分析、评价和创造六级认知水平构成,每级构成水平又分为亚认知过程,如运用又分为执行和实施亚认知过程。（修订后的教育目标分类学表如表3-2所示）。[②]

表 3-2 修订后的教育目标分类学表

知识维度	认知过程维度					
	① 记忆	② 理解	③ 运用	④ 分析	⑤ 评价	⑥ 创造
A. 事实性知识						
B. 概念性知识						
C. 程序性知识						
D. 元认知知识						

修订后的分类学框架使得教师从学生的角度去考察所制定的目标,更加清晰地呈现了掌握知识与培养学生具备什么样能力的关系,同时将教学目标置于分类表格后。教师对于所要达到的目标应该采取的教学方式和方法,以及如何去检测阅读教学效果对目标的达成度变得更为清晰明了。不同于原分类学框架,修订后的分类学框架不仅能够用于指导学生学习结果的评估,而

[①] 布卢姆,等.教育目标分类学第一分册认知领域[M].罗黎辉,丁证霖,石伟平,等译.上海:华东师范大学出版社,1986:178-187.
[②] 安德森,等.学习、教学和评估的分类学[M].皮连生,主译.上海:华东师范大学出版社,2007:25.

且还可以指导学生的学习及教师的教学活动指导。也可以说,修订后的分类学表很好地解决了困扰教师的四个最重要的组织问题:①

(1) 学习问题:在时间有限的学校和课堂里,学什么对学生是重要的?
(2) 教学问题:怎样计划和传递教学内容,才能让大多数学生产生高水平的学习?
(3) 评估问题:怎样选择或设计评估工具和程序,才能提供学生学习效果的准确信息?
(4) 一致性问题:怎样确保目标、教学和评估三者之间保持一致?

修订的分类学表将学习问题、教学问题、评估问题及三者的一致性问题很好地纳入分类学表中进行考察,并且这四个组织问题以分类学表为指导,可以很好地提高教师教学的效率。

二、加涅学习结果分类理论

在1965年出版的《学习的条件》一书中,美国教育心理学家加涅(Robert Mills Gagne)从学习的形式、学习发生的角度出发,提出了学习的八种类型,即信号学习、刺激—反应学习、连锁学习、言语联系、辨别学习、概念学习、规则学习、问题解决学习,这八种类型学习之间存在着层级关系。具体内容如图3-1所示②。

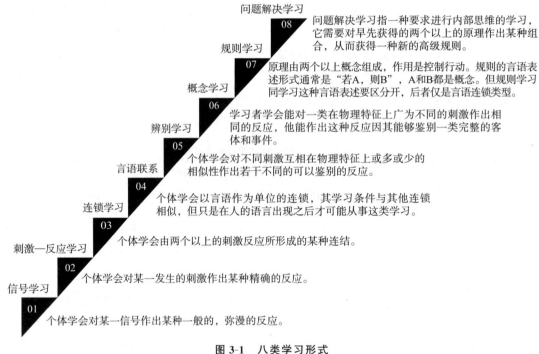

图3-1 八类学习形式

加涅明确了习得的性能与心理测量学测得的能力这两个概念的区别。习得的性能是一种内

---

① 安德森,等.学习、教学和评估的分类学[M].皮连生,主译.上海:华东师范大学出版社,2007:5—6.
② 王晓玲.试析加涅的学习分类理论[J].盐城师范学院学报(人文社会科学版),2004,24(2):132.

潜的心理状态或心理品质,其存在是根据学习者外在的表现或作业推测出来的。[①] 能力是学习者的一种内潜的心理品质,不完全是学习的结果,而是遗传素质和后天环境(排除专门教育)影响的结果,通过智力测试表现出来。[②] 加涅倾注了毕生的努力,在八类学习形式的基础上把人类习得的性能分成五类,它们分别是言语信息、智慧技能、认知策略、动作技能、态度。其中,言语信息、智慧技能和认知策略都属于认知领域,所以,加涅的学习结果分类又可归纳为三个方面:认知领域、动作技能和态度。上述五类学习结果的顺序是随意排列的,不存在等级关系。加涅认为,习得的性能就是学习结果,学生预期学习的结果就是学校的教育目标。所以,加涅的学习结果分类理论即是一种教学目标分类理论。

(一)言语信息

言语信息,也叫作"言语知识"或"陈述性知识",即"知什么",是一种能以命题形式陈述某事实或观点的能力。当一个人能够用自己的话讲出某种言语信息的时候,就表明他已经掌握了这种言语信息。语文学科中这类知识包括汉字知识、《汉字拼音字母表》、语法修辞知识、实用文章的表达方法、文学作品的体裁、重要的作家作品、常用语文工具书、应背诵的 240 篇(段)古今优秀诗文等。[③] 由于言语信息所表现出来的复杂程度不同,可以将言语信息划分成三种亚类,即名称或符号、单一命题或事实、在意义上已加以组织的大量命题,如表 3-3 所示。

表 3-3 加涅学习结果分类理论之言语信息的种类[④]

言语信息	名称或符号	某个物体或一类物体的名称。在学习概念时,符号与概念通常是一同习得的。所以,年幼儿童在获得盘子概念的同时可习得符号——盘子
	单一命题或事实	是表示两个或多个有名字的客体或事件之间关系的言语陈述。例如,一周有七天;氯气是一种有毒气体
	在意义上已加以组织的大量命题	这是由相互联系的事实构成的知识体系。例如,属于历史事件或属于艺术、科学或文学范畴的知识

(二)智慧技能[⑤]

智慧技能,也叫作"程序性知识",是指运用符号和环境相互作用的能力,意在解决怎么做的问题。智慧技能是人类习得的最为重要的性能类型,是"受教育"的实质意义所在,是设计学习教程结构的中心。智慧技能还可以分为若干个亚类,分别是辨别、概念、规则和高级规则,如表 3-4 所示。在语文学习中,这意味着,在幼儿园阶段,要看重让学生学会对语言的辨别,在小学低年级

[①] 加涅.学习的条件和教学论[M].上海:华东师范大学出版社,1999:11—12.
[②] 同①:12.
[③] 魏芳.再析语文教育之弊端——用加涅的学习结果分类说重新审视语文教育[J].沙洋师范高等专科学校学报,2005,6(1):84.
[④] 同①:176—192.
[⑤] 根据以下文献资料整理:(1)加涅.学习的条件和教学论[M].上海:华东师范大学出版社,1999:101—156.(2)王楠,崔连斌,刘洪沛.学习设计[M].北京:北京大学出版社,2013:149—150.(3)何仁生.教学系统设计概论[M].长沙:湖南大学出版社,2014:88.

阶段要让学生掌握一定数量的词汇(包括具体概念和抽象概念,清晰概念和模糊概念),在小学高年级和初中低年级阶段要让学生掌握一定数量的听说读写简单规则,在初中高年级阶段和高中阶段要让学生着重学习听说读写的复杂规则。[①] 每一种智慧技能的学习,都以前面较简单的技能为先决条件,它们的内部和外部学习条件各不相同。

表 3-4 加涅学习结果分类理论之智慧技能的种类

智慧技能	辨别	辨别,即区别事物之间不同的特点。基本的辨别是最简单的智慧技能。儿童在很小的时候就需要学会辨别,包括视觉、听觉、嗅觉、触觉、味觉等方面,当辨别的项目越多的时候,就越容易产生信息干扰
	概念	概念是个体把事物或事件归类并将该类的任何一个例证看作是该类的一分子做出反应而产生的学习结果。概念与辨别的不同之处在于,辨别是对事物的集合加以区分,而概念则是将事物归类并把其中任意一个看作是该类的一分子。概念可分为具体概念和抽象概念:具体概念能通过被指认的方式来体现,是可以观察的概念,比如猫、狗、椅子和房子;抽象概念,也叫定义性概念,它通过演示一些特定类别的客体,事件或关系的意义来体现,比如质量、温度、主语和谓语
	规则	加涅认为,定义概念是一种特殊的规则,它的目的是将这一概念与其他概念区分开来,将物体或事件加以归类。规则是揭示两个或两个以上概念之间关系的一种言语表述。规则是一种规律性,必须支配个体行为并使之演示某种关系。当学习者的行为有规律性时,他就习得了规则,即当规则支配个体行为时,个体就具有称为规则的性能。习得规则并不意味着能用言语陈述规则,能陈述规则也不意味着习得了规则。当学习者在操作时能够运用规则,那么他就学到了这个规则。规则的学习以概念的学习为基础
	高级规则	一些较简单规则结合在一起便形成复杂的规则,称为高级规则,是用来解决一个或一类问题的复杂规则。典型的例子有:由三角形的面积计算公式和长方形的面积计算公式推论出梯形的面积计算公式。高级规则和简单规则是相对的,它们的区分决定于学习者原有的知识基础。高级规则之所以被认为是最高级的智慧技能,原因是它们是在改组原有认知结构,通过不同知识水平上的纵向迁移获得的

(三)认知策略

当个体所学的知识越来越多时,个体学习的主体性会逐步增强,由依赖走向自主。学习者在不断学习的同时,也在发展着学习的能力,提高着内部学习过程自我调控的能力。加涅认为,认知策略是内部组织化的技能,其功能是调节与控制概念及规则的应用。认知策略是学生用来指导自己注意、学习、记忆和思维的能力,是形成学习者创造能力的核心。智慧技能和认知策略是同一学习过程的两个方面,它们是同时起作用的,缺一不可。智慧技能指向学生外部的学习对

---

① 魏芳.再析语文教育之弊端——用加涅的学习结果分类说重新审视语文教育[J].沙洋师范高等专科学校学报,2005,6(1):84.

象,诸如文字、符号、公式等,而认知策略则指向学习者自身的内部控制行为,诸如注意、记忆、思维等。[①] 表 3-5 是认知策略的分类情况。

表 3-5　加涅学习结果分类理论之认知策略的分类[②]

认知策略	复述策略	出声或不出声地重复材料
	精加工策略	精加工策略,是学习者精心地将要学习的项目与其他容易提取的材料进行联系。精加工活动包括分段、概括、做笔记和自我提问等方法
	组织策略	组织策略,指将要学习的材料形成组织结构,学习者将要记忆的单词根据意义分类,或将事实之间的关系用表来组织,或利用空间线索来回忆材料,或是找出文章中的主要观点,并为这些观点概括出新组织
	理解监控策略	理解监控策略,也可称为元认知策略,是学习者建立学习目的、评价是否成功地达到目的、选择其他策略来达到目的的能力
	情感策略	情感策略,是学习者用以集中和维持注意、控制焦虑、有效使用时间的策略

(四) 动作技能

动作技能是"人类习得的有意识地利用身体动作去完成一项任务的能力。其行为结果表现为身体动作的敏捷、准确、有力和连贯等方面"[③]。伸手、抓握等动作在很大程度上带有先天性。在幼儿时期,我们就已经接触了多种动作技能,比如吃饭、穿衣、使用餐具等。这些动作技能往往伴随我们一生。入学后,学生的动作技能开始有明确的目的性,学习的动作技能越来越复杂,也越来越精确。在掌握动作技能之前,学生需要理解动作的操作程序或规则,然后在重复的练习中提高动作水平,最后组织成一个连贯的、整齐的、精确的、完整的和定时性的动作。当学生真正掌握了一项动作技能时,是极少需要意识去控制的,动作往往能达到自动化的程度。每个领域对动作技能的要求是不一样的,在语文学科中,动作技能主要是指能够正确使用文字和语言,比如能够流畅地朗读文章、清晰理解篇章所传达的意义、准确地表达自己的思想、自如地与人交流等。动作技能的结构如表 3-6 所示。

表 3-6　加涅学习结果分类理论之动作技能的结构

动作技能	精细的与大肌肉的操作	二者的区分在于与动作有关的身体肌肉的数量。"大肌肉"的运动动作是指运用大肌肉,而且经常要涉及整个身体的动作,例如游泳。"精细的"动作的意思限于运动的精确性和定时性。例如,声带在演说或唱歌中的使用属于精细的动作技能的范畴

[①] 王楠,崔连斌,刘洪沛.学习设计[M].北京:北京大学出版社,2013:150.
[②] 何仁生.教学系统设计概论[M].长沙:湖南大学出版社,2014:89.
[③] 同①:150-151.

续表

动作技能	连贯的与不连贯的操作	一个不连贯的动作任务通常是对特定的外部刺激作出的特定的运动反应。整个任务由一些不同的运动组成,其中每一个运动都是由一个不同的外部刺激所"引起"的,每一个运动都是对不同刺激作出反应的不同。与此相反,一个连贯的动作则要求个人对刺激的组合和校正
	开放环路的与封闭环路的操作	封闭环路的动作技能是一种完全依赖于内部肌肉反馈作为刺激指导的技能,这种任务是闭着眼睛也能完成的。例如,将手臂在一个特殊的范围内作平稳与连贯的运动。而开放环路的动作技能则或多或少地受到外部刺激的影响。例如,印刷体字母的书写显然受到纸格线的影响。有些类型的开放环路动作技能在某种程度上必须受以理智计划形式出现的不同于肌肉反馈的刺激的控制,例如打字。要获得这类技能,显然不能依赖具体动作片段的简单"连接"

(五) 态度①

加涅认为,态度是学习者获得的影响个体行为选择的心理状态,例如,某人宁愿选择学习数学也不愿意选择学习语文,这种"倾向"对学习者而言通常被看作选择而非具体的行为表现,我们称之为态度。态度不决定特定行为,但在一定程度上可以决定一定类别的行为。与智慧技能和动作技能相比,态度与个人行为的关系不那么直接。因此,评估态度的形成和改变会遇到一些困难。加涅认为,态度包含三个不同的方面(如表3-7所示): (1) 认知方面;(2) 情感方面;(3) 行为倾向方面。这些方面决定了作为习得的态度的内部特征。这类状态的每种状态都具有认知的成分、情感或情绪的成分和行为的成分。

表3-7 加涅学习结果分类理论之态度的三个方面

态度	认知	认知方面,与表达情景和态度对象之间关系的观念和命题有关(如汽车耗油太多)
	情感	情感方面,与伴随观念的情绪或感情有关
	行为倾向	行为方面,与行为的倾向或准备有关(如购买耗油率高的汽车的行为)

加涅认为,他的学习结果分类是跨学科的。尽管学校开设的各门学科的教学目标有不同之处,但都不会超出认知领域、动作技能、态度三个领域和言语信息、智慧技能、认知策略、动用技能、态度五种学习结果。加涅还明确提出把认知策略作为教学的重要目标,这意味着学生在学习知识的同时也要提高自身学习的能力,增强自主学习的能力,这使"教是为了不教"和"授人以鱼不如授人以渔"的教学理想落实在具体学科教学目标之中了。

认知领域、动作技能、态度这三部分共同组成了一个完整的加涅学习结果分类理论,加涅

---

① 加涅. 学习的条件和教学论 [M]. 上海:华东师范大学出版社,1999:56.

用五种学习结果来解释教学目标，学习结果分类理论实际上是一种教学目标分类理论。加涅学习结果分类理论是"当代心理科学与学校教育相结合的典范"，多年来的教学实践也证明了它在制定教学目标、指导教学设计和教学评价等方面具有重要作用。加涅学习结果分类理论要点如表3-8所示。

表3-8 加涅学习结果分类理论要点

领域	亚领域	子类别
认知领域	言语信息	名称或符号、单一命题或事实、在意义上已加以组织的大量命题
	智慧技能	辨别、概念、规则、高级规则
	认知策略	复述策略、精加工策略、组织策略、理解监控策略、情感策略
动作技能	动作技能	精细的与大肌肉的操作、连贯的与不连贯的操作、开放环路的与封闭环路的操作
态度	态度	认知、情感、行为倾向

三、马扎诺教学目标分类理论

在吸收了当代心理学的重要成果后，美国教育研究专家和培训家罗伯特·J.马扎诺（Robert J. Marzano）首次利用人的行为模式来解读学习者的学习行为模式，提出了自己称之为"教育目标新分类法"的理论，形成了自己独特的教育理论体系。马扎诺的教育目标新分类法深奥而见新意，整套分类法由思维系统和知识领域构成二维框架。

（一）思维系统的目标分类

1. 自我系统

自我系统是由相互关联的信念和目标组成的网络，这个网络用于决定是否从事新任务，做出明智的判断，自我系统也是任务动机的主要决定因素。[①] 马扎诺在教育目标新分类中将自我系统分为四个类目（如表3-9所示）：检查重要性、检查效能感、检查情绪反应、检查总体动机。

表3-9 马扎诺教育目标分类详细类目之自我系统

自我系统	检查重要性	指个体鉴于任务本身的价值，是否愿意介入到某一任务中去
	检查效能感	指主观判断完成任务的可能性大小
	检查情绪反应	指要确保在任务完成的过程中保持恰当的情绪
	检查总体动机	指要综合考虑任务的价值、难易程度和个体的喜好，即总体动机是由任务的重要性、个体的效能感和情绪反应构成的

如果学习者认识到该任务很重要且能顺利完成，接下来就会启动元认知系统积极参与工作，

[①] 黎加厚.新教育目标分类学概论[M].上海：上海教育出版社，2010：4.

否则就继续自己原先的行为。例如,学生一般是不会自发背诵古文《阿房宫赋》,但因为语文考试里的默写可能考它,学生就会介入到背书的任务中去。面对长篇幅的《阿房宫赋》,学生可能觉得完成的可能性小;但文章朗朗上口,又使完成背诵任务的可能性变大。且考试将近,紧张的情绪通常能够提高背诵的效率。

2. 元认知系统

元认知是对认知的认知,具体来说,是个人对自己认知过程和调节这些过程的能力进行认知,其主要功能就在于对不同类型的认知过程进行监控、评价和调节。马扎诺认为元认知系统主要承担四种基本任务(如表3-10所示):明确目标、过程监控、明确清晰度、明确准确度。①

表3-10 马扎诺教育目标分类详细类目之元认知系统

元认知系统	明确目标	一旦自我系统决定从事某项任务时,元认知系统中明确目标就会依据具体的知识类型来确定学习目标或学习任务,包括具体目标的制定、达成目标的具体策略、资源利用情况和时间要求等
	过程监控	该任务在学习目标明确之后才能进行,其职能在于监控目标达成策略的效果及完成任务所使用的算法、策略和加工过程等程序的效果
	明确清晰度	该任务是确定所理解或所运用知识的清晰程度,并澄清哪些方面还存在模糊
	明确准确度	该任务在于确定对特定知识技能进行理解和运用的正确程度,不仅需要对知识技能的正确性作出判断,还要为这些判断提供支撑依据

例如,教师在备课影视剧本《城南旧事(节选)》时制定教学目标,若从元认知系统角度考虑,可以引导学生思考该剧本与同名小说在文学上的区别,据此确定学习戏剧体裁的目标。目标确定后,让学生自行对照两种体裁,思考推理出自己的观点。教师在该教学目标下只担任公布一般答案的角色,梳理知识、模糊边界的工作还是由学生进行。

3. 认知系统

认知系统是在面对一个新任务时,负责对相关信息进行有效处理和加工的过程。马扎诺将认知系统分为四个心理加工水平(如表3-11所示):提取、领会、分析和知识运用。

---

① 唐玉霞.马扎诺教学设计思想述评[D].杭州:杭州师范大学,2011:7.

表 3-11 马扎诺教育目标分类详细类目之认知系统

加工水平		具体内容	举例
认知系统	提取:将知识从永久记忆①返回到工作记忆②	提取是知识在激活或者迁移的状态下从永久记忆返回到工作记忆的过程。在不同领域中,提取可以理解为不同的动词:在信息领域,提取是指知识以陈述性知识的形式被再认(依据提示或者刺激对永久记忆中的信息进行匹配,包含自然推断和理性推断)、再现(除了一定程度的再认之外,还要求做出恰当的反应);在心理程序和心理动作程序中,知识以程序性知识的形式被执行(从心理程序和动作程序中提取知识称之为执行)。	从一组词语中挑选出反义词属于再认,因为它只要求学生对永久记忆中的信息进行匹配,而写出一组或几组反义词则属于再现,因为它要求学生在再认的基础上做出相关的反应;像投篮、跳远等对某一程序进行操作的过程都属于提取中的执行③
	领会:信息整合和符号表征	领会过程主要负责将知识按照一定的格式和结构,永久地贮存在永久记忆中。马扎诺将领会分为整合和符号表征两种形式。 ① 整合,最主要的特征是省略细节,突出最关键的信息或知识,并且通过删除、概括和建构④等宏观规则,将微观结构转换为宏观结构,从而形成一个概括化的知识表征方式; ② 符号表征,旨在通过语义方式和形象方式⑤的双重编码,帮助学生将自己的理解转化成图解、图表或象形图画进行表征	《雷雨》的作者曹禺"疾风骤雨"般地将周、鲁两家 30 年错综复杂的矛盾集中在一天,两个场景里爆发。学生能做到了解《雷雨》的主要剧情就基本领会了这个作品。 ① 删除,省略细节。比如"周朴园为了发黑财,故意使承包的江桥出险,淹死两千多工人"这个事件,其实主要是表现周朴园的形象,与主要剧情无多大关系,可以省略。其他人物以此类推。 ② 概括,用一般语言概括。比如淹死工人这件事,表现了"残忍、唯利是图"的周朴园形象。其他人物也以此类推。 ③ 建构,将分别概括的结合后再概括。比如这里只举了周朴园的例子,但至少能得出周、鲁两家的恩怨就是由周朴园勾起的。 《雷雨》的人物关系也很复杂,通过符号表征,能够达到一目了然的效果

---

① 永久记忆包含了构成知识领域中的信息、组织观念、技能和过程。简言之,我们所知所行的一切都贮存在永久记忆中。
② 工作记忆是积极处理信息的地方,也就是意识发生的场所。
③ 唐玉霞.马扎诺教学设计思想述评[D].杭州:杭州师范大学,2011:15.
④ 冯迪吉克等人 1983 年提出三条宏观规则:删除,在所给定的一组命题中删除任何不是直接相关的命题;概括,通过一个包含了更一般形式的信息的命题来取代原有的命题;建构,用一个或几个更一般所陈述的信息来取代其他命题。
⑤ 语义方式基本上采用命题或产生式来表现;形象方式采用心理图像或物理感知(声音、气味、触摸等感受)来表现。

续表

认知系统	分析:对知识做出合理的扩展	分析过程的主要任务是确定所理解或所运用知识的清晰程度,并澄清哪些方面还存在模糊。马扎诺分类中的"分析"旨在使学习者对已经理解的知识进行精细加工,从而对知识作出合理扩展,并生成学习者尚未拥有的新信息。新分类中所涉及的具体分析过程有五种:匹配、分类、错误分析、概括和具体应用。 ① 匹配,即找知识要素之间的异同性; ② 分类,指将知识组织成有意义的类别,从而明确所组织的知识的上下位关系; ③ 错误分析,辨别知识真伪,回答知识的合理性或逻辑性; ④ 概括,倾向于归纳,指从已知的信息中推断出新的概括或者新的原理; ⑤ 具体应用,倾向于演绎,根据已知的概括与原理形成新的应用,并能对可能发生的和必然发生的做出预测	① 在学习《城南旧事》时,思考"对同一个故事,戏剧和小说的处理有什么异同?"这就是用匹配来分析; ② 像"你认为草船借箭能够成功,诸葛亮主要依靠了什么"这样的设问就是往分类方向引导分析; ③ 如"我们知道'后'的繁体字是'後',那么'皇后'转换成繁体字就是'皇後'吗?为什么?"这是往错误分析靠拢; ④ 如《走一步,再走一步》的经典设问"'我'最终在父亲的指导下爬下悬崖,对此给你什么启发?"这是往概括方向引导分析; ⑤ 如"如果在写写作的时候不让你起草稿,那么你会做出什么样的调整,请你解释为什么要做出这样的调整?"这是往具体应用方向引导分析
	知识运用:完成具体任务	知识运用是学习者运用所学知识在特定情境中完成一个具体任务的过程。马扎诺提出了四种知识运用的类别:决策、问题解决、实验探究和调研。 ① 决策,用于个体对两个以上的事情作出决策的时候。回答"哪个是最佳选择"的过程; ② 问题解决,即思考"怎样才能克服障碍或在制约条件下达成目标""我怎样才能达到目标同时又能满足制约的条件"; ③ 实验探究,指通过实验对自然现象或心理现象提出假设,并进行检验,从而了解一些自然现象或心理现象; ④ 调研,指对过去、现在和将来的事件做出假设,并对假设进行检验的过程。调研要回答的是"……的明确特征是什么""这一现象是如何发生的?为什么会发生?如果……会发生什么"	① 写材料写作有很多角度可以立意,确定哪个立意是自己最有把握写好的过程就是决策的过程; ② 课堂上如何协调听课与记笔记,这就是问题解决; ③ 运用元素周期表,可以对两种以上的元素结合之后所产生的现象做出预测,这是将心理技能和过程作为检验假设的工具,也是实验探究的一个组成部分; ④ 九年级语文学科阶段性质量调研,就是运用调研的方式完成语文学科研究任务

（二）知识领域的目标分类

马扎诺教育目标新分类法中，分为思维系统和知识领域两个维度，根据知识涉及的类型不同，马扎诺将知识领域的目标分为三种：信息领域、心智过程领域、心因性动作过程领域。如表3-12所示。

表3-12 三种知识领域的具体成分

领域	分类	具体成分	举例
知识领域	信息领域：陈述性知识	① 术语。这是信息领域知识最具体的层次。知道术语就意味着在非常一般的水平上理解了一个词语的意义。 ② 事实。事实是一类相对具体的类型，表达的是关于具体的人物、地点、生物、非生物及事件的信息，它们通常表示了事物的明确信息。 ③ 时间序列。时间序列包括了在两点时间距离内发生的重要事件，时间序列可以包括具有因果关系的某些成分，叫因果序列。 ④ 概括。概括指能够提供一定实例去支持的陈述。 ⑤ 原理。原理是处理关系的一种具体概括类型，包括因果原理、相关原理两类。其中，因果原理描述的是因果关系，相关原理描述的是一个因素会引起另一个因素的变化	① 学习"语用学""联绵词"等词就是学习术语； ② "上海是中国的一个直辖市"所传达的就是事实信息； ③ "萨拉热窝事件是第一次世界大战的导火线"就是因果序列； ④ "金毛猎犬都是好猎手"，这个陈述是概括； ⑤ "肺结核是由结核杆菌引起的"，这句信息传达的是因果原理，而"妇女患肺癌人数的增长与妇女吸烟人数的增长直接成正比"是相关原理
	心智过程领域：程序性知识	① 单一规则。单一规则是最简单的程序，是没有伴随步骤的一小套规则。由一个"如果……那么……"产生式组成。 ② 算法。算法在运用中一般不会有变化，有非常特定的结果，通常必须达到了自动化水平才能运用。 ③ 技巧。技巧不是由必须按特别顺序来执行的一系列步骤构成的，而是勾勒了总体执行流程的一般规则。 ④ 宏观程序。宏观是指有比较复杂的不同成分，需要有一定监控与管理措施	① 单一规则，例如，如果出现X场景，那么就要执行Y动作； ② 许多数学的计算过程和阅读的解码过程实质上都带有算法性质； ③ 语文老师可能会教学生试卷答题技巧，比如做语言运用题中的表格题，步骤技巧可以是：A.读表名、表头；B.横向比较内容；C.纵向比较内容；D.读附注，它往往指向命题意图； ④ 宏观程序一般体现在理科实验中，如有效地使用实验室设备的程序就符合宏观程序的明确特点

续表

领域	分类	具体成分	举例
知识领域	心因性动作过程领域:运用复杂的身体活动的能力	①身体基本动作技能。身体基本动作技能包括:静态力量;身体总体平衡型;肢体运动速度;手腕—手指速度;手指的灵活性;用手的灵活性;手臂的力量;控制精确度。 ②简单组合程序。简单组合程序包含几套基础技能的协调动作。 ③复杂组合程序。复杂组合程序指综合运用了几套简单组合程序	①经过指导,一个人可以改进手指的灵活性,这是人类基本技能在指导和实践中得到改进; ②简单组合程序由几套基本身体技能的协调动作构成,如瞄准目标这项技能就是由许多基本技能相互作用组合而成的; ③复杂组合程序则是综合运用了几套简单组合程序而成,如跳跃投篮包含了瞄准目标的组合程序和其他组合程序

(三)马扎诺教育目标新分类法的特点

马扎诺教育目标新分类理论要点如表3-13所示。

表3-13 马扎诺教育目标新分类理论要点

目标层次	详细类目
水平6:自我系统	检查重要性
	检查效能感
	检查情绪反应
	检查总体动机
水平5:元认知系统	明确目标
	过程监控
	监控清晰度
	监控准确度
水平4:知识运用	决策
	问题解决
	实验探究
	调研
水平3:分析	匹配
	分类
	错误分析
	概括
	具体应用

续表

目标层次	详细类目
水平2:领会	整合
	符号表征
水平1:提取	再认
	再现
	执行

1. 强调"学习者中心"

无论是布鲁姆的教育目标分类理论还是马扎诺的教育目标新分类理论,都以美国教育学家泰勒(Ralph W. Tyler)1949年提出的陈述教学目标的建议——"陈述目标最有用的方式是用术语来表达目标。这些术语表明学生需要发展的行为种类,同时表明为在其中产生作用的……内容"①为基础。也就是说,两者都是用来进行行为评价的,但角度却不一样:布鲁姆的教育目标框架虽然以学生的外部行为表现作为依据,但其实质却是从教学者的角度看待学生的行为并对其进行评价,他将复杂的学习行为按认知过程的复杂程度分成六个等级"要素",这六个等级(包括其中的19个亚类)并不能体现出人类学习活动的序列;而马扎诺教育目标新分类理论从学习者内部的行为模式出发,从学习者自控性最强的"自我"这一层级开始,一层层往外延伸,所以马扎诺教育目标新分类理论是真正站在学习者的行为角度进行分类的。如果说布鲁姆的教材目标框架体现的是"以教师为主"的教学理念的话,马扎诺教育目标新分类理论显然则是"以学习者为中心"的学习理念了。②

2. 科学区分知识和认知过程

马扎诺在其教育目标新分类中,区分了三种知识类别(信息领域、心智过程领域、心因性动作过程领域)和三种思维系统(自我系统、元认知系统和认知系统)。三种知识类别之间没有严格的层级关系,但从可控性或意识性的角度来看,三种认知加工水平是有层级关系的。就可控性而言,马扎诺认为,有些认知加工过程的控制或执行是建立在另一些过程的控制或执行上的。例如,自我系统首先决定了学习者是否介入某一任务,接着元认知系统明确学习目标、制订学习计划等,最后由认知系统负责对信息进行加工和运用。就意识水平而言,认知系统的意识水平最低,元认知系统其次,自我系统的意识水平最高。这就说明,新分类中的层次结构是意识性的或可控性的,而不像布鲁姆分类中的是复杂性或难易性的。

3. 认知、情感和心理动作领域既区分又联系

在马扎诺的分类学中,马扎诺将学习活动中的认知、情感和心理动作领域分属于不同的教育目标系统,即学习活动中的认知领域属于新分类中的认知系统,学习活动中的心理动作领域相当

---

① 布卢姆,等.教育目标分类学(第一分册认知领域)[M].罗黎辉,丁证霖,石伟平,等译.上海:华东师范大学出版社,1986:6-18.
② 陆灵明,莫永华.论教育目标分类学中的"马氏理论"对"布氏框架"的超越[J].远程教育杂志,2012,30(1):79-84.

于知识领域中的心智过程领域,而自我系统中的检查情绪反应则体现了学习活动中的情感要求。由此可见,马扎诺教育目标新分类学将学习中的认知、情感和心理动作领域做出了明确的区分,保持三者之间的相对独立性。同时,我们可以看出,马扎诺并没有像布鲁姆那样将认知、情感和心理动作三个领域完全独立,而是将认知、情感和心理动作三种学习结果作为教育目标分类学中不可或缺的"部分",放在同一个系统中,保持彼此之间的应有联系。

4.元认知自成体系

在四大系统一致分类学中,马扎诺超越知识维度的范畴,将元认知自成体系,定位于认知过程之上,使其对认知过程起到重要的制约和监控作用。马扎诺认为元认知旨在制定和监控目标,是心理加工水平的一个类别,可以在各个学科内容中加以应用,主要包括明确目标、过程监控、明确清晰度和明确准确度等四种元认知过程。这四种心理加工过程使得原本抽象的元认知系统具体化,可以在现实的教学中转化为清晰的目标,加以落实,充分发挥元认知对学生学习过程的调节和监控作用。

5.自我系统单独定位

马扎诺教育目标新分类学将自我系统从元认知知识中脱离出来,并将其单独定位于心理加工水平的最顶端,由它制约着其他的加工水平。这样做有着一定的合理性,自我系统通过检查重要性、检查效能感、检查情绪反应和检查总体动机四个成分,决定了是否介入某一特定的任务,而是否介入就是一个转折点,决定介入,元认知系统和认知系统才能相继参与任务的完成。一旦决定不介入,就无须动用其他的加工水平了。所以,鉴于自我系统的特殊角色,必须将其单独定位才能使其功能得以充分发挥。

四、我国教学目标分类理论

20 世纪 80 年代以来,在布鲁姆目标分类理论的影响下,我国教学论界对教学目标分类进行了广泛而又深入的理论探讨和实践探索。

(一)国内学者的教学目标分类理论

在理论研究方面,李秉德等建立了教学目标三维分类模型,唐文中等提出了教学任务两维明细表格,裴娣娜等建构了三层面教学目标分类理论,这些学术成果各有特色,也各具指导意义和参考价值。

1.李秉德等的教学目标分类理论

李秉德等在对教学的一般目标进行分类时,是从三个主要维度展开的。其一,教育目标的组成部分,即德育、智育、体育、美育、劳动技术教育,简称为德智体美劳。其二,通过教育教学所要形成的学生个性心理要素,包括知识、智能(智力、能力、创造力)、价值(理智的、道德的、审美的)、情意(情感、动机、态度、意志)和行为(动作技能、行为规范、行为习惯)。其三,各部分和各要素的发展水平。从这三个维度进行分类,就可形成一个完整的三维立体结构(如图 3-2)①。

这个三维结构图表明,教育目标的各组成部分和作为教育教学所要形成的学生个性心理要素是统一的,德智体美劳五育中的每一育都包括知识、智能、价值、情意和行为等主要个性心理要素,同时五育的发展水平也和各个性心理要素的发展水平有着对应关系。这种教学目标分类观为确定分学科、分阶段、分课时的教学目标提供了一个参考框架,具有较强的可操作性②。但是,该模型未能对德智体美劳各育应该包括的知识、智能、价值、情意和行为作具体而深入的阐述。事实上,每一育在知识、智能、价值、情意和行为方面的要求是不同的,需要具体问题具体分析。此外,该模式未能详细说明这五育的发展水平,从水平 1 到水平 5 的这五种水平又应该如何确定,还是需要深入探讨的。但不可否认的是,三维立体模型为人们研究教学目标分类提供了一种较好的思路,给后来的研究者和实践者以重要的借鉴和启迪。

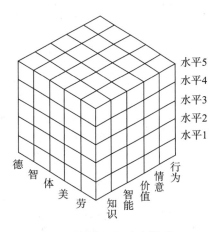

图 3-2　教育目标分类模型

2. 唐文中等的教学目标分类理论

唐文中等提出的两维明细表格(如表 3-14)③为人们展示了德智体美劳五育在基本知识、技能技巧、情感态度、智力创造力、心理与行为习惯等方面的具体内容。从表中可以看出,唐文中等对教学的基本任务是从两条线索去理解的:其一,从教学是学校的中心工作、是达成教育目的的基本途径来理解的,教学的任务就包括智育、德育、体育、美育、劳动技术教育几方面的任务;其二,从教学所具有的价值和功能方面去理解,教学的任务包括向学生传授基本知识、使学生获得技能技巧、培养学生的情感态度、发展学生的智力与创造力、使学生形成良好的心理和行为习惯等几个方面。关于教学任务的分类,实际上也就是对教学目标的分类。但这种分类没有对五育中每一育的发展水平作详细的说明。

表 3-14　教学任务两维明细表格

具体方面	智育	德育	体育	美育	劳动技术教育
基本知识	各门学科基本知识	马列主义理论、世界观、法律及道德知识	体育、卫生保健知识	审美、欣赏美的知识	劳动技术知识

---

① 李秉德.教学论[M].北京:人民教育出版社,1991:57—59.
② 李森.现代教学论[M].北京:人民教育出版社,2011:141.
③ 唐文中.教学论[M].哈尔滨:黑龙江教育出版社,1990:34—35.

续表

具体方面	智育	德育	体育	美育	劳动技术教育
技能技巧	读、写、算和实验操作技巧	人际交往技巧	体育运动与卫生保健技能技巧	表达美的技能技巧	劳动技能技巧
情感态度	认知动机、兴趣、智力活动的意志	理想、信念、价值观的形成	体育运动的兴趣和意志的形成	审美价值、兴趣、情操	劳动的态度、兴趣
智力创造力	思维的批判性、独创性,独立发现问题、解决问题的能力	独立判断、评价是非的能力	发展创新体育运动技术、保健技术的意识与能力	创造美的能力	创造性劳动的能力
心理与行为习惯	智力和创造性活动的习惯	道德行为习惯、个人交往风格	体育运动和卫生保健习惯	审美和创造美的习惯	劳动习惯

3. 裴娣娜等的教学目标分类理论

裴娣娜等在教学目标的研究中发现,我国教学目标系统内在地含有行为目标、生成性目标及表现性目标,并且认为,以不同层面建构的我国教学目标分类系统和以不同性质而建构的行为目标、生成性目标及表现性目标不是二元对立的,在具体的实施过程中,二者是统一的。[①] 在教学目标系统中,无论是教学总目标、学校教学目标、课程目标、单元目标还是课时目标,都不可避免地要涉及这三种性质的教学目标。

行为目标强调人的外显行为,关注的是学生的行为表现,是学生对各种课程要素处理之后所形成的结果。这类目标便于操作,但是过分关注人的外显的可观察行为,把人的行为分解为各个部分,割裂了作为整体的人所具有的完整性,容易忽略人的情感、态度、价值观等内隐因素。生成性目标把关注的着眼点放在了教育教学过程之上,更多地强调在具体的教育教学情境中随着教育教学过程的展开而生成目标。这类目标由于是在具体的教育教学过程中产生的,需要教师具有较好的专业素养,才能胜任教学工作。表现性目标关注的是学生在教学活动中表现出来某种程度上首创性的反应形式,而不是事先规定的结果。这类目标指引下的教学活动旨在为学生提供活动的领域,不追求学生的反应一致性,而是强调学生个人特点的展现,活动的结果因此具有很大的灵活性和开放性。表现性目标具有一定的模糊性,在实践中难起指导作用,但它还是给我们从多视角、多维度考察教学目标提供了方法论上的指导。裴娣娜等建构的三层面教学目标分类学说提出的范畴仍然较广、较为笼统,没有将各层次的目标具体化和细化,且操作难度较大,尤其是对生成性目标的把握。

---

① 裴娣娜.教学论[M].北京:教育科学出版社 2007:109－113.

(二) 实践工作者的探索

在实践方面,上海青浦县(现为青浦区)、辽宁阜新市、河南新乡市、陕西西安市、湖南岳阳市、重庆沙坪坝区等地都对教学目标分类进行了多年的实验研究,构建了多种教学目标分类体系,如顾泠沅以上海市青浦县大面积提高教学质量的改革实验为基础,提出了教学目标分类的三维结构模式;辽宁省阜新市形成了以内容维度为主的内容—行为两维分类体系。

1. 上海青浦县的教学目标分类

特级教师顾泠沅在上海青浦县领导了大面积提高数学教学质量的改革实验,取得了突出的成绩。在实验中,顾泠沅开展了对教学理论的研究,提出了教学目标分类的三维模式。他认为,教学目标应从三个方面去考虑,即教与学的行为、教与学的水平和教与学的内容。其中,教与学的行为包括获得知识、应用知识、教学评价;教与学的水平,包括记忆的水平、说明性理解水平和探究性理解水平三个逐渐上升的层次。不同的行为、不同水平的教与学与学习内容相结合,就形成了教学目标的三维结构图,如图3-3所示[①]。

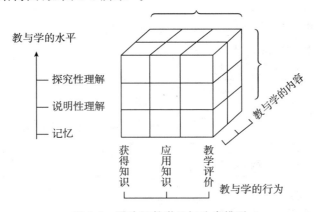

图3-3 顾泠沅教学目标分类模型

2. 辽宁省阜新市教改实验的教学目标分类

辽宁阜新市教改实验中形成了以内容维度为主的"内容—行为"两维分类的三个序列、六个模块、十八个水平层次的教学目标分类体系。教学目标分为知能、思品、学识修养三个方面。每项目标下又可具体分为两项内容,知能目标分为认知教育、动作(操作)教育,思品目标分为政治思想教育、道德品质教育,学识修养目标分为学习情感、学习策略。每项内容下对应着不同的水平,认知教育对应着识记、理解、简单应用、分析、综合、评价,动作(操作)教育对应着基础知识、基本技能、基本能力,政治思想教育和道德品质教育对应着社会认知、是非判断、自我教育初步形成,学习情感对应着接受、反应、追求,学习策略对应着模仿、操作、内化(如表3-15所示)[②]。

---

① 吴立岗.教学的原理、模式和活动[M].南宁:广西教育出版社,1998:370.
② 李建刚.义务教育教学新体系——单元达标教学实验与研究[M].济南:山东教育出版社,1994:120.

表 3-15　辽宁省阜新市教学目标分类体系

序列	模块	内容要素		水平分类
知能序列	认知教育	基础知识	① 特定事物知识（事实、现象）	识记、理解
			② 处理特定事物的知识（经验、规律、方法）	
			③ 普遍事理和抽象概念（概念、原理、结构）	
		基本技能	① 技能（模仿—熟练—情景转换）	简单运用
			② 技巧（模仿—熟练—自动化）	
		基本能力	① 一般能力：观察能力（准确—条理—敏锐）、记忆能力（准确—持久—敏锐）、思维能力（深刻—灵活—条理—独创）、想象能力（生动—丰富—现实）	分析、综合、评价
			② 学科能力	
	动作（操作）教育		① 基础动作（操作） ② 动作（操作）知识	基础知识
			① 动作（操作）技能 ② 动作（操作）技巧	基本技能
			① 一般动作（操作）能力 ② 学科动作（操作）能力	基本能力
思品序列	政治思想教育		① 政治信仰（立场、态度、理想、信仰）	社会认知、是非判断、自我教育初步形成
			② 思想观念（人生观、世界观）	
	道德品质教育		① 道德规范（国民公德、法纪观念、行为规范、责任义务）	
			② 心理品质（志趣、意志、审美、情操）	
学识修养序列	学习情感		① 学习情绪（注意—反应）	接受、反应、追求
			② 学习动机（求知—求成）	
			③ 学习态度（专一、严谨、求实、求是）	
	学习策略		① 课程学习方法	模仿、操作、内化
			② 学科学习技能	
			③ 认知策略	

从国内理论与实践两个方面对教学目标分类的分析，可以看出，教学目标在形成学生个体的心理因素方面，必然包括知识与技能、过程与方法、情感态度与价值观三个基本领域；同时，每个目标领域都包含着不同的水平层级。

2001 年 6 月，教育部正式颁布了《基础教育课程改革纲要（试行）》，规定国家课程标准"应体现国家对不同阶段的学生在知识与技能、过程与方法、情感态度与价值观等方面的基本要求"[①]。

---

① 中华人民共和国教育部.基础教育课程改革纲要（试行）[J].课程教材教学研究，2002(21)：16—18.

这就明确规定了各学科的课程目标都应该包括知识与技能、过程与方法、情感态度与价值观三个方面。《基础教育课程改革纲要(试行)》还提出:"国家课程标准是教材编写、教学、评估和考试命题的依据,是国家管理和评价课程的基础。应体现国家对不同阶段的学生在知识与技能、过程与方法、情感态度与价值观等方面的基本要求,规定各门课程的性质、目标、内容框架,提出教学和评价建议。"这一思想实际上打破了以往教学过于注重知识传授的倾向,强调教学过程育人的全面性,使学生在获得必要的知识和技能时,其余领域都同时得到发展。

练习题

1. 简答题:布鲁姆教育目标分类的新发展举例。
2. 填空题:加涅把教学目标归纳为五种学习结果,这五种学习结果包括三个领域,分别是_____、_____、_____。
3. 简答题:加涅的学习结果分类理论包括哪些?请简要说明。
4. 简答题:将马扎诺教育目标新分类理论与布鲁姆教育目标分类理论进行对比,分析二者的异同,用表格形式列出。
5. 论述题:用自己的语言描述我国教学目标分类理论,并能做简单的评析。

第二节 语文教学目标的制定

一、语文教学目标的制定依据

很多中学教师认为教学目标的设置是课程设置者和教材编写者的事情,其实不然,课程设置者和教材编写者制定的教学目标针对的是广大学生,具有普遍性,而每一位教师所面对的学生群体既有共性也有特殊性。例如,针对重点班学生设置的教学目标和针对普通班学生所设置的教学目标必然是不一样的。在选择了合适的目标分类层次后,更难的是如何对教学目标进行合理设置并将其陈述出来。

纵观我国教学理论,关于教学目标的设置与陈述的研究比较少。这使得广大的人民教师在教学目标的设置与陈述方面缺乏科学有效的理论与技术的指导,仅凭经验办事,削弱了课堂的效益。

"有效的教学目标能够最大限度地调动学生学习的积极性,促进教学活动朝着产生最大教学效果的方向发展。"[①]它能够减少课堂教学行为的盲目性和随意性,对学生语文学习及语文教学评价都有重要意义。制定科学、清晰、明确、可测的语文教学目标既是语文教学开展的前提,也是

---

① 黄莉.新课标下高中语文课堂教学目标的制订[D].成都:四川师范大学,2009:8.

评价语文教学质量的依据。

中学语文教学目标是一项比较复杂的任务。加涅曾经说过:"把教学集中于任何一种性能或者两种性能的组合是不足取的……,人类的学习者需要几种习得的性能。"①这说明我们在设计语文教学目标的时候要全面,要兼顾知识、方法、情意三个维度。但是对于中学语文教学来说,我们还要考虑听、说、读、写活动在教学过程中的特殊性。例如,在口语交际课堂上,我们的教学核心应该是培养好学生的口头表达能力。这时教师在设置教学目标时,目标的核心应该为"口头表达技巧"。一节课的时间是有限的,确立教学目标的核心有利于师生把握教学或学习的方向。

(一) 阅读教学目标制定依据

阅读教学目标的制定与陈述直接关系到语文教学的质量和学生阅读能力的发展。"现代阅读教学较之古代阅读教学的根本特征是,现代阅读教学有明确的目标,使阅读教学置于科学性的指导之下,体现现代专业的科学品格。"②教学目标不是随意制定的,它不能只凭教师个人的教学经验来制定,而是有多方面的依据的。

1. 语文课程总目标、阶段目标及语文教科书总的单元目标的要求

语文课程目标是语文教学应该实现的基本目标,也是语文教学目标的主体,而中学语文教学目标是语文课程标准中课程目标的直接体现和落实。语文阅读教学目标必须依据语文课程目标的两个基本特点确立:一是课程目标所体现的党和国家政策,即要立足于中国国情和母语教学传统设置目标;二是要始终把握语文学习的特点和规律,所有的语文阅读教学目标都应着眼于学生语文素养的形成与发展这一课程总目标。根据不同的教学目标分类理论,可以将语文阅读教学目标分为不同的类型。在实践中,很多教师都是按课程标准提出的三维目标来对教学目标进行分类。但从理论角度看,"三维目标"的提法有争议,例如,有学者就提出"从分类学上看却有其局限性,因为从逻辑上讲,'过程与方法'维度同'知识与能力'维度、'情感态度与价值观'维度并不并列"。从实践层面看,一节课的设计是按相关考试大纲的能力层级(如高考语文要求测试识记、理解、分析综合、表达应用和鉴赏评价五种能力,这五种能力表现为五个层级)来制定目标(可测),加一个隐性的情感目标。

根据教学目标分类理论以及语文阅读教学的特点,我们把语文阅读教学目标分为知识目标、技能目标、情感目标三大类。

(1) 知识目标。知识,主要指学生要学习的学科知识(教材中的间接知识)、意会知识(生活经验和社会经验等)、信息知识(通过多种信息渠道而获得的知识)。知识是能力形成的基础,也是智力的最重要因素。中学语文阅读教学要培养学生听说读写的能力,需要发挥语文知识的基础作用。"所谓'语文知识',既包括语形、语义、语用等语言知识,以及文章知识、文学知识、文化常识之类陈述性知识,也包括在听、说、读、写等言语活动中形成的言语技能和技巧等程序性知

---

① 加涅,布里格斯,韦杰.教学设计原理[M].皮连生,庞维国,等译.上海:华东师范大学出版社,1999:14.
② 韦志成.语文学科教育学[M].武汉:华中师范大学出版社,2002:85.

识。"语文知识目标是指对学生通过语文阅读活动后能"知道什么"或能"说出什么"的预期,它主要是指语文知识中的陈述性知识,是针对学生通过语文阅读活动是否能吸收一定量的信息并能够按照要求运用一定的表象、命题和网络及图式等构建信息的能力而提出的。语文知识中的陈述性知识主要包括"语言文字基础知识(主要包括汉语拼音知识、文学知识、词汇知识、语法知识、修辞知识等)和文化常识等"。这些知识是进一步获得良好语言运用能力的基础,它对语文能力的形成起支撑作用。较常见的语文知识目标有:"学习本文后,能复述文中记叙的事件,能说出文章作者的主要作品,能说出记叙文的记叙要素有哪些""能复述本文说明对象的特征,能说出说明文常用的几种说明方法,并在课文中举例说明""能够复述本文所论述的问题,能列举出本文所用的论据"[1],等等。

(2)技能目标。技能是指通过练习而形成的对完成某种任务所必需的活动方式。技能一般可分为四种:一是基本技能,如读、写、算的技能。如通过学习,能正确地有感情地朗读课文。二是智力技能,如感知、记忆、想象、思维、推理等技能。如通过学习,学会用解析意象的方法来理解诗歌内容。三是动作技能,如绘画、做操、打球等。如通过学习,掌握写毛笔字笔画的动作要领。四是自我认知技能,认知活动中的自我调节和监控技能。如通过学习,学会制订自主阅读计划,会评价自己的写作水平等。技能目标是语文课程目标中最重要的目标。语文技能目标,是指对学生通过语文阅读活动后能够"做什么""用什么方法做",阅读技能的获得需要掌握程序性知识。程序性知识是一种经过学习自动化了的关于行为步骤的知识,是可以进行操作和实践的知识,主要解决"做什么""怎么做"的问题。语文知识中的程序性知识主要是指在听、说、读、写等言语活动中形成的言语技能和技巧,它是针对学生在学习语文和运用语文时,能否运用一定的方法调控自己的记忆、思维过程,以提高学习和运用语文的效率而提出的。如《义务教育语文课程标准》(2022年版)中的"能较熟练地运用略读和浏览的方法,扩大阅读范围""对课文的内容和表达有自己的心得,能提出自己的看法,并能与他人合作,共同探讨、分析、解决疑难问题"等[2],都是对语文技能目标的具体阐释。通过观察学生阅读过程中的行为表现,教师判断学生是否掌握了这些阅读技能,语文技能目标应该突出学生能够指出文章是"怎样表达的"。如学习《回忆我的母亲》一文后,学生能学会如何掌握文章的主要内容,结合记叙文的六要素(时间、地点、人物、事件的起因、经过、结果)来掌握,学生能学会如何探讨文章的主旨。

(3)情感目标。情感是指人的社会性需要是否得到满足时所产生的态度体验。情感目标也包含态度和价值观的因素,是指对学生通过语文阅读活动后"赞成或反对什么(或做什么)"的预期。情感目标是针对学生通过语文学习在心理状态上(即情感、态度、价值观等)能否发生变化而提出的。就语文课程而言,情感目标是指培养学生高尚的道德情操和健康的审美情趣,形成正确的价值观和积极的人生态度。《普通高中语文课程标准》(2017年版2020年修订)在课程目标中提出"学生通过阅读与鉴赏、表达与交流、梳理与探究等语文学习活动","坚定文化自信、自觉弘扬社会主义核心价值观,树立积极向上的人生理想","感受和体验文学作品的语言、形象和情感

---

[1] 韩静静.初中语文阅读教学目标的确定、陈述与呈现[D].上海:上海师范大学,2012:19.
[2] 中华人民共和国教育部.义务教育语文课程标准(2022年版)[M].北京:北京师范大学出版社,2022:14.

之美,能欣赏、鉴别和评价不同时代、不同风格的作品,具有正确的价值观、高尚的审美情趣和审美品位"[①]等,就强调了学生学习中的情感态度因素。相对于其他语文阅读教学目标来讲,情感态度与价值观目标是很难进行测评的,它隐含于学生的日常行为中,需要语文教师耐心观察。

2. 语文阅读教学内容的特点

语文教师制定教学目标要充分考虑语文学科知识的非线性和语文素养的复合性特点。制定中学语文教学目标,要通读整套语文教材,明确语文教材的编排体系和知识结构的分布情况。从系统论的观点出发,中学语文教材算是一个大系统,它既有从册到单元再到各篇的横向子系统,又有阅读训练、写作训练、听说训练和语文基础知识训练等方面的纵向子系统。各个子系统又是根据学生学习语文知识的规律,按照循序渐进的方式编排成一个有机的整体。

制定具体的课堂教学目标时,我们首先要明确各个子系统在整个知识网络中的位置、作用,然后根据课程标准,制定总目标;根据年级要求,制定阶段目标;根据单元要求,制定单元目标;根据课时要求,制定课时目标。我们必须在明确课程标准要求,吃透教材,弄清知识结构的基础上,结合课前提示、课后思考练习、课文注释、书后词语简表等,制定出科学具体的教学目标,最后通过课堂教学的分步实施,紧扣单元目标,体现阶段目标,最后关联总目标,形成一种关联整体、环环相扣的螺旋式循环圈。

语文教材是学习的范本和材料,是教师实现教学目标的凭借,但教材内容并不是语文阅读教学内容的全部。从教学层面来说,语文阅读教学内容是指教师为达到教学目标而在教学实践中呈现的种种材料,既包括在教学过程中对现成教材内容的沿用,又包括对教材内容的处理加工;既包括对课程内容的执行,又包括对课程内容的创建;既包括语文阅读学习材料,又包括语文阅读学习方法。语文阅读教学目标是对语文学习结果的预期,和语文阅读教学内容互相联系、互相影响;一方面,语文阅读教学目标要依据教学内容的素材设置,要根据语文教学内容的特点确立;另一方面,语文阅读教学目标又影响着教学内容的选择,对教学内容如何展开具有导向作用。总之,在设置语文阅读教学目标的过程中,要充分考虑语文教学内容的特点。

3. 中学语文教师的教学水平和学生的语文学习水平

确定语文教学目标,还要从语文教学的实际水平出发,包括语文师资水平和学生的语文学习水平。目标切合实际才有可能实现,目标脱离实际,偏高或偏低,都会给教学实践造成困难。

(1)教师自身的教学水平。教师是教学任务的执行者,在制定语文阅读教学目标时,切不可忽略了教师水平的因素。教师在确定教学目标时要考虑自己的经验、能力,确定符合自己的教学水平的教学目标。不同教师对教材编者的用意、教学内容的安排、教材附载的知识点、教学重点和难点的认识和理解是不同的,更不用说教学方法的运用了。所以语文教师在制定教学目标时,要遵循教学基本规律,结合自身的教学风格、个性特点、知识储备,充分发挥自己的特长和优势,使教学目标适合自己的教学水平,使自己的教学风格有利于实现教学目标,同时充分调动自己的

[①] 中华人民共和国教育部.普通高中语文课程标准(2017年版2020年修订)[M].北京:人民教育出版社,2020:5-6.

知识储备,使之融入自己的教学目标设计中。

(2) 学生学习水平。学生是学习的主体,中学语文教学目标应该根据学生现有的认知发展水平,具体、明确地规定学生学习的内容和形式。初中生正处在身心发展、成长过程中,其情绪、情感、思维、意志、能力及性格还极不稳定和成熟,具有很大的可塑性和易变性。在认知水平和能力上,初中生的逻辑思维已有了初步的发展,处于形象思维向抽象思维过渡的阶段,但在很大程度上还依赖于经验的支持。因此,在阅读教学目标的制定中,教师要从学情出发,着眼于提高学生分析问题和认识问题的能力,提高学生观察、感受、分析、判断能力,以促进学生在感性认识的基础上进行理性思考,形成较全面的观点。而进入高中阶段,学生身心发展渐趋成熟,学生思维的独立性、逻辑性、批判性和深刻性有了很大的发展,已能用辩证思维看待和分析问题,针对高中生的学情,教师应在继续提高学生观察、感受、分析、判断能力的同时,关注学生思考问题的深度和广度,重点培养学生的探究能力,增强学生的探究意识和兴趣,教会学生探究的方法。总之,只有根据学生的智力和心理发展特点来设计阅读教学目标,才能使语文阅读教学目标的制定更科学、有效。

另外,中学生原有的知识和认知结构是语文教师确立语文阅读教学目标的又一重要依据。"所有的读者,不管是初学的还是熟练的,都运用其头脑具有的原有知识结合所读文章提供的线索以及阅读情境的暗示来建构文章的意义式。"[①]也就是说,学生的原有认知结构是其掌握新知识的必要条件。"阅读教学目标设立的直接价值和基本作用就在于促进学生阅读能力的发展,所以目标设计应体现出学生现阶段通过努力后所能达到的发展水平。"[②]所以,语文教师在设置语文阅读教学目标的时候,既要了解学生已经掌握了哪些知识,又要对学生已有的认知结构进行了解,在其已有的基础上确立新的阅读教学目标,才能保证阅读教学目标的有效达成。

(二) 写作教学目标制定依据

1. 学生的情况

中学包括初高中,跨越了学生成长的不同阶段,学生的心理特征也有所不同。中学阶段,学生的思维能力由形象思维转化为抽象思维。初中阶段,学生的抽象思维由经验型慢慢往理论型发展,形式逻辑思维、辩证逻辑思维都处于发展阶段,情绪还不够稳定,处于半成熟半幼稚阶段;高中阶段,学生的各种抽象思维基本处于发展成熟阶段,在情感情绪上呈现延续、丰富、深刻、细腻等特征。故初高中对于写作的要求亦不同,初中阶段主要要求学生能表达自己的真情实感,写作主要是记叙类文章;而高中阶段,在真情实感的要求之上,写作记叙文还鼓励学生有独特的感悟,有个性,有创意地表达;在议论文的写作上,要求学生能表达自己的观点,学习综合运用多种表达方式等。因此初高中教学目标的制定要求也不尽相同。除此之外,每个学生的学习情况不同,要求教学目标的制定要符合大多数学生的能力水平,尽可能顾及全班学生。

---

① 倪文锦,谢锡金.新编语文课程与教学论[M].上海:华东师范大学出版社,2006:160.
② 王琳.中学语文阅读教学目标制定探究[J].课外语文,2015(8):119-120.

2.学习规律、教学规律

学习都是循序渐进,潜移默化的,写作教学目标的制定,要遵循学生的学习规律,例如,记忆力的规律,合理及时复习,达到巩固;例如学生的生理心理发展规律,合理布置作业,制定适合不同学段学生的写作教学目标。同时教学目标也要符合语文教学规律,符合课程标准以人为本的教学理念。

3.语文素养的基本内涵

新理念下的中学语文写作教学,不仅仅是写作基本知识的传授或写出一篇文章,更重要的是在于促进学生全面发展。在智力方面,教学目标要侧重于锻炼学生的思维力,即在思维的深度、广度方向上加以发掘,促进学生智力的发展;除此之外,以人为本的理念下,教学目标要培养学生形成健全的人格,让学生在写作过程中"得到思想、品德、意志、审美、情操和习惯态度的教育"[①]。

二、语文教学目标的制定原则

为了保证语文教学目标更好地作用于教学实践,中学语文教学目标的制定需要遵循以下六个原则。

(一)科学性原则

任何事物只有符合科学性才能正确地发展,语文教学亦是如此。语文教师设置教学目标遵循科学性原则主要表现在三个方面:第一,要依据知识本身具有的规律,不能有知识性错误;第二,要考虑学生的思维特点和掌握知识的规律;第三,要考虑教学目标是否符合语文学科的性质,是否符合语文学科的总目标,是否符合语文课程标准的要求,并使其在每一个具体目标中得到体现。

(二)实际性原则

第一,教学目标要有可操作性。很多语文教师制定的教学目标难以落实。如"通过对课文的学习,培养学生热爱生活、关心他人的品质""通过教学提高学生的阅读、写作能力"等,这些目标过于虚化,教学无法操作。教学目标要具体、恰当、明确、有意义。一般来说,教学目标的科学表述包括:对象、条件、行为、标准四个要素。例如,在一次高中议论文的写作课上,教师的教学目标设计为:通过训练,学生能学会怎样分析事例,就事析理;通过训练,学生能学会从同一个材料中提炼不同的观点(至少两个)。

第二,教学目标要符合学生的实际需要。"中学语文教学目标应该根据学生现有的认知发展水平,具体、明确地规定学生学习的内容和形式。"[②]同时,教师还应关注学生的终身发展,根据学

[①] 陈建伟.中学语文课程与教学论[M].2版.广州:暨南大学出版社,2019:159.
[②] 加涅,布里格斯,韦杰.教学设计原理[M].皮连生,庞维国,等译.上海:华东师范大学出版社,1999:14.

生的求知需要、情感需要和发展需要来制定教学目标。

（三）核心性原则

对于中学语文教学来说,我们要考虑听、说、读、写活动在教学过程中的特殊性。例如,在口语交际课堂上,我们的教学核心应该是培养好学生的口头表达能力。教师在设置教学目标时,目标的核心应该为"口头表达技巧"。一节课的时间是有限的,确立教学目标的核心有利于师生把握教学或学习的方向。

（四）全面性原则

中学语文教学目标是一项比较复杂的任务。加涅曾经说过:"把教学集中于任何一种性能或者两种性能的组合是不足取的……,人类的学习者需要几种习得的性能。"[1]这说明我们在设计语文教学目标的时候要全面,要兼顾知识和能力、过程与方法、情感态度与价值观三个维度。

（五）系统性原则

语文教学是一个系统工程,一套优秀的语文教学目标是层层相扣的,使众多的课堂教学目标有层次地实现语文学科的总目标。

一般说来,在进行语文教学目标设置时,教师要先明确目标与目标的层级关系,确定好上位目标和下位目标（子目标）。例如,在设计记叙文教学目标时,我们设置的上位目标为"学会通过抓住人物的主要特征来描写人物",下位目标则可以为"学会通过肖像描写抓住人物的外貌特征""学会通过动作描写抓住人物的行为特征",等等。

除了确定单篇课文的教学目标,教师还要确定一个单元、一个学期甚至一个学年的目标。在设置每个学期的语文教学目标时,教师要把课程标准中为这个阶段制作的目标作为上位目标,而把各单元目标作为下位目标。在设计单元目标时,要把学期目标作为上位目标,而把单元的每篇课文目标作为下位目标。以此类推设置出一套逻辑严密、层次清晰的语文教学目标层级体系。

（六）发展性原则

教学是一个动态的创造过程,在语文教学中,教师要根据学生的个性发展和教学实际制定发展性目标。在教学中,教师总是根据自己的经验及学生的水平,对预定的教学目标做出必要的补充和调整,不断完善原来的教学目标。因此,中学语文教学目标的制定,要具有灵活性、伸缩性。教师明确发展性教学目标具有重要意义:一是可以满足学生发展的需要;二是有助于为后续的教学铺路,使学生明确今后的学习方向。

语文教学目标是语文学科的出发点和归宿,是语文教育的前提和保证。遵循语文教学目标

---

[1] 加涅,布里格斯,韦杰.教学设计原理[M].皮连生,庞维国,等译.上海:华东师范大学出版社,1999:14.

制定原则,决定着语文教育的方向,指导和制约着语文教育的一切活动。制定好语文教学目标,才有可能在中学语文课程的实施中发挥应有的作用。

三、语文教学目标的制定步骤

语文教学目标的制定是教师在钻研教学大纲、课程标准、教材,深入分析文本,并切实了解学生情况的基础上先设初步目标,再调整排列目标的过程。按照教学目标的科学制定步骤来制定目标,有利于语文教师制定出合理的、符合学情的、行之有效的语文教学目标。制定科学的语文教学目标至少应遵循以下步骤。

(一)分析语文课程标准规定的课程目标

语文教学目标是语文课程标准的具体化,它是有层次的。从宏观上讲,有学段目标、学期目标、单元目标、课时目标等不同的层次。在制定课时目标时,教师首先要把握语文教学目标的宏观层次,从整体出发,对每一课的教学目标的制定都要考虑到这一单元、一册书、整套书和一个学年、一个学段乃至课程标准的总体要求,使其上下前后都互相关联,互为照应,教师对教学目标应进行合理的分解,使其呈现出科学的序列。教师应当通过教师用书或网络等渠道了解有关专家对课程标准的解读和整套教材内容的总体解析,以了解教材编写者的意图,进一步认识中学语文教学目标的层次和每个阶段的教学目标。

如对文言文的教学,根据《普通高中课程标准》(2017年版2020年修订)对学生文言文教学的要求,"能借助注释和工具书,阅读中国古代作品,读懂文章内容,背诵一定数量的名篇。""梳理所学作品中常见的文言实词、虚词、特殊句式和文化常识,注意古今语言的异同。"依据这样课程目标,在文言文课文的教学实践过程中,文言文教学重点就应该是:① 掌握一定数量的文言实词和文言虚词,熟悉常见的文言句式;② 了解文言文的阅读方法,注重在阅读实践中举一反三;③ 背诵一定数量的优秀篇章,理解感悟其无穷魅力。[①]

(二)结合单元目标,确定课时目标

一篇课文教学目标的制定,其思路一般是:基于本篇课文的文本——紧扣单元教学目标——体现一册书、一个学年或一个学段的要求——关联语文课程标准总目标。其中对单元目标的把握是关键,一是因为单元目标处在承上启下的重要位置,二是因为总目标的落实和具体化主要体现在单元目标上。因此,在制定中学语文阅读教学目标之前,教师必须要了解:这篇课文在本册教材中处在什么位置?它所在的单元的教学目标和教学重点是什么?教师在制定具体课文的教学目标时,应仔细阅读教材中的单元提示和教师用书上的单元说明,认真把握单元教学重点,对全单元的课文有一个整体的认识,把单元教学重点分解在各篇具体的课文中进行落实。

---

① 黄莉.新课标下高中语文课堂教学目标的制订[D].成都:四川师范大学,2009:51.

如统编版高中语文教材必修上册第二单元的人文主题为"劳动光荣",是围绕"实用性阅读与交流"任务群的课程目标设计的学习单元。学段目标是丰富学生的生活经历和情感体验,提高阅读与表达交流的水平,增强适应社会、服务社会的能力。单元鉴赏重点为"学习优秀劳动者的杰出事迹,体会劳动最光荣的思想,学习通讯报道和新闻评论,提高媒介素养,鉴赏表现劳动生活的古代诗歌,体会劳动之美。"①因此,三篇课文的侧重点可以确立为:《喜看稻菽千重浪——记首届国家最高科技奖获得者袁隆平》《心有一团火,温暖众人心》《"探界者"钟扬》,研读三篇新闻通讯,梳理袁隆平、张秉贵、钟扬的先进事迹,了解人物通讯的文体特点。《以工匠精神雕琢时代品质》,明确作者的观点,梳理作品的结构思路,分析论证方法,了解新闻评论的特点和写法,思考劳动精神的意义和价值。《芣苢》《插秧歌》,感受古代人民劳动的特点,感受劳动的乐趣与劳动之美。②

首先从教材整体出发,在关注课程目标、阶段目标和单元目标的前提下,先把握单元教学目标,接着再制定出每一课的教学目标。只有这样制定教学目标,才能做到定位科学、重点明确。

(三) 深入理解文本,合理分配目标

在把握了中学语文教学目标的层次之后,接下去要进行每一课时目标的分配,分配的前提是课时的合理划分。一篇课文分几课时上,每一课时要落实哪些目标,都应有科学合理的安排。例如,中学语文教材每一单元基本上都有三四篇课文,前面的一两篇是讲读课文,后面的一两篇是自读课文,教师应把握每一篇课文教学目标的不同之处,合理分配课时,使制定的目标重点突出、富有层次性。一般来讲,单元首篇课文,教师不仅要讲清知识点,而且要将这些知识点按一定程序让学生进行尝试练习,初步形成一种技能。之后的几篇逐步放手让学生进行练习,循序渐进,获得能力的逐步提高。整个单元的课文教学完毕,重点目标要全部落实。因此,在研究单元教学重点之后,我们还需要研究课文的预习提示、注释及课后作业,以它们作为制定本课教学目标的"突破口"。因为预习提示和注释一般反映了本课的学习重点和难点,而课后习题一般是为目标检测而设计、安排的,具有很强的目标意识。具体文本的教学目标制定可考虑从课文形式出发,以抓住课文的特点、选准训练的角度两种思路制定。

如统编版高中语文必修下册第二单元是戏剧单元,这个单元的教学重点是认识戏剧的基本特征,欣赏剧作家设计冲突、安排情节、塑造人物的艺术手法,体会戏剧语言的动作化和个性化;通过排练话剧把握关键台词和关键动作,深入体会人物性格和心理活动,感受剧本所蕴含的悲悯情怀。这一单元共有三篇选文:《窦娥冤(节选)》《雷雨(节选)》《哈姆莱特(节选)》。这三篇选文中前两篇是教读课文,最后一篇是自读课文。教师在制定教学目标时可以这样合理分配目标:《窦娥冤(节选)》,学习戏剧的基本知识,了解戏剧作为"第三种艺术"兼具文学性和舞台性的独特之处,把握戏剧文体的基本特征,体会和分析人物的关键语言、典型动作、心理活动等核心要素,初步建立关于戏剧的概念和规则意义,体会窦娥冤的悲剧色彩。《雷雨(节选)》,探寻《雷雨》与《窦娥冤》两者之间的异同,引导学生从戏剧结构、情节安排、结局等不同维度解读剧本,促进学生

---

① 温儒敏,王本华.普通高中教科书教师教学用书.语文.必修.上册[M].北京:人民教育出版社,2019:45.
② 罗丹,张秋玲.劳动之歌——统编高中语文必修上册第二单元专题学习设计[J].语文教学通讯,2020(1):31-34.

从戏剧的概念和规则意义向技能转化,通过排练话剧体会人物关键台词和关键动作,分析人物性格和人物心理活动。《哈姆莱特(节选)》,引导学生总结在前两篇课文学习中学到的戏剧鉴赏方法,通过自主查阅《哈姆莱特》相关文献,拓展阅读资源,感受剧本所体现的悲悯情怀。[①]

从单元目标出发,深入分析文本,根据每篇文章的不同特点设计教学目标和安排课时,合理分配目标,使制定的目标重点突出,富有层次。将单元目标有所侧重地渗透到每一篇课文中,在整个单元学习完后,重点目标也全部落实。

(四)联系学生实际,制定有弹性的教学目标

在整个语文教学目标的制定过程中,教师应该教什么、学生应该学什么是至关重要的。因此,教学目标的制定不仅要关注课程标准的要求和教材的特点,还要关注学生的学情特点。学生是学习的主体,教师要根据学生的现有水平、能力特点、求知需要、情感需要和发展需要来制定教学目标。同时,教学目标的制定既要符合大多数学生的学习需求,也要兼顾学生的个别差异,使教学目标具有一定的弹性。由于学生的能力基础、认知特点、个性特征等都具有差异性,要制定出符合所有学生学习实际及学习需求的教学目标是不可能的,因此教学目标只能从大多数学生的实际情况出发,根据大多数学生的"最近发展区"来进行制定。在确保绝大多数学生达成基本要求的基础上,对个别特优生或后进生进行关照。语文教师可以通过适度提高或降低目标梯度,使语文教学目标具有一定的弹性。

一位教师在教授粤教版高一课文《离骚》一文时,考虑到课文内容在理解上的难度比较大,影响了学生的学习兴趣,因此,该教师从学生喜欢关注人物和事物的兴趣特点出发,打破以往从字词解释出发的古文教学方法,选择从人物形象出发展开教学。如开篇提问:"屈原是谁?我们生活中现有哪些传统与他有关?你是从什么渠道获取过关于他的信息的?他给你的原有印象是什么?"这些问题迅速引起了学生的学习兴趣,学生很快积极地参与到课文学习中来。接着,该教师通过五次不同层次的朗读,引导学生从内容到形式层层深入地理解文本。[②]该教师学生意识强、起点意识强,本课教学很好地联系了学生的实际,通过"五读"五种境界,分别生成了不同的问题情境,也生成了不同的教学目标,层层深入地引导学生展开学习。

(五)整理排列教学目标

整理排列教学目标,就是根据语文教学目标的类型,对初步建立的教学目标进行分类与筛选,删除重复的目标,整合类似的目标,使模糊的目标具体化,使目标呈现出清晰的层级和序列,并从重要性和难度上对其加以分层排列,形成一个具有可操作性的系统。语文教学目标系统中包括知识与能力、过程与方法、情感态度与价值观等各类目标,按重要性不同,可分为主要目标、核心目标、次要目标等。要突出主要目标、核心目标的中心地位。同时也要注意,难度高的语文教学目标总是以低水平语文教学目标的实现为基础的。因此,语文教师要根据目标

---

① 王玉杰.大单元视域下的高中戏剧教学策略[J].中学语文教学,2021(12):16-1.
② 刘耀娟.在文字的迷宫中触摸屈原——《离骚》教学案例五意识[J].语文建设,2005(11):29-31.

的难易程度对其按由易到难的顺序进行排列。语文教学目标排列的结果,应该是使语文教学目标成为一个逻辑清晰、排列有序、统一、系统的整体。

(六)准确陈述教学目标

要落实课堂教学目标,必须对目标进行陈述。陈述教学目标是指用书面语言明确指出课堂教学中学生具体的学习结果。"一般情况下,语文教学目标表述的基本要素有四个:行为主体、行为动词、行为条件、表现程度"①。行为主体是学生,行为动词即实义动词,是表示动作的动词。行为条件是影响学生产生结果的特定限制或范围;表现程度是指学生达到目标时表现出来的最低行为程度。如"每个学生(行为主体)45分钟内(行为条件)能完成(行为动词)不少于500字(表现程度)的习作"。

语文教学目标具有多种类型,不同类型的目标陈述方法也不尽相同。如知识与能力目标属于结果性目标,要求明确告诉人们学生的学习结果是什么。所以,所采用的动词要求明确,可测量,可评价,可观测,如辨认、回忆、复述、解释、概括、解决、计划等动词。如《项链》这篇课文的知识与能力目标,就可用如下能见之于行动的语言来表述:① 知道作家简况及代表作品;② 会用会写文中的8个生字新词;③ 能按照课文顺序写出课文提纲;④ 能根据自己的理解续写小说的结局。这样的目标陈述使得每一小点的目标都可以观察、判断且易于做出评价。②

过程与方法属于体验性或表现性目标,是用来描述学生自己的心理感受、体验的,是明确安排给学生表现的。过程与方法采用的行为动词往往是体验性、过程性的。例如,《荷塘月色》的过程与方法目标可陈述为:"有感情地朗读课文,依据课文的顺序列出作者抒发的感情;能够运用比较、分析、综合的方法,讨论文中直接抒情的语句的深层意味。"③

情感态度与价值观属于体验性目标,它是一个长远的目标,难以用切实具体的语言来陈述,所以要尽可能指出其特定所指,如用"学习……精神""坚定……意志""树立……观念""领会……思想""培养……态度""陶冶……情操""体会……风范"等语言形式来陈述。还有部分情感态度与价值观目标以引起学生内在体验为目的,把学生的感受、体会、感动等体验作为直接的教学目标,如"体会平易近人的领袖风范"。这类目标蕴藏于学生内心,一般是不会显露出来的,更难以检查、判断。但是,在语文教学中,经常制定这类目标对学生的心理成长和智力发展却具有重要的意义。如《荷花淀》中情感态度与价值观目标设计:① 朗读个性化的语言,领会水生嫂及其他荷花淀妇女的形象美;② 品读文中优美的环境描写,欣赏小说的情景美和意境。④

在陈述这样的情感态度与价值观目标时,我们通常采用体验性的方式,即描述学生的心理感受、体验或明确安排学生表现的机会,而不具体规定学生应从活动中获得什么结果。关于体验性或表现性目标常见的陈述有经历、反映、领悟三个层次。经历(感受)包括:参与、寻找、交流、分

---

① 王文彦,蔡明.语文课程与教学论[M].北京:高等教育出版社,2006(6):134.
② 黄莉.新课标下高中语文课堂教学目标的制订[D].成都:四川师范大学,2009:62—63.
③ 同②:63.
④ 同②:63.

享、访问、考察等;反映(认同)包括:认可、接受、欣赏、关注、拒绝、摈弃等;领悟(内化)包括:形成、具有、树立、热爱、坚持、追求等。

总之,在制定语文教学目标时至少要遵循以上六个基本步骤。先从语文课程目标出发,再结合单元目标,确定课时目标。在确定目标之后,结合对文本的深入理解,合理分配目标。同时,在制定目标时,要联系学生的实际情况,制定有弹性的学习目标,使得所制定的教学目标既能够满足大多数学生的需求,又能够照顾学生之间的差异。最后,在确定教学目标之后,要合理、科学、有序地排列教学目标,用准确的语言陈述目标。只有这样,所制定出来的教学目标才会更科学、合理,教学效率才会真正得到提高。

练习题

1. 简答题:结合你自己的体验,说说课堂中阅读教学依据有哪些。
2. 简答题:你认为语文教学目标制定应遵循哪些原则,请简要说明。
3. 简答题:请简要论述语文教学目标的制定步骤,并说明理由。

第四章　语文内容结构与文本解读

导 言

本章分为两节,第一节是语文内容结构,第二节是语文文本解读。

学习本章,应该达成的目标:

了解与熟悉语文内容结构知识。

理解并区分文本解读各理论的本质、内涵。

在掌握语文内容结构的基础上,把握语文文本解读的多种方式。

学习本章,应该掌握的重点:

当代语文教育名家的核心思想。

语文文本解读的多种方式。

学习本章时,应运用的方法:

系统法。在第一节"语文内容结构"的学习中,要了解语文内容的划分、定义和选取,在整体了解中国语文教育发展与变化的基础上,系统地把握语文内容的结构。

理论联系实际法。在第二节"语文文本解读"的学习中,要把握各个文本解读的方式和模式,并对应当今语文教育的发展现状,思考如何更好地选取语文教育内容,如何更好地进行文本解读,把过去的理论创造性地运用于当今时代的语文教育中,以适应时代的发展和人才培养的需要。

第一节　语文内容结构

一、新课程背景下的语文"双基"教学

(一)"双基"教学理论概述

1."双基"概念的提出

1950年2月10日,教育部中学教育司召开普通中学数理化教材精简座谈会,强调要注意教

材中的基础知识,但当时尚未提出"双基"概念。到1952年3月,教育部颁发的《中学暂行规程(草案)》中提出中学的教育目标之一是使学生获得"现代科学的基础知识和技能",首次明确提出"双基"概念。同时颁发的《小学暂行规程(草案)》,把小学教育概括为"全面的基础教育",把小学教育目标表述为"使儿童具有读、写、算的基本能力和社会、自然的基本知识";课程内容方面,注意科学性和思想性的有机结合,强调基础性和基本性。可见,20世纪50年代初我国教育界已开始使用"双基"概念。

2."双基"教学理论的沿革

"双基"教学理论作为一种教育思想或教学理论,其核心思想是重视基础知识和基本技能的教学,主张把基础知识和基本技能作为普通中小学教学内容核心的课程理论,即为"双基论"。这种课程理论植根于中国大地,对我国当代的课程实践产生了深刻的影响。20世纪50年代初,我国教育界已开始使用"双基"概念。1977年,全国中小学教材编写工作会议提出了编写教材需要正确处理的四个关系,其中两个是"十分重视和精选基础知识""为了加强基础,必须重视基本技能的训练"。1978年后,全日制十年制中小学教学计划、各科教学大纲和教科书先后出台,这时,中小学各科教学都突出强调"双基"教学。

将"双基论"作为一种课程理论来阐述,较早的是杭州大学教育系的董远骞、张定璋、裴文敏著的《教学论》。在该书的第八章"课程论"部分,阐述了课程论是关于教学内容的理论的看法,并结合我国的实际,论述了课程的"双基论"。因此,"双基"理论是在我国教育实践中形成的具有中国特色的课程理论。①

3.语文"双基"教学的内涵

"双基"是中小学教学中对各学科基础知识和基本技能的简称。对于"双基",不同的领域有不同的界定,在不同的历史时期、不同的场合及不同的学科专业往往会赋予特定的含义。通常认为,"双基"是两个带有"基"字的概念或者词语的高度概括、简称。一般概念中的"双基"指的是学校教学内容中的基础知识、基本技能。在语文教学中,所谓"双基",从传统的内涵上说,是指语文的基础知识——字、词、句、篇和语文基本技能——听、说、读、写。21世纪语文"双基"应具有新的时代内涵:准确、高效的口头表达能力是"双基",收集、处理、加工大量信息的能力也是"双基"。②

"双基"教学,即基础知识和基本技能教学,它是一种注重基础知识、基本技能教学和基本能力培养,以教师为主导,以学生为主体,以学法为基础,注重教法的教学模式。语文"双基"教学是我国在长期的教学实践中逐渐摸索而积淀下来的优秀传统教学经验。重视语文"双基"的学习与训练,学生进行严格的字、词、句、篇的分析与学习,也强调对学生进行扎扎实实的听、说、读、写训练,从而在对学生的"双基"教学上实现学生语文素质的提高及语文素养的培养。

---

① 李蓉蓉.浅论新课标时代下的语文双基教学[J].现代语文(教学研究版),2009(4):100—101.
② 同①.

(二)新课程下语文"双基"教学的解读

新课程所提的"双基"与过去传统教学中所讲的"双基",尽管名称相同,都是指基础知识和基本技能,但必须明白,它们不再是同一的概念。新课程的"双基"较于传统教学中的"双基",具有更为新颖丰富的内涵。其两者的不同,主要表现在以下这几个方面。

首先,从概念的涵义和范围来说,传统教学中的"双基",指的是教学大纲所规定的学科教学要求学生记忆和掌握的学科基础性的知识和运用有关知识解决相关问题的基本技能,通常局限于本学科的知识范畴。而新课程的"双基",是规定于国家课程标准之中,依据各门课程的特点,体现国家对不同阶段的学生在知识与技能、过程与方法、情感态度与价值观等方面适应学生终身学习所需要的、必备的基本的要求。后者较之前者,涵义更全面、更深刻,范围更广泛、更开放。

其次,从教学的方式、方法来说,传统教学中的"双基",是由教师"教"给学生,学生一般是被动接受这些基础知识和基本技能的。而新课程的"双基",是由教师"指导"学生积极主动地,在自主、合作、探究的学习过程中"习得",即学习获得的,学生是在教师指导下主动地去学习掌握基础知识和基本技能的。就学生的学习而言,前者是被动的,后者是主动的。

再次,从对学生的要求来说,传统教学中的"双基"对所有学生的要求是相同的,统一的,无差异的。而新课程的"双基"对不同层次学习水平和不同发展状态的学生,"双基"的标准和要求可以是不同的,因材施教,因人而异,允许有差异,注重培养和发展学生的个性、特长、潜能和创新精神。前者要求的是统一性,后者注重的是差异性。

最后,从教育的目标来说,传统教学中的"双基"是学科教学的唯一目标,是单纯的,孤立的。而新课程的"双基"则是知识与技能、过程与方法、情感态度与价值观三个维度课程教学目标之中的一个目标,它不单强调知识与技能,同时强调在学习知识与技能的过程中,要富有情感,形成积极主动的学习态度和正确的价值观,要关注学习的整个过程,掌握学习的方法。三维目标整合为一体。前者是单一的、孤立的目标,后者是三位一体的整合的目标。[①]

(三)新课程背景下重视语文"双基"教学的必要性

"双基"教学理论既是中国古代教育思想的发扬,又深受中国传统考试文化的影响。新的时代,新的需要,新课改中,如何更新"双基",如何继承和发扬"双基"教学传统,对语文"双基"教学重新定位,是需要认真思考的重要课题。第一,传统的语文课程过于强调知识的系统性和对知识进行强化巩固,而忽视学生以知识为载体的情感、态度、价值观的养成。在新课程下,纠正片面强调工具性的偏差,使学生知识的获取与学生的个人体验相联系,发挥语文教学对学生潜移默化的影响,从而有助于学生人文素养的形成。"没有基础,就缺乏发展潜能","双基"内容应该是作为社会人生存、发展的必备平台,通往教育深层的必由之路就是由基础知识、基本技能铺设的,只有

---

① 蔡梓权.新课程的"双基"[J].基础教育研究,2004(9):12—13.

学习基础知识、训练基本技能才能达到创新能力或其他能力的培养。正是这一信念为"双基"教学注入了理由和活力。

第二,《义务教育语文课程标准》(2022年版)提出,"以识字与写字、阅读与鉴赏、表达与交流、梳理与探究等语文实践活动为主线,综合构建素养型课程目标体系""促进知识与能力、过程与方法、情感态度与价值观的整体发展"。可见语文教学必须要突出学科特点,抓住语文学习的主线,在学习语言文字的"知识"的基础上形成驾驭语言文字的"能力",以达到"教是为了不用教"的目的。语文的学科性质决定了识字、阅读、习作、口语交际是最基本的语言文字实践,语文知识学习和语文能力培养是我们语文教学的根本任务,学生的语文"双基"任何时候都不能淡化和丢弃。如果忽略了"双基"的教学,只会使语文教学成为无本之木、无源之水。课堂上重心偏移,超越文本、超越课堂、跳出文本,单单追求课堂表面的热闹和华美,整堂课用于课外资料的补充,整节课用于展示优美的资料与图片,而放弃文质兼美的课文,这样的课大大降低了语文教学的语文味,实际上也是对新课程改革方向的偏离。我国著名文学家和语文教育家叶圣陶说:"语文教学的根本在听说读写,是听说读写之内的挖掘与创新,而不是游离于听说读写之外的花样翻新。"只有在教学中正视语文"双基"教学的地位,把提升人文素养渗透于扎实的语言文字的训练之中,才能真正实现语文人文性和工具性的和谐统一。①

(四)新课程背景下语文"双基"教学的践行

1. 重视语文"双基"教学,深入认识新课标中的三个维度

新课标中的三个维度是指知识与能力、过程与方法,情感态度与价值观。这三个方面相互独立又相互影响、相互融合,旨在提高语文整个教学的质量和素养。在新课标中的三个维度目标中,知识与能力的目的就是实现学生基础知识和基本技能的全方面发展。这两个基本方面虽然与三个维度之间相通,但二者却又存在着一定的区别,有着先后之分,尤其是在中学阶段的教学。

2. 坚持"三维一体"

新课标提出三维,显然三维是一个立体的存在。新课标还指出,语言的长期积累、慢慢顿悟和善于运用是语文教学要关注的重点。所以说,语文的基础知识还有基本技能属于每一位中学生语文素养的重要组成部分。因此,在语文教学中必须要坚持"双基"教学,不可分裂"三维一体"或是偏废任何一个方面,这样才能促进中学生的全面可持续发展。

3. 紧跟时代脚步

社会是不断发展的,时代是不断变更的,技术也是不断更新的,教育教学更是不能停滞不前,新知识、新技能在这个快速变化的世界不断涌现,而这些知识与技能也正是当今社会中学生所必须要掌握的"双基"。所以,"双基"的内涵不能拘泥于知识的不变,在今天,在每一个变更的明天,我们都要赋予"双基"相应的涵义和教育教学方式,墨守成规,自然是落后的体现且不符合当今时

---

① 李蓉蓉.浅论新课标时代下的语文双基教学[J].现代语文(教学研究版),2009(4):100-101.

代的主题。而改变语文"双基"的涵义,为中学生带来新的符合时代要求的知识与技能也必会为中学生再次增加压力,因此坚持语文"双基"教学还要重视教学方法的改善。

4. 语文"双基"教学要坚持"以人为本",注重中学生的全面发展

在现如今的社会,到处都在喊着"以人为本"的口号,可见无论在哪个方面,"以人为本"的重要性都可见一斑。在中学教学中,"以人为本"的"人"是专指中学生,语文教学在培养中学生的人文精神、培养中学生做人做事、培养中学生健全人格方面有着不可替代的重要意义。

5. 语文"双基"教学是工具性和人文性的结合

课程标准指出语文教学是工具性和人文性的统一结合。"双基"的教育方式可以为语文教学提供一些整理完善的方式方法,还能为中学生指出一条学习语文的明路,让他们在学习到语文知识的同时去实践,在实践中探索和领悟到新知识和新技能,实现"温故而知新"。

《义务教育语文课程标准》(2022年版)将语文课程的性质定义为:"语文课程是一门学习国家通用语言文字运用的综合性、实践性课程。工具性与人文性的统一,是语文课程的基本特点。"这一定义在确定语文学科的工具性的同时,也提出了语文的人文性。这种由语文单一性(工具性)向双重性(工具性和人文性)的转变,标明了语文课程鲜明的时代特征,丰富了语文课程的内涵,赋予了语文课程以全新的价值取向。但要注意的是新的课程标准把情感态度和价值观等人文性因素放在教学目标的突出地位,并非是对语文工具性的否定。语文学科的人文性和工具性是相辅相成的,是和谐统一的。有的教师以为课程标准对语文人文性的强调,就是对语文工具性的淡化,就要淡化"双基"训练,这是对课程标准的误解。实际上,新课程改革的一个重要内容是由过去单纯的知识传授向传授知识与培养学生情感态度价值观转变。

因此,语文教学中,我们强调提升学生的人文素养,决不能以削弱学生基本语文训练为代价。教师应在兼顾语文教学人文性的同时,扎扎实实抓好对学生语文基础知识的传授和语文基本能力的培养。[1]

6. 坚持以学生为主体,充分发挥语文教师的主导作用

在传统的语文教学模式中,都是学生在课上被动地听讲,教师在课堂上一味地灌输。而随着教育的改革,为了促进中学生更好地学习语文的基本知识、掌握基本技能,就必须转变语文课堂上教师和学生的位置关系。把每一位学生当作语文课堂上的主体,让他们成为语文课堂上的主角,教师在这个过程中起着关键的主导作用,结合语文"双基"教学的相关内容,以培养学生的兴趣和思考能力为指引,逐渐引导学生学好相关的教学内容,并切实加强语文教学的基础知识和基本技能的练习,基础能力和基本技能的提高能够使中学生学习更有冲劲和积极性,能够切实提高教学效率,事半功倍地完成教学任务。[2]

---

[1] 李蓉蓉.浅论新课标时代下的语文双基教学[J].现代语文(教学研究版),2009(4):100−101.
[2] 王亚红.促进中学生全面发展,坚持语文"双基"教学[J].学周刊,2017(9):62−63.

二、"一语双文"的语文内容结构观

"一语双文",是关于语文课程内容结构的科学语文观,是我国语文教育学家曾祥芹针对我国传统语文课程"学审美文学,用实用文章"的学用不对称弊端提出的。在"一语双文"的语文内容结构观里,语文除进行口头语言和书面语言的传统二分之外,其书面语言还进一步被二分为文章、文学两类作品。这种双重二分的语文内涵界定,矫正了百年语文课程"学文学,用文章"的脱离现实的学用不对称现象。

(一)"一语双文"的理论内涵

"一语双文"从"语文"这一专门名称的角度阐释了语文的内容结构。"语"指语言,"文"指言语作品的两种文体——文章和文学,是语文内容结构的"三足鼎立"说。其中,"一语双文"又包含两个层次的基本分类:一是语言形态的一分为二——口语和书语。口语简称"语",书语简称"文",合起来谓之"语文",即叶圣陶的"口头为语,书面为文"说。二是文字作品的一分为二——文章和文学。作为书面语言的字一旦组成篇章结构,表达作者的主观思想和情感,反映客观事物的现象和本质,就成为文字作品,就通称精神产品,就用作社会思想交流的工具。文字作品可以分为不容虚构、旨在实用的文章和可以虚构、旨在审美的文学两大文体;作为科学认识成果的文章作品,包括普通文章(记叙文、说明文、议论文和日常应用文)和专业文章(新闻文、史志文、学术文和专业应用文);作为艺术认识成果的文学作品,包括诗歌、散文、小说、剧本等。[①]

(二)"一语双文"论的意义

曾祥芹在《"一语双文"时代渐行渐近》一文中提道:"一语双文"论是对四种"一语一文论"的辩证否定,是对"六老"(叶、吕、张、朱、刘、顾)语文观的继承和发展,是对语文课程标准的建设性批评,是对全球化语境下语文内容结构改革的适应和拨正,是树立"语文教育的科学发展观"的根本。

"一语双文"论以辩证否定的思维方式,科学综合了"语文"的四个义项:既克服了"语言文字"说的历史局限,又摈弃了"语言文学"说的现代偏见;既吸取了"语言文化"说的深刻思想,又提高了"语言文章"说的科学品位。在言语文化里填补进文章文化,在语文美学中开拓出文章美学,再落实到语文课程建构、语文教材选编、语文教学改革,语文人才标准、语文教师修养,最后归结到语文教育体制改革。

总而言之,"一语双文"论阐释了语言、文章、文学三足鼎立的语文内容结构,对百年语文课程"学文学,用文章"的脱离现实的学用不对称现象具有现实意义。扬弃"一语一文"旧语文观,普及"一语双文"新语文观,有利于促进语文教育的科学发展,力促语言、文章、文学教育的"三合一"。

---

① 曾祥芹.一语双文论——关于语文学科内容体系的新构想[J].长沙大学学报,1999(1):22-26.

特别是"一语双文"论中对"文章说"的重视,强调了"文章学"是可以与语言学、文艺学争雄的"主干"学科。这对当代语文教育偏废工具性、一味追求人文精神、脱离社会需求的现状有一定的匡正作用。但曾祥芹"文章说"努力对语文课程进行重新定位时,也留有工具论的局限,残留了实用主义工具论的思想影响,对语文教育所承载着的许多审美因素有所忽略。"一语双文"论是曾祥芹在语文教育的探索中所作的独特的价值判断,为语文教育的研究开拓了新的视野。

三、基于生活的语文教学内容

生活与教育是教育学中的一对重要范畴。生活与教育联系密切。第一,生活是教育的源泉,教育源于生活。"凡有人类生存和文化形成的地方,势必有从事创造、传播和继承这种人类文化的教育职能存在。"[①]原始社会中的教育内容是直接的生产生活经验,有经验的老一辈通过口耳相传和手把手的示范把祖上和自己积累的生产生活经验传授给下一代,这便是人类最早的教育形式。第二,教育是生活的表现形式之一。在人类诸多活动形式中,教育是人类最重要的活动形式之一,它和经济活动、政治活动、军事活动等共同组成了我们的生活。如果没有教育,就没有人类文化和经验的传承,新一代人就无法站在前人的肩膀上创造更加美好的生活。第三,生活具有教育作用。我国著名教育家陶行知是这样解释的:生活与生活相摩擦、相斗争便能起教育的作用。从人类社会产生时,人类就在生活中接受教育。教育不能脱离生活,教育要通过生活来进行,教育内容和教育方法都要适当地根据生活需要来选择。人们从生活中学习到基本常识、做事的流程和为人处事的道理等,这些都是教育的内容,可见教育与生活息息相关,因此我们要正确认识和处理两者之间的关系。中外教育史上有许多有关教育与生活关系的代表性学说。

(一)有关教育与生活关系的代表性

随着教育逐渐走向制度化和专业化,教育与生活逐渐走向分离。面对教育与日常生活的逐渐分离,历史上有诸多学者思考如何使教育与生活更好地融合在一起。英国教育家埃德蒙·斯宾塞(Edmund Spenser)从实用与功利的角度出发,提出了"教育准备生活说";美国教育家约翰·杜威(John Dewey)反对斯宾塞的这一学说,提出"教育适应生活说";陶行知师从杜威,结合当时中国的实际情况创立"生活即教育"的生活教育思想;与陶行知年纪相仿的叶圣陶在论述写作教学时提出了"生活本源论"的教育思想。

1. 斯宾塞的"教育准备生活说"

斯宾塞是19世纪中后期英国著名的哲学家、社会学家和教育家,他第一次明确地提出了"教育准备生活说"。为了佐证这个学说,他提出了另一个问题:什么知识最有价值?斯宾塞认为科学实用的知识最有价值。他批判以前的教育本末倒置,太过注重外在的不切实际的知识而忽视了有利于受教育者过上美好生活的实用知识。"不只在过去,在我们现代也差不多一样:那些受

---

① 筑波大学教育学研究会.现代教育学基础[M].钟启泉,译.上海:上海教育出版社,1986:14.

人称赞的知识总放在第一位,而那些增进个人福利的知识倒放在第二位。"①人的时间是有限的,学校教育应该选择更有价值的知识传授给受教育者,这样才能更好地适应生活。从"教育是为完满生活做准备"这一观点出发,斯宾塞认为教育应该为个体提供以下几种准备:准备直接保全自己的教育,从获得生活必需品而准备间接保全自己的教育,准备做父母抚养子女的教育,准备与维持正常社会政治关系有关的公民的教育,准备生活中各项文化闲暇活动的教育。②

2. 杜威的"教育适应生活说"

杜威是美国著名的实用主义哲学家和教育家,杜威的"教育适应生活说"是针对斯宾塞的"教育准备生活说"提出来的。杜威的观点有以下几个方面。

(1) 教育即生活,教育是生活的过程,教育要以生活为内容。杜威在《我的教育信条》中指出:教育是社会生活的过程,而不是生活的预备。学校作为一种制度,应当把现实的社会生活简化起来,缩小到一种"雏形"的状态。③ 另外,儿童的社会生活是他们的一切训练生长的集中或者相互联系的基础,因此杜威认为学校开设的课程应该以社会生活为出发点,这些课程要代表社会活动的基本类型。教育不是为将来的生活做准备,教育就是儿童此时此刻的生活过程。一旦把教育看成为儿童未来的生活做准备,必然要教以成年人的经验、责任和权利,而忽视儿童此时此刻的兴趣与需要。

(2) 教育的目的是使个体适应生活。杜威受英国生物学家查尔斯·罗伯特·达尔文(Charles Robert Darwin)进化论的影响,认为人生的过程是适应生存的过程,"教育是生活的需要"④,教育的目的就是要使个体适应生活。因此,杜威非常关注儿童的现实生活,重视儿童的直接经验,主张把课程设计里面的学科课程变更为重视儿童直接经验与感受的活动课程,增强教育与现实生活的联系,使得培养的学生能够更好地适应生活。

3. 陶行知的"生活即教育"

陶行知是中国最早一批接受西方专业训练的教育工作者,五四运动以前留学美国,师从杜威。陶行知认为杜威的教育理论虽然在资本主义的美国发挥过重要作用,但是不能不顾现实情况地去生搬硬套。"生活教育"是陶行知教育思想的主体,是立足于中国当时半殖民地半封建的社会现状,在旧中国的教育实践中逐步形成起来的,是对脱离实际和群众的为剥削阶级服务的旧教育制度的一个否定,是建立新教育制度的一个尝试。

在生活教育理论中,陶行知这样论述教育与生活的关系:生活即教育。虽然"生活即教育"与杜威的"教育即生活"仅是语序上的差别,但是却反映了两者不同的教育观。陶行知这样解释:生活教育是生活所原有,生活所自营,生活所必需的教育。过什么生活,便是受什么教育;过好的生活,便是受好的教育;过坏的生活,便是受坏的教育;过有目的的生活,便是受有目的的教育;过糊里糊涂的生活,便是受糊里糊涂的教育;过有组织的生活,便是受有组织的教育;过一盘散沙的

---

① 斯宾塞.斯宾塞教育论著选[M].胡毅,王承绪,译.北京:人民教育出版社,2005:7.
② 同①:11.
③ 杜威.学校与社会·明日之学校[M].赵祥麟,任钟印,吴志宏,译.北京:人民教育出版社,2005:3.
④ 杜威.民主主义与教育[M].王承绪,译.北京:人民教育出版社,2001:2.

生活,便是受一盘散沙的教育;过乱七八糟的生活,便是受乱七八糟的教育。① 陶行知为了便于大家理解"有什么样的生活就有什么样的教育"运用了浅显易懂的例子:我们有吃饭的生活,便有吃饭的教育;有穿衣的生活,便有穿衣的教育;有男女的生活,便有男女的教育。他与装饰品之传统教育根本不同。他不是摩登女郎之金刚钻戒指,而是冰天雪地下的穷人的窝窝头和破棉袄。②总结归纳后,我们可以从以下两个方面来理解。

(1) 生活教育是真实的。它真实地存在,它教给人真实有用的知识和技能。陶行知指出:我们此地的教育,是生活教育,是供给人需要的教育,不是作假的教育。③

(2) 生活教育基于人的生活需要。生活是什么呢?"有生命的东西,在一个环境里生生不已的就是生活。譬如一粒种子一样,他能在不见不闻的地方发芽。从动的方面来看,好像晓庄剧社在舞台演戏一样。"④生活需要什么,就教育什么,生活最需要的,就是教育最应该去教的,"人生需要什么,我们就教什么。人生需要面包,我们就得受面包教育;人生需要恋爱,我们就得过恋爱生活,也就是受恋爱的教育。"⑤

4. 叶圣陶的"生活本源论"

叶圣陶是我国著名的文学家和语文教育家,"生活本源论"是他在论述写作教学思想时提出来的。叶圣陶的《写作论》是一篇系统的并且影响深远的有关写作教学的论述文章。《写作论》共有十节:一、引言;二、诚实的自己的话;三、源头;四、组织;五、文体;六、叙法;七、议论;八、抒情;九、描写;十、修辞。

写作与生活息息相关。在"诚实的自己的话"这一节,叶圣陶指出:"写作与说话本是同一目的,只是所用的工具不同而已。所以在说话的经验里可以得到写作的启示。倘若没有什么想要表白,没有什么发生感兴,就不感到必要与欢喜,就不用写什么文字。"⑥叶圣陶在《论写作教学》中进一步论述:"写作的根源是发表的欲望;正同说话一样,胸中有所积蓄,不吐不快……依理说,心中有所积蓄,自然要说话;感到说话不足以行远传久,自然要写作。"⑦从这两句话中我们可以看出写作与人们日常的说话之间的联系。写作来自于人们想要表白的兴趣与冲动,这种兴趣与冲动是人们内心真实的想法。"写作所以同衣食一样,成为生活上不可缺少的一个项目,原在表白内心,与他人相感通。如果将无作有,强不知以为知,徒然说一番花言巧语,实际上却没有表白内心的什么;写作到此地步便于生活脱离关系,又何必去学习它?"⑧因此,"假若有所表白,这当是有关于人间事情的,则必须合于事理的真际,发乎情性的自然"⑨。

生活是写作的源头。在"源头"一节,他指出:"'要写出诚实的、自己的话',空口念着是没用

---

① 陶行知.陶行知教育集[M].北京:中国纺织出版社,2017:100.
② 同①:101.
③ 同①:90.
④ 同①:89.
⑤ 同①:90.
⑥ 叶圣陶.叶圣陶语文教育论集[M].中国教育科学研究院,编.北京:教育科学出版社,2015:258.
⑦ 同⑥:314.
⑧ 同⑥:315.
⑨ 同⑥:260.

的,应该去寻到它的源头,有了源头才会不息地倾注出真实的水来。"①生活是写作的源头,文章来源于生活,一个人只有"生活充实,才会表白出、发挥出真实的深厚的情思来"②。历来的文学家都有着充实而丰富的生活,这样的生活是他们写作素材的仓库,是他们写作灵感的源泉,"假若要找反面的例,要找一个生活空虚的真的文家,我们只好说无能了"③。《红楼梦》是中国古典小说的巅峰之作,作者曹雪芹就是以他曹家由盛到衰的真实故事和自己从富贵公子沦落为落魄文人的亲身经历为素材创作的。《第九个寡妇》是美籍华人作家严歌苓的转型之作,这部长篇小说是以真实故事改编的。这个故事是严歌苓从前夫的大哥那里听来的,20世纪70年代末河南省西华县有个地主在中华人民共和国成立后的镇压反动派期间错划为"恶霸地主",因为害怕所以藏在地窖里,被人发现后就吓死了。河南当地还有姐姐藏弟弟,全家人藏老父亲的故事。严歌苓到当地寻找有过类似经历的老人,进行访谈,在掌握了详细的素材后开始创作。根据生活创作的作家数不胜数,因此我们可以看出生活为我们提供了非常多的写作素材。"我们要记着,写作这件事离不开生活,生活充实到什么程度,才会做成什么文字。所以论到根本,除了不间断地向着求充实的路走去,更没有可靠的预备方法。走在这条路上,再加写作的法度、技术,等等,就能完成写作这件事了。"④细心观察过生活的人,在描写人物或者场景的时候,在自己脑海里就会浮现出当时的画面,写出来的文字才细腻逼真,读者读后才有画面感。用心体悟过生活,细细咀嚼过生活遭遇的人写出来的感受才真实深刻,拥有相同经历的读者读后才能产生共鸣。

写作是生活的一部分。叶圣陶反对学生为了应试而写作,反对八股文,认为八股文是"代圣人立言"。在当时"训练者忽视了学生一辈子的受用,而着眼于考试时交得出卷子;考试者不想着学生胸中真实有什么,而是随便出题目,致影响到平时的写作训练"⑤,长此以往,写作脱离实际生活,学生们成为"圣人们"的传声筒。新式教育立志于改变这一现象,"新式教育的目标虽各有各说,但是有一点为大家所公认,就是造就善于处理生活的公民"⑥。叶圣陶认为写作是写自己的生活,说自己的话,抒发自己的所感所思。他在《作自己要作的题目》中说:"写作又不该看作一件呆板的事情,犹如泉流,或长或短,或曲或直,自然各异其质。我们要把生活与写作结合起来,多多练习,作自己要作的题目。久而久之,将会觉得写作是生活的一部分。"⑦

(二)基于生活的语文教学内容的选取

"语文教学内容"是语文教学层面的概念,它同时面对两个问题:第一,针对具体情境中的这一班学生乃至这一组、这一个学生,为使他们或他(她)更有效地达成既定的课程目标,"实际上需要教什么"? 第二,为使具体情境中的这一班学生乃至这一组、这一个学生能更好地掌握既定的

---

① 叶圣陶.叶圣陶语文教育论集[M].中国教育科学研究院,编.北京:教育科学出版社,2015:261.
② 同①:261.
③ 同①:261.
④ 同①:264.
⑤ 同①:320.
⑥ 同①:317.
⑦ 同①:288.

课程内容。"实际上最好用什么去教"？语文教学内容既包括在教学中对现成教材内容的沿用，也包括教师对教材内容的"重构"；既包括对课程内容的执行，也包括在课程实施中教师对课程内容的创生。① 基于生活的语文教学内容的选取要注意以下几点。

第一，研读教材。语文教学内容依附于语文教材。语文教材具有双重价值，语文教材的原生价值是指教材中的若干文章原本作为社会阅读客体而存在的价值，它们的总价值是信息价值。语文教材的教学价值是指作为语文教材的文章在保留原本所有的传播信息的价值基础上增加了"如何传播信息"的价值。② 在语文课程里，学生要重点学习"如何传播信息"，因此教师必须仔细研读教材，找出作者是如何传播信息的，然后找到合适的教学方法，将其传授给学生。

第二，揣摩编者意图。某篇课文的教学价值是由整个教材的价值体系决定的，同一篇课文在教材的不同位置就有不同的价值。这一点离不开教材本身的教学价值，但更为重要的是教材编写者的意图。

第三，分析学情。语文教学是一个线性的过程，它必须在一个时间里获得展开。这样就必然存在一个先教什么后教什么、先学什么后学什么的问题。另外，语文教学内容的选择也不是由教材一个要素决定的，还涉及学生认知发展阶段性的问题。③ 叶圣陶先生也说"教材无非是个例子"。所以，我们不能被教材束缚，死教教材，教师要考虑学生的认知发展水平和"最近发展区"，选择恰当的教学内容，避免把一节课讲得太过浅显或者太过深奥。

第四，共同生成。语文教学内容并不是一成不变的，它是教师与学生在教学实践过程中生成的。教师是语文教学内容的历史生成者和理论生成者。历史生成是指语文课中生成的语文教学内容，都曾经在语文教师的知识结构中生成过一遍。理论生成是指语文教师在具体教每一篇课文之前的备课过程。④ 学生是语文教学内容的现实生成者。所谓现实生成者，有两个意思。第一个意思，是说学生是生成主体，即生成行为的承担者；学生必须亲历生成过程。第二个意思，是说学生是生成结果的拥有者，生成结果存在于学生的内部结构之中。⑤ 因此，语文教学内容的选择要结合教师本人和学生们的教学和生活经验，共同构建适合师生双方的语文教学内容，打造出彩语文课堂。

建构主义学习观强调学习者已有的知识经验对知识建构的重要性。语文内容的生成是语文教材和学生已有的知识经验在改造加工后相结合的产物。我国的语文课程受到泰勒的课程原理和高考指挥棒的影响，课堂教学中的语文教学内容以学科课程为主，活动课程由于缺乏时间，教师不重视等多种原因而难以得到开展。长期以来，语文课堂教学远离学生的生活世界，完全将学生置于一个理性的、封闭的知识空间。在这种情况下，教学从知识到知识，远离了学生成长的真实环境，自然而然地也就忽视了学生真正的生命需求。现实的语文教学以间接经验来学习直接经验的知识，在目前的教育制度与教育大环境下，我们为要努力选取与生活息息相关的语文教学

---

① 王荣生.语文教学内容重构[M].上海：上海教育出版社，2007：8.
② 同①：16.
③ 同①：18.
④ 同①：20.
⑤ 同①：21.

内容,为学生学习语文知识建构一个生活背景。

基于生活的语文教学内容注重与生活实际的紧密联系,注重学生的实际体验。同一篇课文,教师的切入点不同,选择的语文教学内容便不同。在教学中,教师要强化生活意识和实践意识,努力使所选择的语文教学内容与学生原有的生活经历、生活体验和知识积累发生联系,师生双方共同建构起便于学生学习,利于学生发展的语文知识。例如,2004年杭州市江干区教研室以《风筝》为例在阅读教学设计上作了一次尝试,研讨活动由区教研室教研员曾宣伟策划和主持,杭州市采荷实验学校承办。研讨出的六堂阅读课分别从不同的角度切入:课例一是曾宣伟的"言说每一个人的'风筝故事'";课例二是杭州国泰外语艺术学校教师于博的"体验鲁迅的'民族魂'";课例三是杭州市天杭实验学校教师陈洁的"理解'风筝'的象征意义";课例四是杭州市采荷中学教师何祎的"把《风筝》看成是训练'阅读技能'的文本存在";课例五是杭州市采荷实验学校教师汪湖英的"运用解读知识'点评'阅读《风筝》";课例六是杭州市九堡中学教师王晓星和马皓的"体验通过写作——《风筝》与《我的兄弟》"。作品通过语言构建了一个世界,不同的人在这个世界里会引发出相同或者相异的体验,于教师而言最重要的是建立起一座沟通文本经验和学生原本经验的桥梁。

课例一中的语文教学内容与学生的生活经验最为贴近,这座"桥梁"也最为合适。课前曾宣伟老师请几位同学各自回忆一件有悔意的童年往事,尽可能写出当时的事情的经过和当时的心理状态——这事过去多少年了?现在回想起来,你的悔意是什么?为什么会产生这些悔意?请尽可能写出现在回想时的心理状态。之后教师修改学生的文章,并且自己准备一则"有悔意的童年故事"的演讲片段。课堂上教师通过讲述自己的一件有悔意的童年故事导入,然后学生即兴交流,随后请课前准备好的同学上台讲述自己的作品,由学生的童年经历与本文中作者的经历相结合,试图唤醒学生的情感体验,体会作者当时的情感,教师围绕课文设置问题,让学生讨论《风筝》的主题和现实意义。

练习题

1. 简答题:简要说明"一语双文"内容结构观的含义。
2. 简答题:在本节中,我国的有关教育与生活关系的代表性学说是什么?
3. 探究题:作为一名中学语文教师,你如何在"一语双文"论的指导下,开展语文阅读教学?

第二节　语文文本解读

一、对话理论视角下的语文文本解读

(一) 对话理论的视角

苏联文艺理论家巴赫金(Bakhtin Michael)说过:"只要说者和听者、作者和读者之间具有同情和反对的关系、肯定和补充的关系、问和答的关系,处于相互作用的状态之中,也应当看成是对话。"

在对话理论的视角下,语文教学无疑是一种对话,它由多个对话者组成,比如教师与学生之间的对话、学生和课文之间的对话、学生与学生之间的对话等。而文本解读,重点放在了读者与文本的对话上,放在语文课堂中,便是教师与课文的对话,以及学生与课文的对话。学生作为语文教学的主体,他们与文本的对话最应当引起重视,而作为辅助的师生之间的对话,则不能喧宾夺主。教师不应向学生灌输自己对文本的理解,而是启发、引导学生和"他者"对话。此时学生作为读者,"他者"就是文本。多个对话者之间、多重对话之间相互碰撞、相互推动、相互补充、相互促进,不断进入新的精神境界。学生正是在这种对话中学习对话、学会对话。

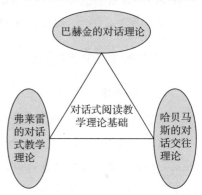

图 4-1　对话式阅读教学理论基础

对话式阅读教学理论基础如图 4-1 所示,主要有以下三种。

(1)巴赫金的对话理论。在《诗学与访谈》中,巴赫金说"单一的声音,什么也归结不了,什么也解决不了,两个声音才是生命的最低条件"。他认为,自然科学与文学理论不同。自然科学是已存在的认识形态,文学理论在某种意义上是对人的研究,其对象是有着个体的独立特点和完整声音的人。这一论述鲜明地指出了人文科学的特别属性:对话性。语文就是人文性的基本科目,对话就是语文教学的关键。[①]

(2)弗莱雷的对话式教学理论。巴西教育学家保罗·弗莱雷(Paulo Freire)在他的著作《被压迫者的教育学》中提出了对教育界影响深远的"解放教育思想"。他用"对话式教学"理论指出了"讲授式教学"的不足。弗莱雷认为,任何人都不应该剥夺他人说话的权利而只允许自己说话,如果没有对话与交流,就不存在教育。他还指出,对话的前提是要有对世界对人的爱和彼此谦虚的态度,可是同时,只有对话双方有着批判性的思维,才能进行真正的对话。

---

① 巴赫金.诗学与访谈[M].石家庄:河北教育出版社,1998:574.

(3)哈贝马斯的对话交往理论。德国社会学家尤尔根·哈贝马斯(Jürgen Habermas)的对话交往理论,习惯把交往理论中的对话看成是一种合理有效的方法,在多数的情况下他认为这种方法不仅最合理最有效,而且在理解度上有更高的延伸。在人与人的交往过程中,他认为只有具备可理解、真诚的对话过程,交往关系才能够达成并且延续;并且在这种对话的交往过程中,人与人之间总是处在一个相互关系,不存在对话的主导权和话语的绝对支配权,不存在某个对象的主导位置,更不存在话语是否真理。话语过程中的相对相互关系使得在对话交往过程中不存在特权者。另外,哈贝马斯在他的理论中提出"主体间性"的概念,更加确定和强调对话之间各个主体间的相互平等,在平等中达成现代交往。

进入21世纪以后,把对话理论运用到中学语文教学的实践又得到了进一步深化。浙江大学教授王尚文发表《对话:语文教学的新观念》,认为对话理论应该被引入到语文教学的领域。他说:"'对话型'的教学是对话理论与语文教学进行对话的结果。它已不是对原来的对话理论的克隆,也不是给传统的语文教学穿上了'对话'的外衣,而是在两者的对话之中产生了新质。"[①]李镇西认为,将对话理论运用到中学语文阅读教学中来,是调动学生学习的重要手段,更能够让教师与学生实现互动教学,更能体现尊重学生的这种教学思想。

(二)学生与文本的对话

1.扎根文本

对话理论视角下的教学,最重要的特征就是扎根文本。

读者与文本的对话关系是这样建构起来的:一个文本通常存在许多地方的含义和理解有待确定,在许多地方留有空白,这些地方无时无刻不在召唤着读者把它确定下来,填补起来。法国文学家让-保罗·萨特(Jean-Paul Sartre)说过:"阅读,从一开始起,意义就没有被包含在字句里面,因为,恰恰相反,正是意义使我们得以理解每个词的含义;而文学对象虽然是通过语言手段才得以实现的,它却从来也不是在语言里面被给予的,相反,就其本性而言,它是沉默和对语言的争议。"[②]意义是读者的语感和内化的知识与文本言语的碰撞——对话的产物。理解作品,就是读者与文本全方位、多角度接触的过程中,随着读者的感知、悟解步步深入,读者与文本真正打成一片,成为一个你中有我、我中有你的整体。

意义的生成存在于读者与文本相互作用的过程中,读者不在阅读的过程中参与意义的生成,这种阅读过程毫无意义可言。同时,对话过程除了学生的投入,文本对读者来说,不是客体,而是主体,阅读是两个主体的相遇相知,即对话。从学生和文本的关系来看,我们再也不能将文本看作是有待"我"认识的"它",而应该是一个正在与"我"对话的"你"。在这种特殊的对话活动中,"'我'与'你'双方进行的就不只是知识的交换、信息的传递和观念的互易,而是意义的分享、灵魂的碰撞和精神的融通。"[③]学生在对话中,投入的不只是情绪和认知观念,收获也不只是知识或

---

① 王尚文.对话:语文教学的新观念[J].浙江师范大学学报(社会科学版),2001,26(5):77—80.
② 柳鸣九.萨特研究[M].北京:中国社会科学出版社,1981:7.
③ 王尚文.语文教学对话论[M].杭州:浙江教育出版社,2004:95.

技能。

　　法国批判现实主义作家爱弥尔·左拉(Émile Zola)有句话说的十分恰当:"在读者面前的不是一束印着黑色字的白纸,而是一个人,一个读者可以听到他的头脑和心灵在字里行间跳跃着的人。"[①]学生与文本的对话过程,宛如在倾听伟大心灵的搏动,感受潮涌般强烈的情感乐音。在这种互动中,不再存在枯燥的文字认读,而是逐渐走向作者的过程,当两者进行视野融合时,作者也一步步走向了读者。

　　文本与学生的对话是语文阅读教学最值得关注的交互活动,而在目前的语文课堂中,教师与学生往往获得了足够的重视,而文本作为语文核心的言语形式却总是被忽略。只有牢牢把住了"言语形式"这道门槛,语文课才不会上成语文知识课、历史课、政治课、思想品德课,才能彻底告别以内容为本位的"工具论"。换句话来说,在语文对话活动中,"联想"比"想象"更重要,是因为"联想"更集中在文本上,更加能反映学生与文本的对话情况。

　　2. 对话过程中的学生

　　对话不只是一种接受活动,它需要主体的参与,读者要将自己投入到一个言语世界中,在那个世界让自己的精神站立起来。在与文本进行对话时,作为读者的学生在优秀文本丰富的言语世界里获取的崭新的精神资源,极大地改变、丰富了他原有的语感图式和精神境界。但是,与优秀文本对话时,学生往往存在阅读素质上的缺陷。王尚文引入"语感"这一概念来概括学生在文本对话中的素质水平。衡量语感的四个标准分别是:广度、深度、美度、敏度。[②] 学生作为一个相对稚嫩的对话者,体现出语感的广度、深度、美度、敏度的相对不足,导致他们在与文本的对话中,往往执着于自己原有的图式,以致同化大于顺化,甚至离开顺化,于是容易出现以下错误的同化现象:浅表同化(只看字面、浅尝辄止)、疏陋同化(对言语形式丢三落四)、片面同化(只重认识内容、忽视情感内容)、孤立同化(把部分从整体中孤立出来理解)、错失同化(读者的语感图式与言语对象对不上号)等。

　　学生语感与文本之间的差异或缺陷,也形成了学生与文本之间一定程度的甚至是很大的"张力"。根据王尚文的观点,语文阅读其实就是感知存在于两者之间的张力并努力加以消除的过程。有落差,才有张力;有张力,才有对话的必要;有对话,才有提升语感素质的可能。学生在阅读中发现了自己与文本之间的落差,就有可能通过对话,最终依靠自己的力量去弥合它。

　　张力的消除过程其实就是两个主体之间的对话过程,对话的不断推进使学生的对话能力和语感素质得到了同步的发展。学生的能力和素质都是动态而非静态的,是在主体间不断的相互作用中生发出来的东西,他们不可能存在于对话之外,而是在对话之中。也就是说,只有通过对话,才能学会对话。

　　学生作为读者,由于经验和视野的局限,自然有其稚嫩的一面,除了上文所说的通过对话自己发展自己的路径之外,也不可缺少较为成熟的读者——教师的引导、启发,因此这种对话不仅

[①] 段宝林.西方古典作家谈文艺创作[M].沈阳:春风文艺出版社,1980:592.
[②] 王尚文.语感论[M].上海:上海教育出版社,2006:151-152.

只是一个双主体的相互活动,更是归属于多主体对话的教学活动,在语文课堂中,除了学生,文本还呼唤着其他主体的加入。教师的作用,就是检测学生的对话状态,在困难处进行引导和启发,弥补学生经验上的不足,使学生的语感素质提升得更加好。

3. 对话的独创性

学生与文本的对话呈现出很强的差异性和创造性,主要是由以下两点决定的:

每一个人都有他自己独特的感知世界的图式。这种图式由于个人的生活经历、知识结构等的不同而呈现出不同的特点和特征,同时也受到对话过程中精神状态的影响,因而对同一文本世界的感知,也会或多或少呈现出不同的效果。

优秀的文学文本往往有意识地使用了一些模糊多义的语言形式,如象征、隐喻的使用会构成一定程度的语义空白,对语言和常规有意识地破坏和陌生化,有组织地使用跳跃穿插等形成的结构变态等。

这些文本结构的开放性与多样性使得课文总是以一种召唤性的结构姿态等待着学生创造性的感知理解,这一特点决定了学生的文本感知是一个动态的、创造性的赋予课文意义的过程。因此,创造性应该是语文感知的根本属性,课文的意义是学生和课文两个视界相互对话相互融合所生成的。

在这个动态过程中,课文首先向学习者发起对话与交流,引导着学生的感知活动,并召唤着学生以自己的经验与语感去填补这些未定的结构。日本文学评论家厨川白村曾强调过这种刺激和引导的过程:"文艺作品做给予的,不是知识,而是唤起作用,刺激了读者,使他自己唤起自己体验的内容来,读者受到这种刺激而自行燃烧。即无非也是一种创作。倘说作家用象征来表现了自己的生命,则读者就凭了这象征,也在自己的胸中创造着。"[①]

课文的意义是从学生的期待视野与课文的召唤结构的相互融合中生成的。"期待视野"指的是"读者在阅读一部作品以前由阅读经验、教育水平、文化修养、生活经历、艺术趣味等所形成的思维定向或先在结构,这些因素化合成一种机制,一种期待,一种对艺术的要求与判断尺度,也是一种语感的图式。它直接牵涉到对作品的理解,或认同或排斥"[②]。而课文的"召唤结构"要求学生在对话文本的过程中,不仅要调动自己原有的语感和经验,还要展开想象的翅膀,刺激学生根据自己的人生经验去补充和创造,以产生课文的意义。

学生与文本对话的动态过程,是独创和思考诞生的火花,遗憾的是,在中国现行语文教学中,语文教育总是以固定的分析模式和统一的评价标准对学生的理解加以模式化的规范和钳制。在这种教学中,教学参考书和教师对课文的解读有一种不容置喙的权威性,往往不允许教师与学生对课文的感知活动有创造和发挥的余地。这种所谓对课文标准化的解读过于机械地强调答案的固定与唯一,对生动活泼的课文作出死板的解释。这种传统的课文解读教学在很大程度上遏制了学生的创新与创造。文本的意义在于独创性的理解,对话的教学方式深刻启发了教师,在教学

---

① 厨川白村.苦闷的象征:出了象牙之塔[M].鲁迅,译.北京:人民文学出版社,1988:47.
② 王卫平.接受美学与中国现代文学[M].长春:吉林教育出版社,1994:14.

中要充分尊重和重视这份创造力,在课堂营造良好开放的交流环境。毕竟,"阅读就成为文本意义的重要来源。它不是在文本的暗示下发现某种意义,而是创造意义,而且创造无限多的意义(所以弗莱甚至说:作者带来文字,读者带来意义)。并且,阅读不是文本的复制。因为只有允许干涉的文本,才有读的理由和读的行为。一千个读者就有权力拥有一千个林黛玉"①。课文成为激发学生创造力的激活剂,学生的创造力一旦在对话式的感知中被激发,就会创造出独立于原作的崭新的东西,这也是语文课堂充满生机与活力的重要组成部分。

(三) 对话式阅读教学

德国教育研究者克林伯格(Lothar Klingberg)在《社会主义学校(学派)的教学指导性与主动性》中谈及对话式教学:"在所有的教学之中,进行着最广义的'对话'。……不管哪一种教学方式占支配地位,这种相互作用的对话是优秀教学的一种本质性的标识。"这句话点明了实行对话式教学的先进性和重要性。

我们的语文教学在 20 世纪经历了由"训诲——训化型"到"传授——训练型"的巨变。这虽然已经进步了,但由于实践中的诸多弊病,"传授——训练型"教学效果也并不见佳。中学阶段语文教材的容量以及教学大纲规定的阅读篇目猛增,欲取得好的阅读效果,阅读教学方法就显得尤其重要。"满堂灌"式的教学或要求学生"死读书""读死书"的做法是极不利于人才培养的。听说读写能力实质上都是一种对话能力,它主要来自学生自身在听说读写活动中的对话实践。语言素质实质上是人在对话活动中所应有的、必有的素养,它以"前理解"——语感为核心,包括从事对话活动的动机、倾向、态度、品格、知识、技能等。因而语文教学活动就必然是也应该是一种对话活动,必须向"对话—生成型"转变。阅读教学是整个语文教育的支点,在知识经济时代和社会全面开放大背景下,将平等对话、开放交流的方法引入中学阅读教学不失为一种科学的选择。

对话式教学方式具有以下几点创新性:

(1) 对话式教学重视学生的感悟。传统"灌输式"教学将教学重点放在知识的填鸭和技能技巧的习得上,而对于学生个性化的体验和感悟关注较少。对话式教学认为意义是在对话中生成的,只有通过对话,才能习得对话,更尊重学生的体验感受。

(2) 对话式教学重视实践。对话的过程本身就是一个语文活动,对话式教学要求在对话实践中获得学生语文素养的提升,通过对话习得的能力和收获的感受,更有利于在实践中充分发挥。

(3) 对话式教学重视学生的动机、意向、态度。相对于传统的重听说读写的技能技巧,对话式教学将关注的目光放在情感态度与价值观中。传统观念把重点放在语言的工具性使用上,而对话式教学则观察到了语言的人文性,即对话获得成功的必备条件:纯真的动机、美好的意向、诚恳的态度。②

(4) 对话式教学既重结果,更重过程。传统阅读教学普遍存在"'过程'展开不足,'结论'得

---

① 潘知常.美学的边缘——在阐释中理解当代审美观念[M].上海:上海人民出版社,1998:533.
② 王尚文.语文教学对话论[M].杭州:浙江教育出版社,2004:8.

出太快"①.的问题,对话式教学由于其目的是让学生在对话的过程中进行学习,因此重过程是必然的,并不指望得出完全一致的结果,因此不必刻意消除结果上的分歧。

对话式阅读教学原则如图 4-2 所示。

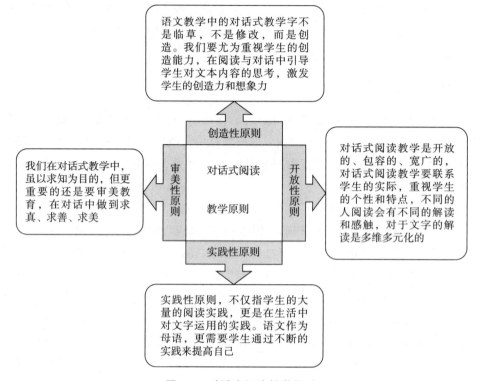

图 4-2　对话式阅读教学原则

对话式阅读教学策略有以下几点,如图 4-3 所示。

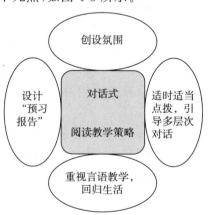

图 4-3　对话式阅读教学策略

---

① 李维鼎.语文言意论[M].上海:上海教育出版社,2000:234—256.

创设氛围。语文阅读教学要以人为本,我们教育的最终目的是培养出全面发展的人。作为当代教师,应彻底扭转教师就应该高高在上的传统认识,教师并不是权威,而应该是引导学生思想、辅导学生学习、培养学生能力、健全学生个性的教育者。在课堂教学中,重心应该放在促进学生学习的"学"上,而不是在"教"上。与学生建立平等、和谐、民主的关系才会有助于开展对话式阅读教学。

设计"预习报告"。阅读教学的过程不应该是教师把自己对文本的理解灌输给学生,而是学生在独立阅读过文本并有自己对文本的理解之后与教师对话,应给学生一定自由的选择权利,这样有助于学生对文本认识更深刻、理解更深入。因此,学生的主体个性只有得到充分的发挥,每一个学生个体,才能真正得到对文本的属于自己的理解。[①] 将"预习报告"运用到实际教学中,既能够帮助教师及时掌握学生对课文的阅读程度,又能让教师针对学生的学习情况选择性地调整教学设计,做到所教应所学。

适时适当点拨,引导多层次对话。对话式阅读教学指的就是在阅读教学中,教师根据学习需要,跟学生一起选择要讨论的话题,为学生个性化阅读提供依据的一种教学方式。对话式阅读教学能让学生、教师、文本更好地交流、沟通,从而达到师生共同学习和发展的目的。在课堂上,教师和学生共同围绕某一个问题展开对话,人人都可以自由发表各自的见解,教师和学生是一种民主、平等的关系,从而实现对话式阅读教学。一般来说,对话式阅读教学流程是:教师创设某种情境,提出阅读理解的话题,学生自主探究,互相交流,形成对文本的认识,最后拓展运用。

重视言语教学,回归生活。语文教学的目的就是要培养学生运用语言表情达意的能力,即言语能力。要想培养言语能力只能通过言语实践。在语文阅读教学课堂上实践对话教学,以学生为主体的阅读实践、言语实践,让学生大量地接触文本,刺激学生更多的言语,才能激发出学生的语言潜能,激发他们的想象力和创造力。阅读教学的目的之一就是学习言语,也许只是一个字的推敲,都能让文章灵动、升华。我们要提倡的是,在语文中学习生活,在生活中学习语文,只有这样,语文教学才能"活"起来,学生才有可能愿意学、乐意学、善于学。

"创设和谐的课堂氛围,进行平等的师生对话"这句话大家都在说,而想要做到却不容易。和谐的师生关系、平等的师生对话不仅是教学成功的基础,更是师生心灵的沟通。想要有真正的平等对话,教师就不能把自己当作权威、专家,而应该放低身段,把学生当成愿意相互交流、倾听的朋友。其实师生之间不仅仅是知识的传递共享,还应该有思想的交流,只有互相尊重,才能实现阅读教学中的平等对话,只有在阅读教学中实现了平等对话,才能使我们的阅读教学走向成功。

二、思维导图在语文教学中的应用

(一)思维导图的概念及重要作用

英国著名教育学、心理学家托尼·博赞(Tony Buzan)最初提出了思维导图这一概念,指的是

[①] 钟启泉.社会建构主义:在对话与合作中学习[J].上海教育,2001(7):45—48.

由一中心点向四周放射的链条图,通过思维导图把相关知识罗列在一起,学生们左脑的逻辑思维能力和右脑的成像功能相互结合使用,不仅能够把简单的词汇和图像变成抽象的逻辑思维图像,从而便于学生们进行记忆,同时提高了学生的创新思维能力。左右脑开发图如图4-4所示。

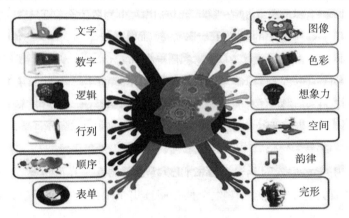

图4-4　左右脑开发图①

作为一种学习策略,思维导图是促进语文课堂教学质量提升的有效方式之一,在语文教学中具有以下重要作用。

第一是能够让学生们了解中学语文。由于中学语文所涉及的内容比较多,无论是语法,还是词语,都需要学生投入大量的精力来完成学习,如果在学习中缺乏针对性,学生就很难保证学习质量与效率,思维导图这种方式的有效应用,能使学生们宏观地去把握中学语文的相关知识,通过实现知识的可视化,帮助学生梳理语文知识脉络,并建立起知识框架,这样使学生对知识的认识更加深刻,且记忆更为牢固。思维导图的应用,使学生从宏观层面整体把握与理解语文知识,从而有利于提高教师的教学水平和学生的学习效率。

第二是能够加强互动,点燃学生的学习兴趣。在中学语文教学的过程当中,兴趣是最重要的,通过借助思维导图即可利用图片,也可以利用色彩的变化来全面激发学生们对于语文学习的兴趣。一方面能够加强教师和学生之间的互动,另一方面也能解决学生们在语文学习过程当中思维不够开阔以及注意力不集中等问题,思维导图还可以点燃学生的学习兴趣,使语文教学的实际效果符合预期。

第三是实行对学生的创造力的培养。创造力的培养对于提高学生们的综合素质是至关重要的,在中学语文教学的过程当中,教师通过借助思维导图,能够让学生形成一种良好的思维习惯和方式,促进学生创新思维能力的培养,同时能够对传统思维模式进行冲击,让学生们积极地转变学习方法和思维,更清晰地对语文进行学习,对语文知识进行把握,全面提高学生们的学习效率。

(二)格式塔学习理论与思维导图的契合

格式塔学习理论与思维导图有以下契合点。

---

① 王心怡,孙易新.用心智图法开发孩子的左右脑:教出富有创意、思考力和学习有效率的小孩[M].台北:商周出版社,2016:39.

一是都强调事物之间的结构性。思维导图与格式塔学习理论有相似的部分,思维导图注重学习者对知识的构建过程,强调事物与事物之间的联系,将各种概念及其关系进行加工、概括,把原来杂乱无序的各知识点用关节点、线条进行分层、连接,使学习者脑海中的知识趋向结构化、整体化。而格式塔学习理论的基本观点之一便是"学习即是知觉重组或认知重组",两者都是强调要认清事物之间的内在联系、结构和性质。①

二是都有助于学习的记忆。思维导图的运用有助于人们在脑海中形成数据库,是一种有效的助记认知工具,它可以作为记忆系统处理信息时的组织知识模块,使记忆系统有层次、有分段性地组织信息,使其与大脑已存在的认识结构建立关联,加深记忆。② 而格式塔学习理论的基本观点之一则是"真正的学习是不会遗忘的",格式塔心理学家认为通过顿悟获得的理解不仅有助于迁移,而且不容易遗忘,会永久地留在学习者的头脑中。

(三)思维导图在初中语文教学中的应用原则

1. 入门须手绘,脑手齐动强刺激

利用彩笔在白纸上绘制思维导图,门槛低,较易入门;不受设备限制,随时就可以作图,还可以实时地把所想的绘制到白纸上。手绘时要从白纸的中心开始画图,把主题标注在中心位置,周围留出足够空白;接着在白纸上画一个与中心主题相连接的主要分支,将相应关键词写上去,不同分支尽量不同的颜色,以区分主次,也给思维导图增添跳跃感和生命力,同时刺激全脑记忆;然后将主要分支和一级次分支连接起来,再将一级次分支和二级次分支连接起来,依此类推;切忌将连接线画成直线,要自然弯曲;连接线和分支形状要刺激眼球,产生较好的视觉效果;尽可能多地使用与分支内容相匹配的图形,强化刺激。"阅读讨论"思维导图如图 4-5 所示。

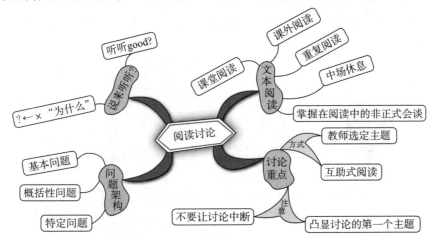

图 4-5 "阅读讨论"思维导图

---

① 周小蓬,陈建伟.语文学习心理理论[M].北京:语文出版社,2013:1.
② 陈敏.思维导图及其在英语教学中的应用[J].外语电化教学,2005(1):36—41.

2. 登堂入室用软件,乾坤挪移易修改

通过手绘思维导图,已经懂得如何选定主题和提取关键词,同时在按照一定顺序规范制图的过程中对形状和色彩的选用也已经有了一定心得。这时就开始遇到制图区域分配不合理、逻辑关系没理顺等一系列问题,重新绘制会耽误时间,不改则会影响表达且干扰记忆。此时,要开始学习用软件制图,以解决上述问题。软件制图虽然受限于设备,但是现在电脑、平板和智能手机均有相应的思维导图 App,基本可以满足随时随地绘图的需求。另外,软件绘图也有手绘难以媲美的优势,它可以随时调整画布的大小,还可以随时修改逻辑关系,把一个从属于第一主要分支的三级次分支调整到从属于第三主要分支的一个一级次分支,还可以方便地插入各种图片,还有更多的形状和色彩的选择。

3. 思维入心不拘泥,浓妆淡抹总相宜

经过前面两个阶段的训练,学生在日常语文学习中,已经能够有意识地使用思维导图辅助课前预习和课后复习,养成了良好的学习习惯;也能带着"绘制导图"的意识去阅读,达到了"所得即所绘,所绘即所思"的阶段。此时,就不再要求思维导图覆盖所有的知识点,展示所有的细节了(不管是手绘还是软件制图),而更为强调整体性,对于已经掌握的知识点,只画一个主要分支即可,对于新知识点则要充分展示,对于相关知识点则需建立知识点之间的联系,对于模棱两可的知识点则更为突出问题点;另外,教师应开始引导学生打破教材框架,强化相关知识点的联系,可以把一篇课文画成一张图,把一个单元绘成一张图,把整本书整理成一张图,先把教材读薄,做到"心中有图";也要求学生把已经掌握的语文知识画成一张图,再把新的知识点定位连接上去,强化知识点之间的关联,再把其中一个主要分支绘成一张图,逐步扩展成一本画册(软件制图效果更佳),充实语文知识储备,形成立体化记忆,达到"脑中结网"。值得注意的是,这不是相互割裂开的两个过程,而是一个双轮驱动、互相增益的过程。例如,《爱心树》的思维导图如图 4-6 所示。

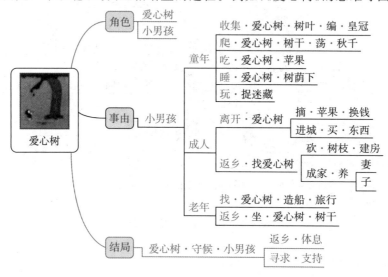

图 4-6 《爱心树》思维导图

(四)思维导图的应用

1. 思维导图在文言文中的应用

文言文中的知识点较为繁杂,包括多种实词、虚词、句式搭配、一词多义和翻译等内容。因此,利用思维导图构建知识点框架,能够将知识点串联成知识块,进而连接成有序的知识网,以此方便知识的记忆和储存。比如,文言文中的多义虚词记忆,可以利用思维导图,以一个虚词为中心,将其在不同文言文中的不同解释进行分支发散,举例说明进行进一步发散,归纳学习记忆,这样避免死记硬背,提高学习效率,为文言文的理解阅读打下基础。如"若"虚词不同含义的记忆,列举出"若"的不同含义,如你、这样、如果、……的样子等,再列举出不同文言文中不同于的含义,加强对词语的理解。虚词"若"思维导图如图4-7所示。

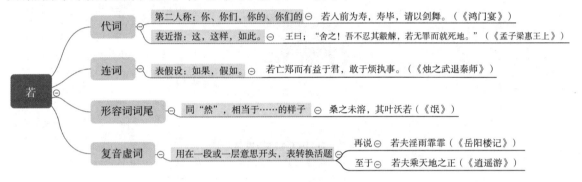

图 4-7　虚词"若"思维导图

2. 思维导图在记叙文中的应用

记叙文在于记人、记事、记景、记物,包括传记、日记、故事、寓言、小说、散文等文学体裁。记叙文的要素包括时间、地点、人物,事件的起因、过程、结果等,因此记叙文的知识点多,并且容易混淆。在学习记叙文时,运用思维导图可以体现记叙文知识点的逻辑性。这种方式可以让学生思维可视化和知识形象化,增加学生的学习兴趣,提高学习效率。例如,在《孔乙己》一文中,教师可选取"酒""偷"两个关键词作为两条线,串起全文讲解,并让学生用思维导图的主任务和问题作为支架进行文本细读,理解孔乙己的人物形象及小说的主题(如图4-8所示)。

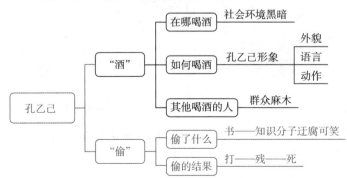

图 4-8　《孔乙己》教学思维导图

3. 思维导图在说明文中的应用

说明文是一种将事物介绍清楚或者将事理讲述明白的文学体裁。一般来说,教师一般讲述说明文的特征、说明顺序、说明方法及语言精练四个部分,只关注提升学生的基础知识和基础能力,并没有将说明文的精髓展现出来。因此,教师可以在讲述说明文的同时绘制思维导图,通过符号、图片、符号、连线等因素呈现整篇文章的知识体系,学生可以迅速了解和分析文章的主要结构和层次,明白老师的教学意图。例如,在《中国石拱桥》一文中,首先讲述中国石拱桥的特点,再介绍赵州桥和卢沟桥的概况和特殊之处,最后探究中国石拱桥历史悠久的原因以及现在大桥的发展趋势(如图4-9所示)。

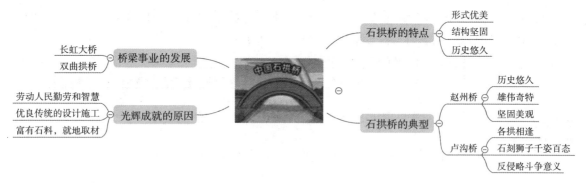

图 4-9 《中国石拱桥》思维导图

4. 思维导图在议论文中的应用

议论文是一种剖析事物、发表意见、提出观点的文学体裁。教师应该注重引导学生抓住文章中心论点,注重文章的论点和论据,分析议论文的论证方法和语言。因此,教师可以在讲述议论文的同时绘制思维导图,以文章中心论点为中心,找出文章的一级论点,在一级分支的基础上绘制二级分论点的论证和论据,这样逐步剖析,学生容易理解文章中心和重点,有助于文章学习。例如,在《敬业与乐业》一文中,此文的思维导图的中心位置为有业,敬业和乐业为其一级分支,支持敬业和乐业的论证论据为二级分支,从主观和客观上讲述有业、敬业和乐业的重要性(如图4-10所示)。

图 4-10 《敬业与乐业》思维导图

(五) 思维导图在初中语文教学中的应用实例

思维导图可以广泛应用于初中语文教学中的基础知识积累、文章和整本书阅读理解、写作提纲构思等各个环节，也可以贯穿于课前预习、课堂讲评和课后复习的全过程。下面从初中语文考试大纲要求的积累与运用、阅读和写作三方面，系统展示思维导图在初中语文教学中的实际应用。

1. 求同存异，彩线串珠记忆牢

学好初中语文必须要记忆一些常识。面对浩如烟海的知识点，若让学生挨个背诵、逐条记忆，往往事倍功半。其实，这些基础知识之间有着千丝万缕的联系，教师只要指导学生找准文学常识之间共通之处和区别，他们就能够构建起各种各样的概念图、鱼骨图等，进而牢固地记忆这些常识。因此，初中语文教师要在深入挖掘教材教学内容的基础上，鼓励学生利用思维导图这条彩线，把如散落的珍珠般的林林总总的各种常识贯穿起来，就会收到事半功倍的效果。以汉字的识记为例，课程标准要求掌握3500个常用汉字的音、形、义，就要遵循汉字是读音、字形和意义相统一的基本规律，充分利用形声字占80%以上这一特点，扎实掌握据义定形（如挛和孪，前者义为"蜷曲不能伸直"，而孪则为"两人同一胎所生"，理解以义为纲，据义定形）、以音辨形（如迁徙的"徙"字和徒手的"徒"字，字形相似，但读音和意义相差较大，要根据其读音来分辨字形）、形旁辨析（如"燥""躁""澡""噪"一组字，音形相近，声旁相同，区别在于形旁——"火""足""水""口"，要抓住形旁加以辨析）、结构推断（词语的结构遵循意义的整体性，如"文过饰非"是动宾结构加上动宾结构组成的并列短语，若把"饰"替换为"是"，动词变成名词，其语法结构便破坏了，意思也相差万里，借助词语结构就可以推断用"是"不正确）、典故溯源（如"世外桃源"和"世外桃园"哪个是正确的呢？联系陶渊明的"桃花源记"，可以断定"世外桃源"是正确的，所以，对于有典故的词语，一定要通过典故来确定字形）、抓少推多（记住少数特例来反推多数是掌握一类汉字字形的捷径。例如"廴"和"辶"只要记牢"建、廷、延"三个字的形旁是"廴"，其余遇到类似的偏旁便可以大胆写成"辶"，例如"迭""违""迢"）等方法。

2. 剥茧抽丝，顺藤摸瓜理解深

因为在语文学习过程中，无论是精读课文，还是泛读课外书，学习者都必须要清晰地把握文章的结构脉络，进而才能更加全面、深入地理解文章的主旨大意与思想内涵等。所以，教师要有意识地引导学生使用思维导图梳理出文章的结构脉络，进而总结出层次段落大意，而概括中心思想便是水到渠成之事了。

以记叙文《背影》为例子来示范一下如何有条不紊地梳理文章的结构脉络，全面深入地理解文章的中心思想。首先，作者围绕"背影"这一主线（作为中心主题），开篇点题——背影难忘（作为主要分支之一），接着回忆往事——送别买橘（作者花费了大量笔墨，应作为重点主要分支，取亮色作为背景，连接线也宜用暖色），最后结尾扣题——再忆背影（作为另一主要分支）。接着，再将"送别买橘"这一重点主要分支，进一步划分为"父子奔丧""父亲买橘"和"父子分别"三个一级次分支，然后将"父亲买橘"进一步分为"肖像"和"动作"两个二级次分支，"肖像"再延伸出"体态""衣着"和"步履"三个三级次分支，而"动作"则延伸出一个线性三级次分支（探—穿—爬—攀—缩—抱—放—爬—放—扑）等。最后，再将"背影难忘"和"送别买橘"用连接线连接起来，标注"补叙"，从"背影难忘"向另外一侧延伸出"思念父亲"，同样从"再忆背影"延伸出"怀念父亲"，再把"思念父亲"和"怀念父亲"连接起来，分别在连接线两侧标注"首尾呼应"与"父子情深"（中心思想）。另外，从《背影》一文也可以延伸出作者的相关常识，例如，祖籍（浙江绍兴人）、地位（近代散文家、诗人等）、主要作品（《背影》《春》《荷塘月色》）等文学常识；同时，结合《背影》及相关文章，还可以总结出记叙文的相关基础知识，例如，记叙文的六要素（时间、地点、人物、事件的起因、经过和结果）、线索（时线、地线、人线、物线、事线及感情线等）、表达方式（记叙、描写、抒情等）、表现手法（白描、悬念、渲染、衬托、夸张、托物言志、借景抒情等）、记叙顺序（顺序、倒叙、插叙和补叙等）。

单篇课文如此，对于内容丰富、结构复杂、信息量大、信息点多的整本书来说，指导学生阅读时运用思维导图更是十分必要。广州市教育研究院的语文教研员王惠老师在《〈骆驼祥子〉深度阅读的策略与路径》一书中就很好运用了思维导图，引导读者理清人物关系，关注处所环境，梳理全书情节，帮助读者更好地把握全书基本内容，从而深入感受文本的语言魅力和逻辑力量，体会作者的创作意图和价值取向。

3. 提纲挈领，掘井及泉立意高

从试卷的分值分布不难看出，写作是初中语文教学的重中之重。写作无非就是围绕一个主题，将自己的所见所闻、所感所受和所思所想，用文字清晰完整且有条理地表达出来而已。初学写作，列提纲便是基本功。因为只有列好了提纲，写作过程才会有的放矢，不至于"下笔千言，离题万里"；而借助思维导图列提纲，不失为一个整理思路的好方法。例如，2007年北京中考题的半命题写作《动力来自_____》，要求把题目补充完整，字数不少于600字，不限文体（诗歌除外）。下笔之前首先要破题，动力来源多种多样，可以借助思维导图进行发散思维，如压力、兴趣、责任等，假设选取较为常见"压力"。接着是文体选择，是选择议论文、记叙文还是演讲稿？可以用思维导图权衡利弊，议论文容易下笔，但易落入俗套。记叙文容易引起共鸣，但难以出彩；如果选择演讲稿，则比较新颖，让人眼前一亮。若选取演讲稿这一文体，就需要真正列出写作提纲了，开头——点题，中间——立论，结尾——扣题，再用开头延伸出"对象"（同班同学还是社会公众）和"演讲题目"（即写作题目），扣题延伸出"总结"（同样是写作题目）和"号召"（相信在压力下……将来会……），重点是把"立论"拓展成"起因"（为什么要讲这个题目）、"论点"（还是写作题目）和"论据"，进一步把"起因"划分为"事件"和"感受"，把"论据"分为"古代事例"和"国外事例"等（多角度全方位地支撑起论点）及"当前现实状况"（引起共鸣）；根据个人习惯决定是否再将事例的要点列出。例如，"古代事例"延伸出"勾践卧薪尝胆"等，"国外事例"勾画出"日本因处地震带上而自救能力特别强"等。因此,思维导图不光可以列提纲,同时也可以挖掘事件背后的深刻内涵,还能在文体选择上不落窠臼,进而使写作结构严谨,又可以做到"文似看山不喜平"。

(六)思维导图的作用

思维导图是一种新型教学方法,其主要是将知识点用直观的图形引导模式呈现出来,有利于加深学生的理解与记忆。初中语文教学的主要目标是使学生掌握基础知识,提高学生的听说读写等基本能力,获得语言的积累,培养学生的语言素养。教师在初中语文教学中应用思维导图,是提高教学效果与质量的有效途径。

1. 应用思维导图,提高学生的学习兴趣

语文是一门语言类学科,基础知识较多,枯燥、乏味,很多学生缺乏对语文的学习兴趣,认为掌握生字生词、背诵优美语句或段落,便是学习了语文,上课时不专心、注意力不集中,导致学习效果较差。为了解决这样的问题,教师可以在初中语文教学中应用思维导图,吸引学生的注意力,激发学生的学习兴趣与积极性,使学生主动参与到学习中去。例如,"我的校园生活"语文写作教学中,教师可以将"学校"作为核心,让学生联想相关内容,可以是地点性、情感性、功能性等各种描述,学生纷纷发表自己的写作想法,如"校园花坛里有五颜六色的花朵""和蔼可亲的教师""团结友爱的同学""教室里的先进教学设施"等,学生踊跃发言,课堂气氛活跃,学生的学习热情高昂。

2. 应用思维导图,帮助学生加深理解

教师在初中语文教学中应用思维导图,可以对语文教学内容进行有序梳理,以简化繁,通过图示,有利于学生建立知识结构体系,实现了对基础知识的理解与认识。例如,对《背影》进行教学的过程中,教师可以应用思维导图,帮助学生学会梳理文章结构脉络,深刻体会文章的内涵。以"背影"为中心主题,绘制主要分支"背影难忘""送别买橘""再忆背影";以"送别买橘"为支线,划分一级次分支"父子奔丧""父亲买橘""父子分别";以"父亲买橘"为次支线,划分二级次分支"肖像""动作";"肖像"延伸出三级次分支"体态""衣着""步履","动作"延伸出三级次分支"探""穿""爬""攀""缩""抱""放""爬""放""扑"。然后在"背影难忘"另一侧延伸出"思念父亲","再忆背影"另一侧延伸出"怀念父亲",再将两者连接起来,标注出"首尾呼应""父子情深",从而点明文章的中心思想。在编创思维导图的过程中,教师应全面考虑教学要求、学生实际情况、师生合作、生生合作,构建思维导图,并要重视学生的反馈,了解学生难以理解的问题,应用思维导图,来帮助学生理解、消化知识,充分发挥思维导图的作用,加深学生对知识的理解与记忆。

3. 应用思维导图,促进学生的思维发展

初中语文教学中,教师应设置多样化、开放性的教学情境,利用思维导图,开展小组合作学习,提高学生对知识的理解与掌握。例如,对《庆祝奥林匹克运动复兴25周年》进行教学的过程中,为了使学生了解"奥林匹克运动会",拓展学生的思维、开拓学生的眼界,教师可以让学生收集"奥林匹克运动会"的竞赛项目等信息。绘制"奥林匹克运动会"的思维导图,并融入田径、游泳、滑雪、体操等。当学生说出"100米跑"的时候,以延伸线的形式将其与"田径"连接起来;当学生提出"跳马"的时候,将其与"体操"连接起来,从而完成不同体育项目的划分。再如,在对以"季节时令"为主题的写作进行教学的时候,可以结合"春夏秋冬"创意性地构建思维导图,如可以将"春"与"繁花盛开"联系起来,将"夏"与"烈日当空"联系起来,将"秋"与"硕果累累"联系起来,将"冬"与"鹅毛大雪"联系起来。这种思维导图简单易懂,而且学生也可以按照自己的想法,建立相应的思维导图,学生自主建立思维导图,可以使学生的记忆更加牢固,构建自己的语文知识体系。例如,有的学生想起了冬天打雪仗的有趣经历,在思维导图中加入了雪球、雪人等内容;有的学生想起了春天植树的经历,在思维导图中纳入了绿树、绿草等内容。在创建思维导图的过程中,学生融入了自己的一些经历,因此记忆更加深刻,在以后遇到同样的问题时,便可以与自己的生活经历联系起来,有利于学生更好地利用所学知识解决实际问题。

三、基于教学形态的分类

课程标准在吸收国外先进阅读理论和文学理论的基础上,借鉴国外文学教学经验,对语文文学作品解读与教学做出了新的定位。任何语文文本不能局限在某一特定的主体思想或阅读模式中,教师要引导学生学会以自己独特的思维去感悟和阐释。因此在语文阅读教学过程中,教师要持有一种开放的心态,靠学养和智慧引导学生用多元的思维去观照每一部作品,包容语文文本解读中的不同声音,营造多元互谐的阅读氛围。

(一) 多元解读概述

1. 多元解读的概念

多元解读一般是指不同的人或同一人身处不同阶段时,对同一文学作品所产生的不同理解和不同感悟。就语文教学而言,多元解读则是指教师、学生在与文本对话、交流过程中的个性呈现和思想碰撞。多元解读提倡多角度、有创意的阅读,利用阅读期待、阅读反思和批判等环节,拓展阅读思维的空间,并形成个性化的解读结果。这就强调了阅读者的主观体验,符合学生的个性发展。[①] 方智范说过:"多元解读强调异质胜于同质,差异优于同一,主张实在、真理、价值、社会应该是多元和开放的,而不是定于一尊,对差异的宽容是这种解读方式和思维方式最显著的特征。"[②]

在语文文本的解读中,多元解读也体现了文本自身具有的丰富性及不确定性。以人物形象为例,如曹禺《雷雨》中的周朴园,既是一个专制暴君、感情骗子、唯利是图的资本家,又是一个家庭中的严父、不乏深情的男儿、命运的弃儿。多元解读不主张用简单的逻辑分析去确定一种理解的角度,确立一个标准的答案。[③]

[①] 张建榕.中学文学作品多元解读的实践探索[D].石家庄:河北师范大学,2009:1.
[②] 方智范.高中语文必修课"阅读与鉴赏"目标解读(一)[J].语文建设,2003,(11):9—13.
[③] 谢佳妮.多元解读视野下的阅读教学策略研究[D].上海:华东师范大学,2010:8.

2. 多元解读的相关理论基础

（1）对话理论。

20世纪70年代，巴赫金提出了"对话"理论，它体现出巴赫金对世界的存在状态、构成方式以及创生过程等比较全面的看法和观点。巴赫金提出"全面对话"的观点，它不仅强调接受者的主体性，同时也强调作家的主体性，认为主体性是双向的，在两者主体性的双向运作中才能构成"对话"。对话理论提出作品的意义是在读者的阅读过程中产生的，而不是事先就存在的。学生与课文对话，实际上是学生对课文的感知和内化。学生通过与文本对话，能发挥无穷的想象，探讨各种存在与发生的可能性，感受阅读带来的审美愉悦和快感，从而形成阅读教学的多元解读格局。[①]

（2）建构主义理论。

建构主义理论认为"学习在本质上是学习者主动建构心理表征的过程"，教师和学生分别以自己的方式构建对世界、自然、文化等的理解，因而他们的理解是多元的，教学过程就是教师和学生对世界的意义进行合作性建构的过程。因此教学策略是以学习者为中心的，师生、生生的协作和对话是意义建构的具体过程，以学习者为中心，教师在这个过程中只起到组织者、引导者、帮助者、促进者的作用。建构主义改变了阅读教学中文本解读的方式，从建构的理论出发促进学生主动发现和接受知识，学生多元解读是阅读教学中的必然结果。[②]

（3）接受美学理论。

正如姚斯所说："在这个作者、作品和大众的三角形之中，大众并不是被动的部分，并不仅仅作为一种反应，相反，它自身就是历史的一个能动的构成。一部作品的历史生命如果没有接受者的积极参与是不可思议的。因为只有通过读者的传递过程，作品才进入一种连续性变化的经验视野。"[③]接受美学首先明确文学作品的"创作者"是读者，作家创作的文本只能称其为"文稿"或"文本"，读者在阅读过程中渗透自己独有的情感体验，对它进行再创作，这时文本才能称为真正意义上的"文学作品"。并且这一理论认为一部真正称得上有意义的文本都具有未定性，它存在着丰富的"意义空白"，它们激发着读者发挥自己的想象去填补、补充、完成文学作品的创作。另外接受美学理论最重要的观点"期待视野"提醒我们，阅读者的期待视野的差异使其对作品的理解和评价存在差异。

（二）多元解读的必要性

1. 改革阅读教学需要多元解读的指引

语文教育的本体价值是一种意义和精神的建构和实践，一种促进个体心灵陶冶和主体精神发展的人文养成行为。在阅读教学中，多元解读恰好可以充分挖掘每一个学生的个性特征，激发

---

① 谢雪.研究初中语文阅读教学中的多元解读[D].苏州：苏州大学，2018：9.
② 张宁.中学语文阅读教学中多元解读策略研究[D].西安：陕西师范大学，2019：15.
③ 姚斯，霍拉勃.接受美学与接受理论[M].周宁，金元浦，译.沈阳：辽宁人民出版社，1987：24.

他们的创造意识,唤醒他们的内在潜力,在文本对话和体验的过程中完成新的意义的建构。[①] 课程标准把语文课程设置成必修课和选修课两种类型。课程目标强调对学生独立个性的培养。必修课程目标是针对全体学生,可是并没有忽略对学生独立个性的培养。《义务教育语文课程标准》(2022年版)中有如下建议:"探索个性化的阅读方法,分享阅读感受,开展专题探究,建构阅读整本书的经验""感受文学语言和形象的独特魅力,获得个性化的审美体验""积极利用网络资源平台拓展学习空间,丰富学习资源,整合多种媒介的学习内容,提供多层面、多角度的阅读、表达和交流的机会,促进师生在语文学习中的多元互动"。[②] 这也为阅读教学对文本进行多元解读指引了方向。

2. 文本的多义性需要多元解读的渗透

文学作品作为一种特殊的形象化的社会意识形态,是一种多层次的复杂结构,既存在感性形式,又拥有理性内涵;既有审美特征,又渗透了文化、政治、宗教等多重内涵。所以,语文文本本身就包含着多义性。由于这一特征的存在,读者就不能以单一的视角对文本进行解读,只有从不同视角、不同层次来观照作品,才能更全面、更透彻地理解作品意蕴,领悟文本内涵。文本阅读是一种个性化的活动,读者不同的生活背景和审美经验使得对语文文本的解读千差万别。正如鲁迅所说:"《红楼梦》是中国许多人所知道的,至少,是知道这名目的书。谁是作者和读者姑且勿论,单是命意,就因读者的眼光而有种种:经学家看见《易》,道学家看见淫,才子看见缠绵,革命家看见排满,流言家看见宫闱秘事。"[③]这也为个性化的理解和多元解读提供了依据。

3. 学生的独立个性特点需要多元解读的助力

学生的心理特点有着极大的差异性,学生的思维品质,如思维的广阔性和深刻性、独立性和批判性、敏捷性和灵活性等方面也都存在极大的差别,表现出个人独有的特殊性。[④] 因此同一课文的内容,不同的学生会因其心理个性发展的不同而产生不同理解。即便是对于同一个孔乙己,学生的心里也会塑造不同的人物状态。另外处于青少年时期的中学生具有多种思维发展的可能性,教师在阅读教学中鼓励学生多元思维,实行多元解读教学,并且根据个体差异进行科学指导,这样能使学生积极主动探究,培养创造力和主动性。在语文教学中,教学的队形不是单一的学生个体,而是一个各方面情况都参差不齐的学生群体。学生群体对文本的解读就是一个"阐释的集合"。[⑤] 因此多元解读符合学生的独立个性特点,立足于学生心理发展的个体差异,并且这样能为学生展现个性、培养创造性思维创造广阔的空间。[⑥]

(三) 多元解读方法的探究

课程标准十分强调学生在阅读中的独特感受、体验和理解,倡导学生对文学作品做出自己的

---

① 王慧.语文课堂教学中的多元解读研究[D].济南:山东师范大学,2010:10.
② 中华人民共和国教育部.义务教育语文课程标准(2022年版)[M].北京:北京师范大学出版社,2022:15,26,46.
③ 鲁迅.鲁迅全集(第8卷)[M].北京:人民文学出版社,1981:145.
④ 杨成章.语文教育心理学[M].成都:四川教育出版社,1994:402.
⑤ 卢彦元.中学文学作品阅读教学的多元解读探索[D].武汉:华中师范大学,2003:4.
⑥ 蒋荣魁.多元解读视角下的中学语文阅读教学研究[D].长春:东北师范大学,2007:17.

反应、批判与创造,主张学生在对话式阅读教学中建构作品意义,并从中获得智慧。但在文本解读中,一切理解与感悟都离不开对作品语言形式的细读,对作者创作动机的揣摩,对作者的创作背景、作品产生历史环境的了解,这些往往有利于加深学生对作品意义的理解。

1. 实践原则

语文文本的多元解读是有效培养学生创新思维的一个重要手段,在阅读教学中,教师应该给学生充分开展自主阅读的时间和空间,将文本解读的主动权交给学生,并应该遵循以下原则。

(1) 立足文本和超越文本并重。教师要鼓励学生在文本理解中发挥创造性,各抒己见,但是,多元解读的前提是要立足文本。"一千个读者有一千个哈姆雷特",这告诉我们一方面可以对文本进行多元解读,另一方面多元解读是围绕文本来进行的。解读是建立在文本的历史规定性之上的,是学生与文本进行的双向对话和交流,从而理解文本内涵,生成文本意义。同时教师也要有这种认识,那就是,并不是所有学生都能做到对文本进行合理而有创造性的解读。正如意大利人艾柯所说,每一个文本都有自己的特殊结构,读者应按照此结构,以文本应该被阅读的方式来阅读,在此过程中尽量地向文本靠拢。因此,课堂教学多元解读应以教材文本为依据,不能任由学生发挥,随意阐释。

(2) 教师指导和学生主体并行。课程标准强调在阅读教学中,既要重视教师的主导作用,也要体现学生的主体性。一方面,在语文文本的解读中,学生的知识经验和社会阅历有限,容易出现解读偏差甚至误读,这时候教师就需要发挥其指导作用,在文本解读过程中进行有效指导。例如,元代戏曲作家关汉卿的《窦娥冤》,学生仅凭自己的知识结构很难理解元朝人民的苦难,无论课堂气氛有多么活跃,学生都难以体会到元代贪污"官吏无心正法",草菅人命,以及百姓有冤无路可诉的黑暗现实和政治弊病。[①] 因此,这就需要教师的有效指导,为学生解读文本"引路"。另一方面,不能以教师的解读代替学生对文本的体验和思考,应有效发挥学生在解读文本中的主体作用,让学生对文本有创造性见解。对此,李海林有精辟的论述:"新课程所倡导的师生关系的调整,不是让教师从教学过程中全线退出,而恰恰相反,是全身心投入,教师所要改变的,不是他在教学中的地位和作用,而是他的角色,是他如何处理与文本、学生的关系。"[②] 也就是说,教师在教学过程中要恰当地处理好教材文本与学生之间的关系,要对学生的"声音"进行批判性的倾听和恰当的评价。灵活地处理教材,是"用教材教",而不是"教教材"。

(3) 整体把握和局部分析结合。文学作品中的每个文本都是按照各种要素组合而成的有机整体,文本解读基本上都是按照整体到局部再到整体的顺序进行的。李泽厚说:"拿到一本书,不必逐字逐句弄懂弄通,而是要尽快抓住书里的主要东西,获得总体印象。"[③]在解读文本时,先"整体把握"[④]文本内容,体会文本的思想感情。这样有利于提高阅读效率、快速掌握信息要点。再通过对局部的分析可以细读文本,梳理文章思路,理解每个词、每个句子、每个段落的内涵,把握

[①] 何涛.中学语文文本的多元化解读及实践策略[D].西安:陕西师范大学,2014:25.
[②] 李海林.语文教育的自我放逐(下)——评当前语文教学改革中的几种倾向[J].语文学习,2005(5):12-16.
[③] 柴凤英.文本意义的阐释与建构[D].呼和浩特:内蒙古师范大学,2004:17.
[④] 王荣生.语文科课程理论基础[M].2版.上海:上海教育出版社,2005:142.

作者对文本形象所赋予的意义及作者所要表达的思想感情。

2. 指导策略

(1) 知人论世读文论人。我国文论历来认为,作品是作家人格的外化,是作家心灵的写照。西方文论认为文学是作者心灵的再现,是情感价值观的表露。语文文本的作家解读视角无外乎提示我们要了解作家的生平、人格、价值观,作家所处的社会时代和其创作心理等。例如,解读鲁迅的《祝福》时,介绍鲁迅生平和小时候的经历有利于理解作品中的鲁镇社会;解读《药》时,介绍辛亥革命的背景有利于学生理解夏瑜的悲剧、华家的悲剧,以及中国社会的悲剧;解读《面朝大海,春暖花开》时,补充海子的有关资料,有利于学生深入领会诗歌深层的内蕴。[①]

(2) 运用智慧性评价。在阅读教学运用多元解读策略时,如何评价学生对语文文本的多元解读是实施的关键一环。教师在教学过程中运用智慧性评价,为学生营造一个积极的课堂氛围,进而帮助学生用于发现自我,表现自我,使学生从更多角度和层次思考探究问题。杭州越读馆语文教学负责人郭初阳执教的《愚公移山》的教学案例给了我们一个很好的借鉴。在学生对寓意进行多元解读的开始,他们的理解并不深刻,而郭初阳并没有立刻否定或肯定,而是给足时间让学生深入思考,耐心地引导,学生在探究中遇到困难,郭初阳及时地给予学生鼓励,引导学生积极思考,学生的理解也从"愚公是一个愚蠢的老头、疯狂的老头",变成了"一个有梦想的老头"。在对这则寓言的教学中,学生对文本的理解也更加深刻,真正实现了多元的碰撞。[②]

(3) 整体感知。"阅读最深层次的认识,并不像权威教育家所说的,只要主体自信就能够达到,它是阅读主体自身主体开放性与封闭性搏斗的结果。一般的读者,由于封闭性占主导,文本中信息的显现会被阅读主体固有的心理预期同化;而聪明的读者,则由于开放性占主导,能够迅速地捕捉住文本中的生动信息。但封闭性是惯性存在的,开放性则是稍纵即逝的,只有不断从文本表层向深层做开放性与封闭性的搏斗,获得开放性的胜利,阅读主体才可能获得文本最高认识。"[③]作为阅读主体的学生,他们对语文文本的解读是多元的,但并不是所有解读都是正确合适的,所以,对文本进行整体感知是学生多元解读产生的基础。整体感知可以从文本阅读的最初为学生提供完整、全面的文本认识,防止学生误读,为之后的每个环节打下最坚实的基础。[④] 例如,对朱自清的《背影》中"父亲违反交通规则"和《愚公移山》中"愚公破坏生态环境"的解读都是没有注重对文本进行全方位的解读的情况,前者没有体会到父亲对子女的那种深深的舐犊之情,后者则是忽视了"寓言"这一文体的特殊内涵。

(4) 激发学生问题意识,深入解读文本。古人云:"学起于思,思起于疑。"学生在阅读中获得的新经验会与其旧经验之间碰撞产生矛盾,这就会引发学生的探究欲望,就会自主地提出问题,而这种问题意识会使学生进一步研读文本,最终在理解文本的基础上产生自己独特的文本体验。[⑤] 以《荷塘月色》为例,教师在课前引导学生画出自己不懂的句子。例如,作者开头提到"这

---

① 余虹.文学作品解读与教学[M].北京:高等教育出版社,2011:48.
② 冯琳琳.初中语文经典文本多元解读教学反思与实践[D].济南:山东师范大学,2010:28.
③ 钱理群,孙绍振,王富仁.解读语文[M].福州:福建人民出版社,2010:5.
④ 李宝毓.中小学语文朱自清散文文本的多元解读及其实践策略[D].赣州:赣南师范学院,2014:29.
⑤ 孙嫣然.阅读教学中多元解读的误区及其解决策略研究[D].石家庄:河北师范大学,2014:27.

几天心里颇不宁静"是为什么呢？这样写有什么样的作用呢？"我爱热闹,也爱冷静,爱群居,也爱独处。"这样说不是很矛盾么？作者为什么要这样说？在这些问题的引导下,学生的求知欲被激起,进而一步步走进文本内涵。

(5)多元解读不忘"多元有界"。所谓"界限"就是与其他事物的一个分界,在语文文本的多元解读中,"界限"即指阅读作品的"可能阐释的范围",有弹性地把握阅读之界,尽可能多角度、多层面地设界是语文文本多元解读的一个关键。美国当代著名学者小威廉姆 E. 多尔(William E.Doll)在《后现代课程观》中提到了非线性系统的"相位空间图"(如图4-11)能给我们带来些许启发。图形描述的混沌不是混乱的随机的分数,它在无序中隐藏着有序,复杂性背后隐藏着简单性,无规则背后有一定规律。① 文学作品的阅读也是如此,由于每个人的认知图式、期待视野不同,切入作品的角度、深度不同,形成多元阅读景观,但解读要以作品本身为依据,指向作品的精要,否则就会越界。② 以《荷塘月色》为例,《荷塘月色》代表性的解读有五种:政治苦闷彷徨说;政治苦闷彷徨深说;家庭责任说;女性美说;浓烈怨愤无法排遣说,其中前四种解读都能从不同角度指向作品的精要——"精美"及"独到的妙处",而第五种解读则为越界之说,脱离了作品及作者的实际。③ 在实际的语文阅读教学中,要树立多元有界的阅读观,引导学生进行多元有界的解读,这样才能使语文阅读教学重获生机与活力,焕发无穷的魅力。

图4-11　相位空间图

3.应注意的问题

课程标准为"多元解读"提供了方向和指引,但在真实课堂的实施过程中,由于过度的追求和片面的理解,掉进了令人担忧的误区:漠视价值,荒诞戏说;漠视文本,随意曲解;漠视引导,浅尝辄止。④ 本书从以下几方面阐释出现的问题,希望能有益于广大语文教育工作者的工作。

(1)现代化的解读偏离文本价值取向。课堂教学中的"现代化"是指把今人的观点强加于古代本不可能有的作家作品上,这同用现代意识发掘古代作品中对今天有意义、有价值的东西是完全不同的。而且,这样的解读会"把他自己的审美先在概念提高到一个大家并不认可的标准上去,不自觉地使过去本文的意义现代化"⑤。例如,教师在教学《愚公移山》这篇寓言故事的时候,学生们读出了如下"新"观点,"愚公真愚蠢,他不搬家,却要搬山,不但自己受罪,还让家人跟着受罪,真是自讨苦吃""愚公移山是破坏生态环境的行为,不值得大家学习",等等。

(2)形式化取向使多元解读低效。虽然多元解读的阅读教学鼓励我们要放手学生探究,激发学生问题意识,但我们也要注意学生在进行多元解读的过程中所提问题的有效性和合理性,避免完全"放养式"提问。正如语文教育研究者章熊先生所言:"发展学生的创造性思维,我现在感

---

① 赖瑞云.建立"混沌有序"和"准线性有序"语文教材[J].语文教学通讯,2000(7):36.
② 曾华艳.树立多元有界阅读观实施对话式阅读教学[D].福州:福建师范大学,2003:17.
③ 赖瑞云.混沌阅读[M].福州:福建教育出版社,2010:282-291,330.
④ 冯琳琳.初中语文经典文本多元解读教学反思与实践[D].济南:山东师范大学,2010:28.
⑤ 姚斯,霍拉勃.接受美学与接受理论[M].周宁,金元浦,译.沈阳:辽宁人民出版社,1987:36-37.

到突破口可能在阅读方面,阅读教学取得突破的关键,在于承认它的多解性。"①但这并不是说所有的问题都能称之为"问题",要避免"现代化"倾向或以今律古的问题的出现。

  课程标准语文文本解读倡导的是:以读者接受理论为基础,整合其他各种理论而形成综合型解读模式,即以学生的阅读期待为出发点,以学生对作品语言形式的分析为依据,广泛参照作品创作的历史文化背景和作家意图,最后落实到学生对作品的解释与评价上,落实到学生思维与智慧的提升上,落实到作品对学生生命的开启上。②

练习题

1. 简答题:什么是思维导图?运用思维导图有哪些原则?
2. 简答题:为什么语文阅读教学需要多元解读?
3. 探究题:请运用对话理论分析,教师在学生与文本的对话过程中充当了什么样的角色?

---

① 章熊.谈谈深化语文教学改革[J].语文建设,2000(1):4—5.
② 余虹.文学作品解读与教学[M].北京:高等教育出版社,2011:59.

第五章　语文教学模式与方法

导　言

本章分三节,按语文教学模式—语文教学方法类别—当代语文名师教学模式与方法的逻辑展开。

学习本章,应该达成的目标:

识记和理解语文教学模式的内涵、构成要素及特点。

熟悉不同分类标准下的语文教学模式类型,了解语文教学模式的选择原则和运用策略。

理解并梳理不同分类标准下的语文教学方法。

熟悉当代语文名师的教学模式和方法,知道其理论内涵、实际操作和现实意义。

学习本章,应该掌握的重点:

语文教学模式与方法的内涵。

当代语文名师的教学经验及成果。

学习本章时,运用的方法:

关键词学习法。抓住"模式"和"方法"两个关键词,了解语文教学模式和语文教学方法的概貌。

理论联系实际法。根据"理论—实践—意义"的思路理解当代语文名师的教学模式和方法,在实践中把握其精髓和要义。

案例法。以第一、二节的理论学习为根基去体会名师教学,并在第三节中通过具体的名师案例加深对理论的体会。

第一节　语文教学模式

任何实践都要在一定的过程中进行和展开,而任何一种实践活动过程都有它的基本结构和典型形式,合理的教学模式就是揭示和反映教学过程内在规律的基本程式结构。了解教学模式的内涵、构成要素和特点,掌握语文教学模式的类型,有助于语文教师选择和运用语文教学模式,提高教学效果。

一、教学模式概述

(一) 教学模式的内涵

教学模式一词最初由美国学者乔伊斯(Bruce Joyce)和韦尔(Marsha Weil)等人在1972年出版的《教学模式》一书中提出,他们认为:"教学模式是构成课程和作业、选择教学、提示教师活动的一种范式或计划。"[①]近年来,我国学者对教学模式的内涵做出了多种解释,主要归纳为如下五种。

教学方法说。教学模式是方法或是多种方法的组合,如"教学模式是特定的方法,适用于某种特定的教学环境"[②]。

教学程序说。教学模式是"根据客观的教学规律和一定的教学指导思想而形成的,师生在教学过程中必须遵循的比较稳固的教学程序及其实施方法的策略体系"[③]。

教学范型说。教学模式"是在一定的教学思想指导下,围绕着教学活动中的某一主题,形成相对稳定的、系统化和理论化的教学范型"[④]。

教学结构说。教学模式"又称为教学结构,是在一定思想或教学理论指导下建立起来的比较稳定的教学结构框架和活动程序"[⑤]。

教学体系说。教学模式"是在某一教学思想和教学原理的指导下,围绕某一主题,为实现教学目标而形成的相对稳定的规范化教学程序及其操作体系"[⑥]。

综合以上定义,可将教学模式的内涵概括为:教学模式是指在一定的教育思想或教学理论的指导下,围绕一定的主题,为实现特定的教学目标而形成的比较稳定的教学程序及其方法策略的操作体系。教学模式分为两个层面:一个是泛指教学全过程的模式,包括课程标准的制定、实施及评价,教材的编写与使用,以及课堂教学等要素在内的整体教学模式;另一个是特指具体的课堂教学模式。本章所指的教学模式主要是第二个层面。

(二) 教学模式的构成要素

不同的教学理论、教学目标、对师生教学活动的不同安排构成了不同的教学模式。一般来说,教学模式包括以下构成要素。

指导理论。它是教学模式赖以形成的基础,是教学模式的灵魂。任何教学模式都是在某一教学理论指导下提出来的,体现出一定的价值取向。指导理论可以是一种具体流派的理论,也可以是一种教育教学思想;可以是某种哲学或心理学等理论演绎而来,也可以是教学实践经验的

---

① 丁证霖,赵中建,乔晓东,等.当代西方教学模式[M].太原:山西教育出版社,1991:1.
② 温世颂.教育心理学[M].台北:三民书局,1980:269.
③ 柳海民.试论教学模式[J].中国教育学刊,1988(5):34-37.
④ 李秉德.教学论[M].北京:人民教育出版社,1991:294.
⑤ 吕渭源.教学模式·教学个性·教学艺术[J].中国教育学刊,2000(1):29.
⑥ 黄甫全.现代课程与教学论学程(下册)[M].北京:人民教育出版社,2006:755.

总结。

教学主题。在一定的理论指导下,每一种教学模式都有一个突出的教学主题,它就像一根主线,贯穿于整个模式中,支配着模式的其他构成要素,并产生与主题相关的一系列概念范畴。

教学目标。教学模式是为了达到特定的教学目标而设计的。教学目标是教学主题的具体化,它是设计教学模式的程序和操作体系的依据,也是教学模式评估的标准。

操作程序。为了完成既定的教学目标,任何教学模式都会形成一套独特的操作程序,来具体明确教学中各步骤应完成的任务及师生在教学过程中各自应承担的角色和任务。

师生组合。不同的教学模式,师生的组合方式不同,因而教师和学生在教学中所起的作用也不同。师生组合的方式大致有以教师为主、以学生为主和师生互动三种。良好的师生组合,可以体现教师主导作用和学生主体作用的有机统一。

实现条件。为了实现一定的教学目标,任何教学模式都需要一定的辅助性条件的支持,包括一系列的教学策略,对教学材料、教学媒体等方面的要求,等等。只有当这些条件得到满足时,教学模式才能发挥其效用。

教学评价。教学模式需要教学评价来判断其在教学中的实际应用是否达到了预定教学目标。不同的教学模式,评价标准和方法也会不同。

以上各种构成要素在教学模式中的地位不同,所起作用也不同,然而,这些构成要素彼此之间既相互联系又相互制约。指导理论是教学模式得以建立的基础,它对其他要素起着导向作用。教学目标是教学主题的具体化,也是教学模式的核心,制约着操作程序、师生组合、实现条件等,也是教学评价的依据。操作程序是实现教学目标的具体步骤,也体现出师生组合的关系。实现条件是教学模式得以发挥功效的保证。教学评价则有助于了解教学目标的达成程度,并及时对教学过程进行反馈和调整,促使教学目标能更好地实现。

(三) 教学模式的特点

教学模式作为一个完整的教学系统,其区别于其他系统的特点主要有以下五个方面。

1. 指向性

教学模式针对具体教学问题进行设计,有明确的指向性。任何一种教学模式有一定的教学目标,其有效运用也需要一定的范围和条件。不存在对任何教学过程都适用的普遍有效的模式,也不能说只有哪一种教学模式才是最好的模式。最好的教学模式就是在一定情况下达到特定目标的最有效的教学模式。教学过程中,选择教学模式时必须注意不同教学模式的特点、性能和指向性。

2. 操作性

教学模式是教学思想或理论的具体化和实践化,它把某种教学思想或理论中最核心的部分用一套完整可操作的教学步骤反映出来,具体地规定了教师每一步骤的教学任务和教学行为,使教师在课堂教学中有章可循,便于教师理解、把握和运用。

3. 整体性

任何教学模式都是由各个要素有机构成的整体,是教学现实和教学理论构想的统一,所以它有一套完整的结构和一系列的运行要求,体现着理论上的自圆其说和过程上的有始有终。在运用时,教师必须整体把握,既透彻了解其理论原理,又掌握其方式方法。

4. 稳定性

教学模式是大量教学实践活动的理论概括,在一定程度上揭示了教学活动的规律。一般情况下,教学模式并不涉及具体的学科内容,所提供的程序对教学起着普遍的参照作用,具有稳定性。教学模式是依据一定的教学理论或教学思想提出来的,而一定的教学理论和教学思想又是一定社会的产物。随着社会的发展变化,教学思想观念不断更新和教学实践不断深入,教学模式也将得到不断修正、发展而更趋完善。因此,这种稳定性是相对的。

5. 简约性

教学模式是对复杂教学活动的概括化解释。它运用精练的语言、有特定含义的符号或图像体现出教学过程中最本质最主要的部分,为教学提供一套简化了的便于掌握和交流的实践程序。

二、语文教学模式类型

依据教学模式的内涵,语文教学模式就是在一定的教育思想或教学理论指导下,围绕一定的语文学习主题,为实现特定的语文教学目标而形成的比较稳定的语文教学程序及其方法策略的操作体系。在语文教育的历史发展过程中,语文教学模式也不断变化、创新发展,呈现的类型非常多样。

(一) 按历史的先后发展来分

1. 古代语文教学模式

在1904年语文独立设科前的历史发展中,先辈们在阅读、写作等教学实践中总结出很多值得后人借鉴的教学经验。如古代私塾写作教学进行阶梯式分步训练:开笔(属对)—习作短文(纪实性小文、日记)—为诗为文—章法训练(起、承、转、合等)—修改成文(少改、自改、隔时改、反复改)。①

2. 现代语文教学模式

1904年,语文独立设科,标志着现代语文教育的开端,从此语文教学走上了独立而系统发展的正轨,因而语文教师们敢于创新,探索出许多语文教学模式。如梁启超将语文教学过程分为三个基本步骤:课前讲授、课外预习和课内讨论。在我国率先提出以科学主义改造语文教育的阮真则把语文教学过程归纳为四个主要环节:教学预备、预习指导、教学讨论、应用练习。如中华人民

---

① 莫林辉.论中学语文课堂教学模式的沿革及反思[D].长沙:湖南师范大学,2014:5.

共和国成立后的红领巾教学法,将语文教学过程分为八个步骤:板书课题、背景介绍、生字词教学、泛读课文、分析课文、中心思想、写作特点、布置作业。这一模式在当时曾引起了全国范围内的轰动,大家争相效仿,影响很大。

3. 当代语文教学模式

1978年改革开放的政策带来了语文教学模式的思维创新,一大批语文教师全身心投入语文教学改革,总结出许多风格各异的语文教学模式。如上海育才中学创造的"八字教学法",其基本过程是读读—议议—练练—讲讲。其中,读是基础,议是关键,练是应用,讲则贯穿教学过程的始终。上海育才中学校长段力佩称之为"七嘴八舌的有领导的茶馆式教学法"。再如江西南昌市二中特级教师潘凤湘在改革开放初期提出的"八步教读法",将教读课文的教学步骤分为八步:① 默读课文,标节码(为自然段编号),勾生字难词;② 查字典;③ 分小组朗读课文,听写生字难词;④ 个人钻研课文,写出分析草稿;⑤ 分小组讨论分析课文;⑥ 听老师分析课文;⑦ 个人写出正式的课文分析作业;⑧ 写读书笔记,熟读或背诵课文。后来,为了体现学生从粗读到精读的反复钻研过程,潘凤湘进一步将"八步"压缩为"六步":① 默读课文,查找工具书;② 分小组朗读课文,听写字词;③ 按阶段计划,做读书笔记;④ 分小组互查互评读书练习;⑤ 老师讲评读书练习;⑥ 读书小结,背诵课文。除上述几种外,在全国产生了广泛影响的语文教学模式还有很多,如当代教育改革家魏书生的"六步教学法"、特级教师张孝纯的"大语文教学模式"、特级教师钱梦龙的"三主四式语文导读法"、特级教师钟德赣的"五步三课型反刍式单元教学法"、特级教师丁有宽的"小学语文读写结合导练教学模式"、特级教师欧阳代娜的读写教学模式、章雄的"语言与思维结合训练模式"、孙春成的语文课堂立体教学模式、特级教师宁鸿彬的"卡片辅助教学法"、张富的"跳摘教学法"、情境教育创始人李吉林的"情境教学法"等。特别是2001年课程改革以来,新理念带来了语文教学模式的新思路和新做法,随之出现了如杜郎口中学"三三六"自主学习课堂模式等,其中,第一个"三"指三个特点:立体式、大容量、快节奏。第二个"三"指三大模块:预习、展示、反馈。"六"即六环节:预习交流、明确目标、分组合作、展现提升、穿插巩固、达标测评。

(二) 按师生在语文教学中所起的作用来分

根据课堂教学中语文教师与学生所处的地位和所起作用,语文教学模式可以分为以下三种。

1. 以教师活动为中心的语文教学模式

这种教学模式强调教师在教学中的主导作用,强调系统知识的传授,重视教学的规范化,教师是课堂的执行者和主宰者,处于教学的中心地位。如苏联著名教育家伊·安·凯洛夫(N.A. Kaiipob)的五段教学法就是这一类教学模式的典型代表,它将课堂教学分为五个阶段:激发动机—复习旧课—讲授新课—运用巩固—检查效果。它的优点是有利于教师对课堂教学的组织与管控,但它忽视了学生的主动性、创造性,不重视学生智力的发展和创新思维的开发,不能把学生的主体作用很好地体现出来。

2. 以学生活动为中心的语文教学模式

这种教学模式强调学生的主动性,重视学生语文自学能力的培养,发展学生的动机和智慧,强调学用结合。在这种教学模式中,教师是组织者、促进者,学生才是信息的加工主体、意义建构者。① 实施这种教学模式时,需要加强教师的主导作用。这种类型的重要代表有:魏书生的"六步教学法"、颜振遥的"自学辅导教学模式"等。

3. 学教并重的语文教学模式

前两种语文教学模式都在某种程度上夸大了教师或学生的作用,而学教并重的语文教学模式则兼顾教与学两方面的作用,强调教师的教学主导和学生的学习主体同样重要,不可偏重。在这种教学模式中,教师的知识传授、方法引领与学生语文能力的发展、语文素养的全面提升达到有机统一。如钱梦龙的"三主四式语文导读法"就是其典型代表。

(三) 按照模式所涉及的教学领域来分

语文教学的范围大小各异,因而不同的语文教学模式所关注和涉及的教学领域也不一定相同。根据语文教学模式所涉及的教学范围,可以分为两种。

1. 整体性的语文教学模式

这种教学模式着眼于语文教学的整体组织与安排,揭示语文教学过程的基本规律,不针对某一具体的教学方面。其运用的范围非常广泛,影响深远。如凯洛夫的"五环节教学法"、上海育才中学的"八字教学法"、杜郎口中学"三三六"自主学习课堂模式,特级教师蔡澄清的"点拨教学法"等。这种教学模式不仅仅运用于语文教学,甚至也适用于其他学科,具有普适性。

2. 具体化的语文教学模式

这种教学模式紧密结合语文课程内容中某一方面的特点和教学需要,提出非常具体可行的教学体系。如阅读教学模式有钱梦龙的"三主四式语文导读法"、潘凤湘的"八步教读法"等,写作教学模式有杨初春的"快速写作教学法"、刘朏朏、高原的"观察、思考、表达三级写作训练体系"等。

三、语文教学模式选择与应用

语文教学模式种类多样,特点各异,教师在选择和应用具体的教学模式时要遵循一定的原则,讲究一定的策略,这样才能取得高效。

(一) 选择语文教学模式的原则

面对多样复杂的语文教学模式,只有选择其中最合适的模式才能产生积极的教学效果;否则,即使模式本身再好,也不能发挥其相应作用,甚至导致适得其反的效果。选择语文教学模式需遵循以下三个原则。

---

① 许书明,刘唐军.语文课堂教学模式的解构与建构[J].语文教学通讯,2011(9):47.

1. 合乎教学实际原则

一切从实际出发是我们做任何工作都必须要坚持的首要原则,因而选择语文教学模式也要合乎以下四种实际情况。首先,要符合学生的语文学习实际。如情境式教学模式虽然能使课堂活跃,但它相较于中学更适合小学语文教学。此外,城乡之间、低年级与高年级之间、一般中学与重点中学之间,学生的年龄特点、心理特点不同,他们的语文基础、习惯和方法等也会不同。在选择教学模式时,要综合考虑学生差异,防止不加选择地乱用、套用。其次,要符合学校师资的现状。不同学校的教师能力水平也存在差异,骨干教师和新进教师、城市教师和农村教师在知识储备、应对新教学理念的态度上都会有所不同。例如,对于新的教学模式,经验丰富的教师容易采取审视的态度,而资历较浅的教师较容易接纳。再次,应符合学校一贯的办学特色。任何一种教学模式并不一定适合每一所学校,因此,学校不能盲目跟风,丧失自身优势,而应选择符合自身实际的教学模式。最后,还要符合语文课程自身的特点。语文是兼具工具性与人文性的课程。学语文也是学做人,语文学习与生活紧密结合,选择那些带有情感熏陶和人文关怀的教学模式,才能让课堂更具"语文味"。

2. 提高课堂实效原则

提高课堂实效是选择语文教学模式的关键原则。所选择的语文教学模式要能充分调动学生的学习积极性,顺利达成课堂教学目标,发挥模式的最大效益。有些教师为了省事,把一种教学模式贯彻到底,不管学生是否厌倦,也不管所教的内容是否适用。如阅读教学无论哪篇课文,一律串讲串问,从头到尾。这种对教学模式不加选择的做法,是教师不负责任的表现,不仅无法提高课堂教学效益,而且会使学生失去学习语文的兴趣,造成难以挽回的负面影响。

3. 尊重教师个性原则

各种各样有持久生命力的语文教学模式,如段力佩的茶馆式、钱梦龙的导读式、魏书生的立体式、孙春成的立体式等,无一不彰显着教师特有的个性风格,焕发出教师强烈的人格魅力。教师因兴趣爱好、性格特点和教学经历等不尽相同,在语文教学过程中有自己独特的教学方式方法,因而,他们喜欢选择合乎自身个性特点的语文教学模式。这样,学校必须尊重教师的个性,不能强行统一某种语文教学模式,这种以行政命令的形式强加给教师的语文教学模式不仅难以取得相应的教学实效,反而会造成教师在教学中的被动、逆反心理,阻碍课堂教学的顺利开展,扼杀教师的教学个性和创造热情。只有选择了适合自己个性的教学模式,教师在课堂上才能充分展现自己的个性,取得个性化的教学效果,形成自己独特的教学风格,教出来的学生也才能懂得张扬个性。

(二)运用语文教学模式的策略

1. 精准领会,明确要求

任何语文教学模式都是由一定的指导思想、教学目标、程序、策略及评价等要素组成的,其本身各有一套较完整的结构和实施机制。教师在选择了一种语文教学模式后,就需要精准地领会其思想精髓和可供借鉴的方式方法。不仅要透彻理解其理论原理,还要深入地把握其教学主题、教学目标、操作程序、实现条件、评价机制等各个方面,不能只学其形不知其神,盲目机械地模仿。如学习杜郎口中学教学模式不能只是将教室的黑板增加几块,也不是将学生的课桌简单拼成能够对面坐的几个组,而是真正学习其"大语文开放式"的精神内核。营造自由开放的兴趣课堂、精彩纷呈的对话课堂和充满师生智慧的合作课堂才是需要精准把握和学习借鉴的。学习自主探究式的模式,也不是要在教学流程上步步紧随,而是善于抓住自主学习的契机,发掘学生的自主探究意识,着重培养学生自主探究的能力。

2. 过犹不及,灵活变通

语文教学模式是语文教学研究科学化的产物,也是教师语文教学走向科学化的必要选择。正如钱梦龙所说:"我反对程式化,但不反对程式。""教学过程必然有其内在规律,也就应该有反映内在规律的一定的程式。"[①]然而,在运用教学模式时,要善于根据教师自身特点和学生语文学习实际,灵活恰当地运用。"过犹不及"指既不能得其皮毛就急于模仿,也不能过分执着于模式,故步自封,或者将一种教学模式不加分析地一用到底。一种语文教学模式虽然有相对稳定的形态,但并不意味着教师在借鉴和运用时只能机械照搬,全盘套用。著名学者吕叔湘先生就说过:"如果不会活用,任何教学模式就会变成一堆公式。"[②]教师在语文教学过程中要因文而异、因人而异地运用。记叙文、说明文、议论文的教学重点各不相同,小说、诗歌、散文、剧本的语言、写法也各异其趣,即使是同类作品,不同年级和不同地区的学生学习目标也不尽相同,因此,教师使用教学模式时就要适当地调整教学程序与方式方法,甚至整合多个教学模式,以实现教学效果的最优化。

3. 突破局限,勇于创新

任何一种教学模式都是在特定历史背景下产生的,有其特定的教学对象、适用范围和实施条件。模式本身都不可能完美,它们存在着一定的局限和缺陷,语文教师在运用时,要扬长避短。同时,也要认识和突破其局限,注意课堂的生成性,灵活地变更、取舍和调整,使教学模式真正为课堂服务。当前,不少教师在观念上存在一个误区,他们期待有一个与语文课程标准完全相匹配的教学模式来改变或替代原有模式,从而收到立竿见影的效果。这种期待心理会使教师产生对模式的过度依赖,从而严重阻碍教师的创造力。《普通高中语文课程标准》(2017年版2020年修订)提出:"应在课程标准的指导下,提高教师水平,发展教师特长,引导教师开发语文课程资源,有选择地、创造性地实施课程;把握信息时代新特点,积极利用新技术、新手段,建设开放、多样、有序的语文课程体系,使学生语文素养的发展与提升能适应社会进步新形势的需要。"[③]"教师要具有专业发展意识,努力建构教学共同体;应努力适应、积极参与语文课程改革,持续学习,更新观念,改进实践,提升教学水平。"[④]这就要求语文教师既不能盲目期待某种万能的教学模式,也不能被动运用语

---

① 钱梦龙.导读的艺术(修订本)[M].北京:人民教育出版社,2000:17.
② 陈桂清.初中语文有效课堂教学模式的选择及运用[J].中学教学参考,2012(10):58.
③ 中华人民共和国教育部.普通高中语文课程标准(2017年版2020年修订)[M].北京:人民教育出版社,2020:3.
④ 同③:44.

文教学模式,而要主动地克服模式的局限,发挥自身优势和特长,致力于创新教学模式,可以是在原有模式基础上优化创新,也可以是根据自己的教学经验和所在地区、学校、学生的情况,运用科学的教学理念,创建独特的教学模式。

4. 遵循规律,追求"无模"

语文教学模式是一个不断衍生、发展、完善的过程,遵循教学规律的最终理想是"随心所欲不逾矩"的"无模"境界。就像著名特级教师于漪所推崇和追求的"大象无形"的教学,她说:"我的语文课堂教学执意追求的是一种教无定法、学无定式的变化美。不同的文体,我有不同的设计;相同的文体,我亦有不同的设计;我常将讲、思、答、议有机结合起来,常取启发式、学导式、自学式等有效模式之长而自成风格,独为一体。这也是一种没有模式的模式。"[①]这种"没有模式的模式"就是从"有模"到"用模",最终走向"无模",达到了运用教学模式的最高境界。

练习题

1. 简答题:选择合适的语文教学模式需要遵循哪些原则?
2. 简答题:结合具体的事例说明教学模式的构成要素和特点。
3. 探究题:如何才能处理好语文教学模式与教学个性之间的关系?

第二节　语文教学方法类别

语文教学方法,是在语文教学过程中,教师和学生为实现一定的教学目标、完成教学任务而采取的教与学相互作用的活动方式、手段和程序的总称。一定的教学方法规定着教师和学生按照一定的行为方式去活动,因而,"揭示教学方法的实质,就不能把教学方法等同于教学工具或教学手段,而是对工具和手段的运用,也不能把教学方法看成是某种固定的方式或动作,而是一系列的活动"[②]。语文教学方法种类繁多,分类的依据也多种多样,从而出现了不同的分类方法。

一、基于教学形态的分类

根据语文教学方法的外部形态和这种形态下学生认识语文活动的特点,我国中小学常用的语文教学方法可以分为以下五类。

(一) 以传递语言信息为主的方法

以传递语言信息为主的方法,是教师运用口头语言向学生传授知识、技能,以及学生独立阅读

---

① 莫林辉.论中学语文课堂教学模式的沿革及反思[D].长沙:湖南师范大学,2014:30.
② 李秉德.教学论[M].北京:人民教育出版社,1991:197.

书面语言为主的教学方法。在语文教学过程中,教师和学生之间的互动交流主要是以语言传递的方式来进行的,因而以语言传递为主的方法一直是语文教学活动中被广泛应用的方法。这类方法主要包括讲授法、诵读法、议论法、读书指导法。

1. 讲授法

讲授法是指教师通过简明的语言系统连贯地向学生传授知识、促进学生发展的方法。这种方法既是传统的,也是现代的。著名教育家张志公说:"教师就是要讲,得会讲,得善于讲,得讲得好,讲不等于灌。"[①]所以说,这种方法是语文教学最基本也是最重要的方法。

在实际教学过程中,讲授法可以分为讲述法、讲解法、评析法、串讲法、评点法等几种具体的方法。讲述法关键在"述",即教师采用叙述和说明的方式来讲授语文知识,充分发挥教师的主导作用,使知识具有系统性、完整性和深刻性。为了避免"满堂灌",教师要吃透教材,围绕教学目标进行精讲,突出重点,突破难点,讲述时语言力求精练、生动,适当借助表情、手势等体态语吸引学生,启发诱导学生思考、表达,将教师讲述与学生讲述有机结合起来。讲解法关键是"解",即教师采用解说和诠释的方式来讲授语文知识。这种方法主要用于解释字词、串解难句、解说概念典故、诠释名物典章制度等。运用讲解法,教师要力求准确无误、明晰中肯、有的放矢,做到真正解学生之所惑,释学生之所需。评析法,是指教师采用评价、分析的方式来讲授语文知识。这种方法主要用于剖析课文内容、评论写作特点、讲评作业与写作等。运用评析法,教师要用理论思维对语文教学内容进行判断、推理、分析、综合、归纳、演绎等,引导学生由初步感知到深入理解,不断提高认识,发展思维能力。串讲法,就是教师按照篇章结构顺序,逐字逐句、逐层逐段地串通文意,围绕教学重点和难点,详细讲解。这种方法主要运用于文言诗文教学,也适用于某些内容深奥、文字艰深的语体文教学。运用串讲法,教师应坚持启发诱导,防止"唱独角戏"。评点法,是教师以品评、圈点的方式指出文章写作方法和思想内容的独特、奇妙之处。运用评点法,教师要精准全面,要言不烦,设疑问难,适时启发学生思考、体会。

2. 诵读法

诵读法是指通过反复诵读,让学生疏通文意,理解内容,体会感情,同时培养语感,积累语言材料,训练读书技巧,提高语文素养的方法。这种方法,古已有之,也是语文教学的基本方法。

在实际语文教学中,诵读法包括朗读法、背诵法、吟诵法等具体方法。朗读法,就是将书面语言转化为响亮的口头语言。这种方法能增强语感,训练语音,再现文本情境,加深理解,培养学生的感受力和口头表达能力。朗读时,要力求准确、流畅,读出感情。教学时,教师要加强范读,为学生提供示范,同时,要交替使用齐读、自由读、分角色读、轮流读、对读等多种方式,教师指导朗读方法,反复训练,使学生真正喜欢朗读,学会朗读。背诵法,是凭借记忆念出读过的文章词句,在理解的基础上熟读而成。背诵有助于积累丰富的语言材料,开发学生记忆力,提高语文素养。运用背诵法时,教师要明确背诵数量的要求,精选背诵材料,加强方法指导,帮助学生在理解的基础上熟读成诵,而非机械地死记硬背。吟诵法,是用唱歌似的声调来诵读文本,以声入情,因声求义,以此感受文本的

---

① 周庆元.语文教育研究概论[M].长沙:湖南人民出版社,2005:116.

思想内容和韵味情调。吟诵有两种方式：一种叫吟唱、吟咏、吟哦、吟讽，是按一定曲调唱，适用于律诗、绝句、词、赋等抒情性强的古典文学作品；另一种叫吟读、朗吟、讽诵，曲调感不强，诵读成分较多，听起来朗朗上口，连贯流畅，适用于读长篇歌行体诗、古代散文中叙事性强的作品。[①] 运用吟诵法时，既要掌握吟诵的基本技巧，也要深刻把握作品意蕴，使吟唱腔调与作品内涵协调一致。

3. 议论法

议论法是指通过师生之间回答问题或展开讨论来完成语文教学任务的方法。这类方法主要以问、答、议、论等形式进行，促使学生质疑问难、发表见解，有利于激发学生的学习热情，促成积极思考、迅速作答的习惯和能力。

在实际语文教学中，议论法包括谈话法、讨论法等具体方法。谈话法，又称"提问法"。教师通过问答的形式，启发学生分析问题、解决问题，有利于促进师生双向交流，培养学生分析、解决问题的能力。运用谈话法时，教师要精心设计提问和组织回答。一是提问要有整体性，不要零打碎敲；二是提问要有启发性，不能太难或太容易，要让学生"跳一跳摘果子"；三是提问要有艺术性，善于巧问趣问，随机点拨，营造和谐生动的谈话氛围。讨论法，是学生在教师指导下围绕一个教学要点或专题，展开议论甚至争辩，以获取知识、形成技能和发展能力的方法。恰当地运用讨论法，能发挥学生的主体作用、学习积极性和主动性，优化学生参与学习的效果，培养学生之间的合作与交往能力。讨论的形式很多：从组织形式分，有同桌对话、小组活动、全班讨论等；从讨论内容分，有问题辩论、心得交流、专题评述等。运用讨论法时，教师要做到：一是选好论题，明确要求，指导学生查阅资料、起草发言提纲等，认真做好准备；二是严密组织，引导学生围绕要点积极发言；三是认真总结，讲究实效。

4. 读书指导法

读书指导法是指教师指导学生通过阅读课内外读物等获得知识，培养阅读习惯，养成自学能力的方法。读书指导法的特点是强调学生的"读"，学生读书是基础和核心，教师指导是关键和前提。读书指导法，具体指教师指导学生预习、复习、阅读教科书和课外读物等。这种方法不仅是学生通过阅读获得知识的方法，也是培养学生自学能力的重要方法。运用读书指导法时，教师要做到：提出具体明确的目标、思考的问题，教给学生科学的读书方法，加强辅导和检查，针对存在的问题进行及时指导，组织好学生交流读书心得，不断发展学生独立学习的能力。

（二）以直接感知为主的方法

以直接感知为主的方法，是教师通过实物或直观教具的演示或组织专门参观等，指导学生运用各种感官直接感知客观事物或现象，从而获得知识、形成技能和发展能力的方法。这类方法的特点是具有形象性、直观性、具体性和真实性，能激发和强化学生的语文学习兴趣，吸引和维持学生的学习注意力。这类方法如果能与以语言信息传递为主的方法合理结合起来，就既能获得良好的教学效果，又能提高教学效率。这类方法主要包括演示法、参观法等。

---

① 周庆元.语文教育研究概论[M].长沙：湖南人民出版社，2005：119.

1. 演示法

演示法是指教师通过展示实物、直观教具或示范性操作,使学生通过观察获得知识、技能的方法。演示的手段通常有三类:一是用实物或标本、模型、图片等演示,使学生获得对某一事物或现象的感性认识;二是用连续成套的模型、标本、幻灯、电影、录像等演示,使学生了解事物和现象发生发展的过程,使抽象的理论具体化;三是课堂上教师的示范性动作或操作等。运用演示法时,教师要紧密配合语文教学需要,恰当展示教具,指导学生细致观察,不能顾此失彼,分散学生注意力。

2. 参观法

参观法是指教师根据教学目标和要求,组织学生到工厂、农村、展览馆、风景名胜及其他场所进行参观访问,通过对实物和现象的观察和研究,加深对课文的理解,获取写作素材的方法。例如,结合教读《中国石拱桥》等课文,参观当地的建筑物;结合教读山水游记课文,组织郊游并指导写作游记等。运用参观法时,教师要明确参观的目的和要求,严密组织,指导学生做好参观记录,组织讨论,写观后感等,将感性认识上升到理性认识。

(三)以实际训练为主的方法

以实际训练为主的方法,是通过复述、摘抄、完成作业等练习或实践,使学生巩固和完善语文的知识、技能的方法。这类方法以学生的语文实践活动为基本特征,采取动手做的活动形式,训练学生对语文知识的应用技能。在语文教学活动中,以实际训练为主的方法包括复述法、提纲法、摘抄法、作业法等。

1. 复述法

复述法是指以课文为依据,根据理解和回忆,用自己的语言叙述课文内容的实践方法。它能促使学生熟悉、理解课文,培养记忆、理解、概括、想象和口头表达等多种能力。复述的方式有多种,例如,简要复述是以简明的语言叙述为主要内容,一般用于检测预习或复述长篇课文;详细复述指复述课文基本内容和重要词句,多用于低年级或短文教学;摘要复述即摘取课文的重点或精彩段落进行叙述;创造性复述则以课文为依据,增加适当想象的叙述。运用复述法,教师要指导学生复述前充分准备,复述时结合课文和自己的语言,正确表达,复述后要总结讲评。

2. 提纲法

提纲法是指学生用准确、简明的语言概括文章内容并揭示其内在联系的方法。它有助于学生正确理解文章内容,进行语言和逻辑思维能力训练。提纲的类型很多,或着眼于全篇、段落、片段等不同范围,或关于段落结构、情节线索、景物或任务描写等不同内容,或按照条文式、表解式、表格式、图示式、综合式等不同形式。编写提纲时,教师要指导学生明确编写的要求和方法,学生用简明的语言概括文章段落层次,然后按顺序排列。

3. 摘抄法

摘抄法是指有选择而简要地抄写、摘录的方法。它不仅可以帮助学生积累语文资料,而且还能强化注意力和记忆力。摘抄的种类多样:从范围分,有全文抄录、片段摘要、语句摘抄、词语抄写等;

从内容分,有精美诗文抄录、名言警句摘抄、重要词语抄写等;从形式分,有课堂笔记、课后作业、课外读书笔记等。运用摘抄法时,教师要指导学生养成随手摘抄、工整书写的习惯,摘抄与思考相结合,有计划地组织摘抄活动,让学生及时反馈摘抄成果。

4. 作业法

作业法是指教师为了巩固、深化和提高教学效果而给学生布置一定的语文学习任务,限时要求学生完成的方法。作业的形式多样:从表达形式分,有口头和书面两种;从训练方式分,可以是朗读、背诵、复述、听写、组词、造句、写作等。运用作业法时,教师要符合教学实际需要来布置,分量和难易程度适宜,并应及时检查评改和反馈讲评。

(四) 以引导探究为主的方法

以引导探究为主的方法,是指语文教师组织和引导学生通过独立的探究或研究活动而学习语文知识、形成技能和发展能力的方法。这类方法的主要特点是:在教师的积极引导下,学生在探索完成学习任务的过程中,其独立性得到比较充分的发挥,进而逐步学习和巩固语文知识,培养技能技巧,发展探索精神和创新意识与能力。这类方法主要包括三个层面的具体操作方式。

1. 课堂渗透研究法

课堂渗透研究法是指教师有意识地从指导学生研究、发现的角度去设计和组织语文教学过程和教学活动,学生则在教师的指导下,充分发挥自主性、能动性和创造性,进行质疑发现和探究的语文活动。这种方法重在教师引导学生学会设疑、质疑,学会探究和发现,激励学生从多角度、多方面思考问题、分析问题和解决问题,教师要提供条件,尊重和发展学生的个性,鼓励学生大胆地表达、自由地思考,充分展示生命的原生态。

2. 活动提升研究法

活动提升研究法是指教师指导学生通过活动的形式,拓展语文研究性学习的范围,让学生从课内延伸至课外,多渠道、多途径地探索、发现和体验,提升课堂研究性学习的效果。活动提升研究法形式很多,可以是课堂语文活动的课外化,即教师可指导学生办手抄报等,要求学生自己拟定办报宗旨,分组做好搜集信息、专访、编辑、排版、抄写等一系列工作,提升学生的搜集、处理信息能力和语文综合素养;也可以是课外语文活动的研究化,即教师指导学生自己组织语文兴趣小组活动,让学生自主确立活动目标,自主设计活动过程,教师适时引导、把关;还可以是校内外非语文活动的语文化,即在其他学科和班级组织的活动中,挖掘和凸显其中的语文研究性学习因素,使学生在参与这些活动时得到语文和非语文的双重收获。

3. 课题升华研究法

课题升华研究法是指教师引导学生将某些具有探究价值、符合学情、教学时间和条件也有可能的语文教学内容,转化为研究课题,让学生在课外进行专题研究的方法。教材中某些课后或单元的探究性习题就可以升华为课题研究。例如,学完《苏州园林》,教师可以带出"苏州园林楹联"的研究。再如,"朱自清散文的风格研究"这一课题,学生在《荷塘月色》的淡雅、朦胧与《绿》的明丽、热烈等特点的比较中可以领略、体会,再由此拓展,教师可以引导学生去阅读更多朱自清的作品。

(五) 以欣赏活动为主的方法

以欣赏活动为主的方法,简称为欣赏法,是指教师在语文教学活动中,创设一定教学情境,或利用特殊内容和艺术形式,使学生通过体验事物的真善美,陶冶性情和培养正确的态度、兴趣、理想和审美能力的方法。在语文教学中,欣赏有三类:一是对语文学习活动中文学、音乐、美术作品和大自然景物的欣赏;二是对道德美的欣赏,如对语文教材中的人物和事件所表现的道德品质或社会品德的欣赏;三是对理智美的欣赏,如对科普作品和语文教学过程中追求真理、严密论证、探索精神的欣赏。

在语文教学中,欣赏法同其他方法有机结合使用,能有效激发学习者的语文学习动机,引发学习者浓厚的语文学习兴趣和强烈的求知欲。教师运用欣赏法时需做到:一要结合讲解文学作品等的创作背景、作者生平、故事等,引发学生的语文学习动机和兴趣;二要善于创设各种情境,发展学生的想象能力,激发学生的情感反应;三要注重学生欣赏活动的个别差异,对欣赏能力低的学生进行相应辅导;四要指导学生拓展课外阅读,进行创作、表演等实践活动,不断内化审美感受。

二、基于教学层次的分类

在我国教学理论中,各种各样的教学方法形成了一个庞大体系,具有层次性特征。[1] 语文教学方法体系,可以分为原理性、技术性和操作性三个层次。

(一) 原理性语文教学方法

原理性语文教学方法,是指人们将教育思想、教学原则应用于语文课程实施过程的一种具有指导价值取向的方法。如启发式教学方法、注入式教学方法、发现教学方法、设计教学方法等,是解决语文教学规律、语文教育哲学思想、新语文教学观念与学校语文教学实践之间的连接问题,是教学理念在语文教学实践中方法化的结果,不具有固定的程序和步骤。但这些方法会影响语文教师的思想、观念和态度,渗透到具体的语文教学设计和设施中。这些方法具有理念的抽象性、内容的广泛性、程序的非特定性和原理的指导性等特点,其主要作用是为具体的语文教学方法提供理论指导,所以被称为原理性语文教学方法。

(二) 技术性语文教学方法

技术性语文教学方法,是指在教育思想与语文课程实施之间发挥技术中介作用的教学方法,如讲授法、谈话法、演示法、参观法、练习法、读书指导法等常用的方法。它们具有技术性特点,上接受

---

[1] 黄甫全. 现代课程与教学论学程(下册)[M]. 北京:人民教育出版社,2006:700.

原理性语文教学方法的指导,下与语文课程的具体教学内容相结合构成操作性教学方法,发挥着中介作用,因而被称为技术性语文教学方法。

(三) 操作性语文教学方法

操作性语文教学方法,是语文课程在教学中独具特色的具体教学方法的总和,如识字写字教学中的分散识字法、集中识字法,阅读教学中的精读法、略读法,写作教学中的审题、立意、选材取材的方法,口语交际教学中的辩论法、演讲法,等等。这些方法是语文教学中特殊而具体的教学方法,每种方法都具有内容特定性,只适用于语文特定领域的教学,与具体的语文教学内容相结合,有基本固定的程序和方式,教师一旦掌握便可操作应用。操作性语文教学方法具有方式的具体性、内容的特定性、程序的稳定性和应用的可操作性等特点,其根本特点是可操作性。

三、基于行为主义学习理论的分类

美国学者拉斯卡(John A. Laska)依据行为主义学习原理,认为教学方法就是发出和学生接受学习刺激的程序。发出和接受学习刺激行为的性质不同,教学方法也就不同。[①] 按照所包含的行为特征差异,教学方法可以分为"呈现类教学方法""实践类教学方法""发现类教学方法"和"强化类教学方法"四类。四类基本教学方法中的每一类都与不同类型的学习刺激有关,而学习刺激是一种与预期学习结果的实现相联系的手段。依据在预期学习结果中所起的作用,学习刺激可以分为 A、B、C、D 四种,每一种刺激都与一类教学方法相对应,每一类教学方法又由许多具体的特定方法构成。语文教学方法也可按此进行分类。

(一) 呈现类语文教学方法

呈现类语文教学方法是 A 种学习刺激的运用。这种学习刺激,是用确定的方式将语文学习内容呈现给学生,学生在其中处于比较被动的地位。运用这类方法时,尽管学生在感知这些刺激,并积极地编码、组织、存储信息,但教师只要求学生注意经过教师的选择以适当顺序呈现出来的学习刺激,并不要求学生做其他特殊的努力。这样,教师的作用是选择合适的学习刺激,并用适当的顺序呈现给学生,而学生主要是被动地接受。呈现类语文教学方法具体包括:讲授法、谈话法、图片演示法、示范法等。

(二) 实践类语文教学方法

实践类语文教学方法是 B 种学习刺激的运用。这种学习刺激用问题解决的方式提供给学生,通过已知程序的运用,提供可模仿的模式,或者可操作的特定语文学习活动等来进

---

① 瞿葆奎.教育学文集·教学(中册)[M].北京:人民教育出版社,1988:548.

行。与A种学习刺激相比,B种学习刺激要求学生起积极参与作用。虽然学习结果已经或者可能预先就知道了,但学生仍需要经过努力或实践才能逐步实现。运用实践类语文教学方法时,教师的作用是提出明确的实践目的,组织实践活动,提供适当的反馈与评价。这类方法具体包括:朗读、听写、复述、写作、阅读等专项语文训练及布置实践作业、复习、考试等。

(三)发现类语文教学方法

发现类语文教学方法,是C种学习刺激的运用。这种刺激在要求学生语文活动方面与B种刺激相似。然而,C种刺激是为学生提供一种情境,希望学生在这种情境中发现预期的学习结果。通过重新组织预期的语文学习结果和激发学生的直觉或洞察学习之后,"发现"可能突然迅速地出现。运用发现类语文教学方法时,学生可能知道他们在努力探讨发现,但他们一定不知道预期的学习结果。教师的作用是组织语文发现活动,关注"发现"中的学生活动情况。谈话法、讨论法、引导探究法就是属于发现类语文教学方法,旨在通过教师引导和启发,学生发现问题、探究和解决问题,培养积极思考、探究、批判的精神,创新意识与能力。运用这类方法的关键在于教师恰当地确定学生的"最近发展区"。[①] 只有教师给学生创设的问题情境最符合学生的实际水平,学生的探索和智力水平才能得到发展。

(四)强化类语文教学方法

强化类语文教学方法,是D种学习刺激的运用。A、B、C三种学习刺激,属于"反应前刺激",因为这些刺激是在学生任何预期语文学习结果的反应前提供给学生的。相反,D种学习刺激是"反应后"刺激,是在学生预期反应后,通过对学生的反应进行表扬、鼓励和奖励等强化所构成的。根据强化学习理论,这种刺激的功能是"加强"语文学习效果。运用强化类语文教学方法时,教师有目的、系统地向那些已表露出对预期语文学习结果有获得行为的学生提供强化(D种学习刺激)。强化类语文教学方法要求学生在语文教学活动中必须有与实践类语文教学方法和发现类语文教学方法相似的积极的活动行为。这类方法不如第一、二类方法普及,因为具备有目的、系统地向学生提供强化的能力的语文教师不多。包含强化类语文教学方法的语文教学技巧主要有"行为矫正"和"程序教学"两种。

语文教学方法种类繁多,但没有哪一种具体的方法是"万应灵丹"。语文教师在选择和运用教学方法时,要正确处理传统与创新的关系,善于优化组合,扬长避短,推陈出新,运用恰当的教学方法灵活组织课堂,以取得良好的教学效果。

练习题

1. 简答题:以传递语言信息为主的方法有哪些?
2. 简答题:结合具体事例谈谈你是如何在课堂中运用某种或几种语文教学方法的。

[①] 刘永康.语文课程与教学新论[M].北京:高等教育出版社,2011:333.

3. 探究题:你认为一名语文老师,是自身素养重要,还是教学方法重要?

第三节　当代语文名师教学模式与方法

一、洪镇涛的"语感教学"

自20世纪80年代以来,经过广泛、深入地调查研究,为了有效地改变忽视母语教学规律,忽视对传统语文教学的研究、继承和发展,以及语文教学"少慢差费"的局面,"学习语言语感教学派"的创派人洪镇涛开展了"语感教学"的课题研究。

(一) 洪镇涛"语感教学"的理论内涵

为了顺利开展"语感教学"的实验,洪镇涛考察了传统的语文教学方式,学习了语感方面的知识。他对传统的语文教学做了分析,认为其重感悟、重积累的经验值得继承。此外,他考察得出儿童(指学前儿童)学习语言效率高的原因:一是他们在生活中学习语言,学用结合;二是他们走了捷径——感受,领悟,积累,运用。[①]

在叶圣陶等人的语感知识的基础上,洪镇涛进一步归纳了语感的定义、分类、表现形式、实质等。在《语文教育本体论》一文中,他认为,"语感是一种语言修养,是对一种话语系统的敏锐感觉,它是在长期规范语言的感受和运用中养成的一种带有浓厚经验色彩的比较直接迅速地感悟语言的能力","语感可以划分为三大类别,即分寸感、和谐感、情味感"。[②] 他在《语感教学构架》一文中指出:"语感的表现形式是感性的,直觉的,它依靠直觉思维而不依赖分析思维;其实质是,感性中暗含着理性,直觉中积淀着思考。"[③]

在坚实的语感理论知识的支撑下,洪镇涛的"语感教学"理论体系逐渐形成。他在教学中边实践边总结,相继发表的《试论语文教学观念中的若干误区》《构建"学习语言"语文教学新体系》《答客问难——关于语文教学几个热点问题的我见》《在"完整语言"的实践中学习语言》《语文教育本体论》《语感教学构架》《回顾我的语感教学》系列论文等,都从不同侧面论述了"语感教学"的思想。他认为,语感教学(亦称语文本体教学)是以语言为本体,以学生的发展为本体,以语感训练为主要教学手段,以培养语感从而提高学生理解和运用祖国语言能力为主要目的的教学体系。

在《构建"学习语言"语文教学新体系》一文中,洪镇涛围绕九个方面内容,深入细致地阐释了"语感教学"新体系。一是抓住一个根本,即组织和指导学生学习语言,培养学生正确理解和运用祖国语言文字的能力,就是语文教学的根本任务,至于思想教育、思维训练和审美陶冶等,虽然都

---

① 洪镇涛.语感教学构架[J].中学语文教学,2006(8):3.
② 洪镇涛.语文教育本体论[J].新课程研究(上旬刊),2013(1):40.
③ 同①.

是重要任务,但都从属于上述根本任务,决不能脱离组织和指导学生学习语言这个根本;二是遵循一条途径,即在听说读写实践中感受语言—领悟语言—积累语言—运用语言,这是培养学生语文能力的一条正确途径;三是学习语言要注重两个方面,一是吸收和积累语言,一是习得和积淀语感;四是把握四个"结合",即语感训练与思想教育相结合,语感训练与思维训练相结合,语感训练与审美陶冶相结合,语感训练与语言知识传授相结合;五是加强一个"联系",即要重视语文教学与生活的密切联系,要树立大语文教学观;六是建立一套常模,即通过语言而实现的"语感教学"的结构是:感受语言,触发语感;品味语言,领悟语感;实践语言,习得语感;积累语言,积淀语感;七是设置七种课型,即语言教读品味课、语言自读涵泳课、语言鉴赏陶冶课、书面语言实践课、口头语言实践课、语言基础训练课、语言能力测评课;八是运用多种方法,如美读感染法、比较揣摩法、语境创设法、切己体察法;九是培养三项能力,即着重培养学生阅读能力、写作能力和口语交际能力。在这些归纳、总结、分析、论述中,他表明了自己的教学改革的意图,指出:"我所努力的,是建立一个语感教学(语文本体教学)体系,是想从实践层面上来解决语文教育中存在的问题。"①

在洪镇涛看来,"语感教学"的实施策略之一,是语感实践与语感分析并重。在长期的语文教学实践中,他曾批评过"分析"派的做法,突出"语感教学"具有感性的特点。但是后来,他逐渐接纳了语言所具有的理性的特点,他说:"在语感实践和语感分析的交叉作用下,让学生把一些感性的东西上升到理性,在理性观照下,又进入高一层次的感性。感性—理性—感性,螺旋式上升,语感力也随之不断提高。需要特别指出的是,语感训练不但不排斥'分析',而且确定的要采用分析的方法;不但不排斥语言知识,而且确定的需要某些语言知识的介入(但不要求也不需要系统的语言知识),语言知识对语感分析给予理性观照。"②这标志着洪镇涛在完善语感教学理论的认识方面,表现出了研究者的客观思考问题的科学态度。"语感"被吸纳到21世纪之初的课程标准中,这是对洪镇涛"语感教学"成就的肯定。而这课程标准中的新理念,也自然反射到"语感教学"的理念中。洪镇涛以发展的眼光,适时充实和调整"语感教学"的实施策略。他说:"语感是一种个人体验,必须通过个体主动地深入地体验和感悟,才能形成语感。教师的指导和点拨是必要的,但不能以教师的讲解代替学生的感悟。因此,要变'讲堂'为'学堂',采用教师指导下的学生主动、合作、探究的学习方式。"③

(二)洪镇涛"语感教学"的实践操作

通过大量的教学实践,洪镇涛从语文教材的内容出发,总结出了一套行之有效的常规课的课堂教学结构,这极大地促进了"语感教学"的发展。

"语感教学"重视情感引导。在教学《最后一次演讲》时,洪镇涛十分投入,他语调时而低沉,时而慷慨激昂,抑扬顿挫,加之挥拳砸桌的动作,活灵活现地展示了那特殊时代背景下的闻一多

---

① 洪镇涛.语感教学构架[J].中学语文教学,2006(8):3.
② 同①:4.
③ 同①:4.

的民主战士的形象。感人心者,莫先乎情。教师的"完全"投入,自然而然地触发了学生的心灵,引导学生进入预设的历史现场,较为深刻地受到教师的情感、闻一多的情感、演讲稿的情感、听众的情感的影响,进而从整体上认知这篇悼词。这完成了"语感教学"常规课的第一步,即"感受语言,触发语感"。具体说,就是"让学生通过听(听老师或录音范读)、看(默读)、读(出声朗读)、说(复述)等途径,从整体上感受语言材料。在熟悉内容、把握思路、了解主旨的同时,触发语感,即触发对文章的体裁、文章的风格、文章的情感、文章的质地、文章的气势、文章的表达等方面的整体的笼统的感受"①。

"语感教学"重视品味和感悟。在讲授《乡愁》时,洪镇涛觉得余光中的这首诗表达的意思较为含糊,诗人内心的思想没有明确地表达出来,便进行改写,让学生通过与原诗比较,品味原诗中的邮票、船票、坟墓、海峡等意象承载着的丰富文化内涵。这种引导意在完成"语感教学"常规课结构的第二步,即"品味语言,领悟语感"。具体说,则是"指导学生从语言运用的角度,扣住某些语感因素很强的地方,借助于语言知识,联系生活体验,深入品味语言,使学生进一步领悟语感。如让学生通过比较、推敲、品味,从语音文字方面、遣词造句方面、标点格式方面,领悟语言运用的规范恰当度;从概念方面、判断方面、推理方面,领悟语言的逻辑严密感;从适应语境方面、语体要求方面,领悟语言的得体感;从文章整体组合方面、材料搭配方面、语言表达方面,领悟语言运用的和谐感;从文章的情感方面、质地方面、气势方面、韵味方面,领悟语言运用的情味感"②。

语感教学重视多读、朗读。在拿高三的课文《文学与出汗》让高二的学生学习时,洪镇涛突出了读或朗读的环节,用朗读及稍加分析的方式训练学生的语感能力,而且效果显著。仅仅第三段"只要流传的便是好文学,只要消灭的便是坏文学;抢得天下的便是王,抢不到天下的便是贼。莫非中国式的历史论,也将沟通了中国人的文学论欤?"就读了八次。第一次是教师朗读,引出"共同点"的话题。第二、三次,仍是教师朗读,通过语气提示"共同点"。第四次,教师再读,启发"成""败""抢"之间力量感的差异。第五、六次,教师读自己修改后的"第三段"文字,引导学生通过语气来体会原文的批驳力度。第七次,教师读原文,突出鲁迅讽刺的语气。第八次,学生齐读第三段,学生读出了讽刺语气,并"会心地笑"了。对重点字词句段的品读、朗读、揣摩等,明显增强了学生的语言经验感。这是"语感教学"常规课的第三步,即"实践语言,习得语感"。具体说,是在"指导学生开展朗读重点段落,交流感悟心得,撰写语感随笔,完成课后有关揣摩语言的练习等活动,让他们进一步感悟语言之神妙,洞察语言之精髓,把握语言之理趣,从语言实践中习得语感"③。

"语感教学"强调诵读。在教《乡愁》,快要下课时,教师说:"再读几遍,背诵下来。"在教《文学与出汗》,学习即将结束之际,教师说:"给大家5分钟时间,把1~3段背下来。"还有,洪镇涛强调:"文言文教学要重视诵读。"④这样才容易"积累语言,积淀语感",这是"语感教学"常规课的第

---

① 洪镇涛.构建"学习语言"语文教学新体系[J].课程·教材·教法,1998(3):21.
② 同①:21—22.
③ 张良田.学科教学详解:初中语文[M].长沙:湖南教育出版社,2015:485.
④ 洪镇涛.文言文教学中要重视诵读[J].课程·教材·教法,1987(2):44.

四步:"要求学生在熟读的基础上背诵课文(全篇或重要语段),抄写精彩语句,有意识有计划地积累语言,积淀语感。"①

(三)洪镇涛"语感教学"的当下意义

一是"语文课必须姓'语'"的意义。自从20世纪初语文单独设科以来,研究者们一直争论语文的工具性、思想性、人文性等学科性质方面的问题,甚至言及它们之间谁包含谁的问题。洪镇涛指出语文教学中的思想教育有自身的特定的内容,要渗透于语文训练之中,不能简单地为政治中心服务。在"语感教学"中,洪镇涛主张学习语言,而不是研究语言。因为学习语言,强调的是感受、领悟和积累。其方法在于语感的培养,重视直觉思维,而不是分析思维。我们应该通过语文教材中具有历史内涵、政治内涵、科普价值的材料,进行字词句篇、语修逻文、听说读写等方面的学习、训练,表现语文自身特色。

二是突出语言价值的"语感教学",可以有效地化解网络语言的冲击。网络语言是不规范的,也是不稳定的。不少的网络语言,在短时间之内,常常是自生自灭的。但也有极少数的网络语言使用范围广,影响巨大。这时,"语感教学"所强调的具有正确的"格"的特点的语言,即较为规范的语言,即可发挥整合、容纳不规范的网络语言的功能,使之规范,并融入到通用的汉语言中。这不仅没有忽视网络语言,反而吸纳网络语言中的有益成分,并引导其向规范化的方向发展。

当然,就"语感教学"的七种课型而言,对于要求"选择语言典范、语感因素强的重点篇章,指导学生品读、体味"的语言教读品味课、要求"选择语言比较典范而难度不大的篇章,组织学生独立阅读"的语言自读涵泳课、要求"选择语言典范的文艺作品[包括诗歌、小说(微型小说或长篇中篇节录)、散文、剧本]"的语言鉴赏陶冶课等各种课型,只适合于有这种鲜明特点的篇章,因而不具有普遍性的特点,或许,这是"语感教学"在课型方面表现出来的局限。

二、余映潮的"创美语文"

张定远先生说,余映潮不仅"是一位语文教学研究的能人",更"是一位善于创新的中学语文教研员"。② 许书明教授从课型创美、思路创美、提问创美、品读创美、活动创美等③方面解读了"创美语文"的内涵。这些定位固然不错,但从诸多相关论述看,余映潮"创美语文"的教学方法,一方面阐释了字词句段篇、听说读写等理论内容,另一方面卓有成效地探索了具有实践价值的主问题的教学设计、板块式教学设计。

(一)余映潮"创美语文"的理论概说

---

① 洪镇涛.构建"学习语言"语文教学新体系[J].课程·教材·教法,1998(3):21—22.
② 张定远.余映潮——善于创新的语文教研员[J].语文教学通讯,2003(17):4.
③ 许书明.当代十大名师"特色语文"内涵解读[J].中学语文,2014(4):12.

1."创美语文"的理论内涵

语文教材中的一篇篇选文,语言精妙、内涵丰富、体裁多样、风格各异、文质兼美。这些精美的课文难易有度,不仅适合于相应年龄段学生的学习,而且在开阔学生视野、激发学习语文的兴趣方面是大有好处的。余映潮充分开发教材从内容到形式等方面所蕴藏的精美资源,挖掘美文之所以为美的因素,提出了美文美教的观点,并做出了如下八方面的分析。

美教,就是从朗读的角度处理课文,将课文视为一篇不可多得的朗读材料,让学生在朗读之中体会到文章的铿锵之声、音乐之美;体会到文章的起承转合、急迫舒缓;体会到文章的气势、神韵、风格……

美教,就是从积累的角度处理课文,将课文视为一个小小的语言文字的聚宝盆,让学生在美的欣赏、美的陶醉之中阅读课文,背诵课文。

美教,就是从语言的角度处理课文,带领学生在美的语言中徜徉,欣赏优美、精彩的语言,进行积累、感悟、熏陶和培养语感的教育。

美教,就是从模式学用的角度处理,将课文视为表达形式优美、表达技巧娴熟、表达模式精细的写作范式,让学生进行品味,进行欣赏,进行学用。

美教,就是从发现的角度处理课文,用审美的眼光去教学优美的文学作品,指导学生对课文的人物形象塑造、表达方式运用、表现手法应用、谋篇布局技巧等内容进行"美点寻踪",进行"妙要列举",进行"妙点揣摩"。

美教,就是从思维训练的角度处理课文,将课文视为内涵丰富的思维训练材料,借此组织多姿多彩的课堂创造活动。

美教,就是从阅读技能的角度处理课文,将课文视为内容丰满、表达精湛的阅读训练材料,让学生习得阅读理解、分析鉴赏的技能技巧。

美教,就是从情感的角度处理课文,让学生在入情入境的赏读之中,领略文中的美好情韵,发展美好情感,培养健美心态,完善健全人格。①

其中,"美教"是关键词,突出了教师的主导地位。而落实朗读、积累、语言、表达、发现、思维、阅读技能、情感态度等具有鲜明美感的学习内容,不仅需要教师的引领,而且更需要学生主体的积极参与,才能更好地实现教学目标,完成相应的教学任务。可见,在"创美"的过程中,双主体之间的关系是互为联系、互为作用的。

2."创美语文"的理论表现

从两个角度看其表现:先看"字词句篇"教学中的"创美"。(1)语言的"创美"。在语言教学的角度,余映潮指出中学语文教材是精选的语言现象,教学的关键是教师要精细地研读课文,有机地撷取语言教学的材料并精巧地设计语言实践活动。② 在做好"语用"训练分析时,他进一步指出:"语言学用教学的精华内容应是:雅词、佳句、精段、美文,还有综合性精美的语言表达模式。

---

① 余映潮.教材处理的艺术(之四)[J].中学语文教学参考,2002(10):25.
② 余映潮.走进充满美感的新课堂[J].语文教学通讯,2004(Z2):82.

为此,教师要善于从语言的角度对每一篇课文进行分析,提炼课文的句式、段式、篇式,分析课文中语言组合的特点,分析课文语言在叙述、描写、说明、议论、抒情中达意传情的技巧。"①(2)"字""词"的"创美"。他对妙字、雅词的分析较多,从众多相关的教学实录中即可看出。(3)"句"的"创美"。他对佳句、句式的分析,极具创新色彩。但是当前受考试影响,语文教师虽然关注句式研究,却忽略了句式的训练。②(4)"段"的"创美"。在《享受段式研究的乐趣》中,他认为在教学中要对文章的"段"进行思路、结构、层次、脉络乃至手法的分析与提炼,这能让我们从"段落教学"的角度发现大量有用的课堂教学资源。③此外,他还指出当段式研究存在的问题是不少的教师还没有进行过段式的分析与研究。这无论对于教师的阅读分析能力的训练,还是教师教学资源的积累,都是一种损失。事实上,如其所说,突出句式训练、段落研究等方面,语文教师不仅能提高语言理解水平,而且也有益于环环相扣地发展学生认识、理解、分析、运用语言的能力。

再看"听说读写"教学中的"创美"。除识字与写字教学之外,表现听说的口语交际教学、阅读教学、写作教学等既是语文教学的重要内容,也是余映潮"创美"的重要材料。(1)"听"与"说"的"创美"。在"听""说"方面,他既要求"美美地听",也要求"美美地说"。在美感中听说,这容易激发学生的学习兴趣。"趣"源于自主学习,源于自我探求,源于自我发现,激发了内心的需求,是主动学习的结果,而不是被动地接受。(2)"读"的"创美"。在"读"的方面,他既强调课文的整体阅读教学,也强调教师的范读、朗读。教师的"读"通过语气、语调、语速、节奏的变化等因素,创造并表现出美的旋律,从而激活学生品味美的艺术细胞。(3)"写"的"创美"。在"写"的方面,余映潮采取读写结合的方式。在讲课过程中,他或采取示范写作的方式,让学生仿写;或采取给出上文的方式,让学生续写、填写下文;或采取给出具体词语的方式,让学生连词成文;或采取从一篇美文中总结出多种写法的方式,让学生选择适合自己的方法来写作。在训练学生的写作方面,他的上述方式、方法都收到了实效,充分体现了写作方面的"创美"。

(二)余映潮"创美语文"的实践教学

余映潮"创美语文"的理念,是通过他的主问题教学、板块式教学等实践教学活动得以彰显的。

1.主问题教学

余映潮就"主问题"的定义、特点、作用、设计要求等,做出了明确的界定。他认为:"主问题"是能对课文阅读起到"牵一发而动全身"作用的提问或话题④。"主问题"具有魅力的特点在于"从学生活动的角度看,'主问题'在教学中表现出这样一些明显特点:一是在课文理解方面具有吸引学生进行深入品读的牵引力;二是在教学过程方面具有形成一个持续较长时间教学板块的支撑力;三是在课堂活动方面具有让师生共同参与、广泛交流的凝聚力"⑤。从教师教学的角度

---

① 余映潮.好课,要做好"语用"训练[N].中国教师报,2016-1-20(6).
② 余映潮."句式"的世界丰富多彩——语文教师课文美读的角度之五[J].中学语文,2012(4):17.
③ 余映潮.享受段式研究的乐趣——语文教师课文美读的角度之四[J].中学语文,2012(1):40.
④ 余映潮.美妙的"主问题"[J].中学语文教学,2014(7):69.
⑤ 余映潮.好课,提问的设计要精粹[J].中国教师报,2016-2-24(6).

而言,"主问题"具有如下四个方面的独特的作用。

(1)"主问题"是经过概括、提炼的,"主问题"教学现象对教师把握教材的水平和课堂对话的能力提出了很高的要求,"主问题"的广泛运用将大面积提高语文教师深入细致地钻研教材、研读课文的水平。

(2)"主问题"有利于课堂上"大量的语文实践活动"的开展,有利于"简化教学头绪,强调内容综合"。"主问题"的提出,是"预设";由"主问题"而形成的课堂活动,是"生成"。

(3)由几个"主问题"组织起来的课堂阅读活动呈"板块式"结构,每一个"主问题"在教学过程中都能产生有相当时间长度的课堂学习与交流活动,几个"主问题"层层深入,从不同的角度深化着课文内容的学习。

(4)由于"主问题"常呈"话题"的形式,所以在课堂教学中,师生的品读活动一般不是表现于细碎的"答问",而是表现于师生之间的"对话",这将大量改变语文教师的课堂提问习惯,带来流畅扎实、效率较高的课堂教学过程。[1]

"主问题"的教学设计是追求美感的。"'美'课设计的大致要求:第一,课堂教学中的'美',力求表现在'课'的整体设计上。这是关键。第二,课堂活动的设计要优雅,要酿造'美'的活动氛围。第三,注意活动之间的协调,活动形式、教学节奏的自然变化。第四,课堂活动除了训练的能力之外,还要给学生新、美、趣的阅读感受。第五,美的课,应当给学生思想感情上的濡染。"[2]这样的设计在"走进充满美感的新课堂"[3]时,我们既看到了活动充分、读写结合、体验感受、对话交流、文学欣赏、探究思考、拓展延伸等余映潮展示美感的有效方式,也看到了余映潮在诸多课例中所设计的诸如"想想看,课文中的'五幅图'的位置是可以互换的吗(《春》)""作者笔下的祥林嫂,是一个没有春天的女人。请同学们研读课文,证明这种看法(《祝福》)"[4]等"主问题"的重要作用:即或提纲挈领,或突出重点,或整体感知,或分析细节,或关注写法,等等。

2.板块式教学

余映潮不仅是中学语文板块式教学的创造者[5],更是这一教学模式的探索者。他先后归纳了"板块""板块式教学"等的含义,认为"所谓'板块',有两个方面的含义:一是从教学材料看,它选择课文内含有可供'比较'或'联读'的两个能集中课文精华而又有内在联系的段落或者两处大的课文层次;二是从教学过程看,将教学时间进行有机的划分,或分成三块,或分成四块,或分成五块,每块时间内完成一定的教学内容"[6]。在此基础上,他也探索了"板块式教学"的含义、特点、应对模式化问题的有效途径等。

所谓板块式教学,就是在一节课或一篇课文的教学中,从不同的角度有序地安排几次呈"块"状分布的教学内容或教学活动。在教学实践中,这种教学思路表现出比较明显的特点。

---

[1] 余映潮."主问题"的教学魅力[J].中学语文,2011(7):3-5.
[2] 余映潮.教学创意讲究"美"[J].中学语文教学,2015(7):71.
[3] 余映潮.走进充满美感的新课堂[J].语文教学通讯,2004(Z2):80.
[4] 同①.
[5] 余映潮.论"板块式"阅读教学思路[J].语文教学通讯·D刊(学术刊),2011(1):26.
[6] 余映潮.课堂教学设计艺术示例之三——板块并列式思路[J].语文教学通讯·初中B刊,2000(7):23.

（1）就教学的有序性而言,其教学过程清晰地表现为"一步一步地向前走",即比较理性地向前推进;其教学的具体内容构成完整的板块,即"一块一块地来落实"。将全课的教学板块连缀起来看,它呈现出一种板块层进式的教学造型。

（2）由于教学中的每一个板块都着眼于解决教学内容的某一角度、某一侧面的问题,于是每个板块就是一种半独立的"小课"或者"微型课",它要求教师精心地研读教材,优化、整合课文内容,提炼出可供进行教学的内容板块,从而有力地提高教师处理教材的水平。

（3）由于"板块"二字的出现,教师就要考虑板块的切分与连缀,考虑板块之间的过渡与照应,考虑板块组合的科学性与艺术性,这就改变了常规的备课思路,有利于提高教师的教学设计和创意的水平。

（4）由于板块的有机划分,其中必然有让学生充分地占有时间、充分地进行活动的板块,也就是说,有些板块是明确地归属于学生的活动的,这就在让学生成为学习主体上迈开了扎实的一步。

（5）教学过程中因为"板块"的清晰存在而容易协调教学节奏,能较顺利地展现课堂教学中教与学、疏与密、快与慢、动与静、轻与重的相互关系,使课堂教学波澜生动,抑扬合理,动静分明,教学的清晰性和生动性都能得到鲜明的表现。

（6）教学中"板块"组合的形态、形式非常丰富,可以充分地表现教师设计教学的技艺、创新意识与审美意识。由于"板块"内涵的本质内容是整合教学资料与安排课堂活动,所以它可以用于各种文体或各种课型的教学之中。

教师在运用板块式教学进行教学的时候,有一个重要的问题需要解决,那就是对"教学板块"的设计与安排不要总是千"课"一面,不要显得呆板和机械。这个问题的解决,主要有三种途径:第一,要因课文的不同而设计不同的思路;第二,可尝试对一篇课文设计几种不同的思路;第三,可巧妙运用过渡技巧而淡化板块之间的界限。①

依据"板块"和板块式教学的内容,余映潮进行了相应的富有实效的实践教学。如教学文言文时,《〈论语〉十则》的教学设计,设计为赛读课文、质疑问难、背读课文、梳理课文等四个板块。如教学中国现当代文学作品时,《中国人失掉自信力了吗》的教学设计,先自读课文:思考我们读懂了什么？然后讲读课文:问同学们还有哪些地方没有读懂？②他要求学生按照"第一句话,速读课文,扩写一个句子""第二句话,寻读课文,续写一个句子""第三句话,细读课文,创造一个句子"③等三句话自读课文。如教学外国文学作品《最后一课》时,教学过程由文意把握和片段欣赏这两个重要的教学板块组成。

实际上,主问题教学与板块式教学是一体两面的问题。"主问题教学",强调的是教学内容。"板块式教学",强调的是教学方法。在教学过程中,有时也可能出现一个"主问题"就是一个"板块"的情况。

---

① 余映潮.《鹤群翔空》教学实录[J].黑龙江教育(中学版),2004(26):13.
② 余映潮.论"板块式"阅读教学思路[J].语文教学通讯·D刊(学术刊),2011(1):27.
③ 同①.

(三)余映潮"创美语文"的教改意义

1. 充分体现教师的主导价值

我国传统的语文教学是以教师讲授为主的,"满堂灌"或"满堂问"的现象是比较常见的。与此相反的是,余映潮虽然主导课堂,但相机讲授,点到为止,切实地起到了引领的作用,有效地防止了学生思维的跑偏现象。看他的教学实录,即便他的话语不多,有时仅仅是一两句肯定的话,但很有分寸感,这正体现了他娴熟驾驭课堂的艺术功力。他很会启发学生关注"主问题"、"板块"内容、教学重难点等,也很会串讲、揣摩课文的妙点。他提出多种问题,示范具体步骤,鼓励学生参照"示范",引导学生发现教材中的美点,激励学生创造语文课堂上美好的瞬间。在此基础上,他让学生尝试解决相关问题,并及时纠正学生出现的错误。

2. 充分体现学生的主体价值

在课堂上示范和引领之后,余映潮常把问题抛给学生,充分调动学生学习语文的积极性,激发他们的创造力。学生面对的问题多,讨论问题的时间多,因此占有整堂课的时间就多了。在思考课文内容、探索和解决教师提出的问题过程中,学生仔细地听、大胆地问、勇敢地说、积极地读、认真地写、直率地评价。学生发挥了自己的聪明才智,实实在在地参与到课堂的语文学习中,收获了属于自己的那份美感。尤为可贵的是,这样的美感绝不是师生预设的,而是在探讨、讨论、摸索的过程中生成的。显然,学生成为课堂中最活跃的力量,彰显了主体的价值。

3. 充分体现"创美语文"的创造价值

传统语文教学具有模式化、僵化、静态的特点,学生的学也是被动的。但"创美语文"教学则是一个审美的、变化的、动态的过程,学生的学是积极主动的,是发自内心的。"创美语文"把教材中的一篇篇课文,看成是具有诸多空白点的文本,强调学生与文本之间的互动,调动学生审美创造的潜能,鼓励学生尝试着去填充那些空白点,从而进一步丰富文本。所以,"创美语文"教学实质上是师生在文本基础上生成或再创造一个新颖别致的课堂的教学。

三、于漪的"情感教学"

看于漪的视频,听于漪的讲座,读于漪的论文和教学实录,都能深深地感受到其中蕴含着的浓浓的情感。毫无疑问,这种情感带有极强的感染力,潜移默化地影响着学生的心灵。所谓"情感教学"是指教师能够恰当地运用一些教学手段,通过调动、激发和满足学生的情感需要,从而促进教学活动积极化的过程[①]。情感教学的特点是:让情感进入课堂,激发学生的情感[②]。

---

① 匡锦.于漪的情感派教学方法[J].考试,2015(Z2):31—32.
② 刘涛.于漪与李吉林语文情感教学之比较研究[J].中学语文,2001(1):9.

(一)于漪"情感教学"的理论主张

首先看"教"的方面。于漪在1978年提出的"教文育人"说,是她的"情感教学"的理论基础。在这一基础上,语文教学才能培养学生成长为一个真正的人。"教文育人"说可以分为德育说、人文说、爱育说、审美教育说等方面。

1. 德育说

在进行学科教学渗透德育的探索过程中,于漪通过熏陶感染的方式来塑造学生的心灵,指出:"教育说到底是培养人。"从流传至今的"品学兼优""德才兼备"等成语中,我们不难看出"品"与"德"是处于首要地位的,尤为重要的是,"品"与"德"是一个人立身处世的根本,是智育、体育、美育、劳动教育的灵魂和统帅。

2. 人文说

在于漪看来,一方面"语言"具有特殊的属性。她认为:"语言不但有自然代码的性质,而且有文化代码的性质;不但有鲜明的工具属性,而且有鲜明的人文属性。"[①]另一方面,作为交流工具的文字既具有表音功能,也具有表意功能。有的汉字不仅具有表意的构件,而且指涉的对象也是有明确的内涵的,显示了独特的存在价值和人文色彩。于漪在强调不能冷落文字时说:"我们的基础教育是有学术内涵的,哪怕教一个字,也有它的学术内涵、文化积淀,有不同的教育效果和育人价值。"[②]在她的阅读教学课堂中,汉字活灵活现地传达着人的情感。于漪突出"教文育人"说的人文价值,实质上是为了突出作为活生生的人的学生的生存权利、存在价值。她说:"教育上,长期以来,我们只看到分数不见人。"[③]在学校、教师、家长,甚至学生的眼里,分数占据首要地位,其他方面都是次要的。但实际情况应该是:学生接受教育,学习成绩只是其中的一部分,而不是全部,因为还有心理、思想、道德、情感等更为重要的精神生活的成长。

3. 爱育说

在意识形态层面上,于漪认为必须培养学生爱党、爱社会主义、爱祖国的理想信念。在教育教学过程的层面上,于漪认为语文教师要爱语文教学,这反映在她对听说读写的投入方面。如通过读写结合来训练学生的写作能力时,她对阅读的钻研劲头儿,竭尽全力读懂原文的专心态度,努力进入到作者精神世界和作品世界的探索精神,都充分地体现了她在教学上的投入、执着和爱。在尊重学生的人格、爱护学生的学习积极性的层面上,她循循善诱的引导行动、春风化雨的贴心语言,激励着学生的人格、思想、情感的健康发展。如面对学生抄袭写作的现象,她没有指责、训斥学生,而是用上了一次别开生面的写作讲评课来指导学生"应该怎样"做,收到了十分良好的效果。[④] 这种保护学生的自尊心的教学教育行为,源于她对学生那种满腔热情的爱。

[①] 于漪.弘扬人文改革弊端——关于语文教育性质观的反思[J].语文学习,1995(6):4.
[②] 于漪.把诗意的语言变成教育的追求[J].上海教育科研,2013(8):卷首语.
[③] 于漪.中学语文课堂教学三个维度的落实与交融[J].连云港师范高等专科学校学报,2004(3):20.
[④] 于漪.于漪与教育教学求索[M].北京:北京师范大学出版社,2006:89.

4. 审美教育说

在于漪看来,为了拨动心灵琴弦,给学生以审美享受,教师首先要点燃自己的教学激情,然后创设审美情境,激发学生的爱憎之情,用美去塑造他们的心灵。她说:"语文有熏陶感染功能和审美功能。写祖国的大好河山,我们感受到自然美,写人的精神的高尚、不朽,感染到人文美,而这都是通过语言美来实现的。语言铿锵多变,特别是古诗词,那种韵味,美不胜收。学语文本身就是陶冶在美的氛围之中,是以美熏陶孩子的情感、态度、价值观的,所以语文是多功能的,是可以发挥到淋漓尽致的。"①语文教材中的一篇篇文本,凝聚着作者发现美、探索美、追求美的艺术心理,自然带给读者诸多美感享受。

在"学"的方面,教师讲授、启发诱导的同时,于漪想方设法调动学生学习的积极性。她批评了当时"满堂灌"、一讲到底、包办代替的做法,并不主张"学生中心主义"的做法,也不认同强调"学生主体"而忽视"教师主导"的做法,认为教师"目中无人"更是错误的,提出"学生是学习的主人"的观点。她说:"(一)学生是学习的主人,是能思善想具有主观能动作用的人,而不是'容器';(二)教师要把从教出发的立足点转换到从学出发,要目中有人;(三)教师的'教'是通过学生的'学'而发挥作用的,因此教师要不断研究学生的新情况和新特点,要'和学生的心弦对准音调',要启发学生学,引导学生学;(四)只要心中有学生,胸中有全局,锲而不舍,持之以恒,我们一定能够实现我们的教育教学目标。"②实际上,她主张的教师主导教学和学生积极主动学习二者之间结合起来的做法,是更为可取的。毕竟师和生是在语文教和学中承担着各自不同任务的主体,必须彼此作用,才能有效地完成教学任务。

于漪的"语文兴趣说"也是"情感教学"的重要理论主张。她的语文教学,课的开头总是快速激发学生的思维,促使学生思维兴奋。课中体现劳逸结合的特点,学生学得愉快。课的结尾力求余音绕梁,学生总有一种回味无穷、割舍不得的感觉。她的教学语言生动、形象、感人、富于趣味性,总能"粘"住学生。她说:"课上得情趣横溢。课切不可干瘪无味,冷若冰霜。学生课业负担重,碰到干瘪无味的课,厌学情绪就会勃然而生。厌学是求知历程中的大敌,而情趣横溢的课是抵御这个敌人的最有效的武器。"③

(二)于漪"情感教学"的操作方法

教学有法,教无定法,贵在得法。于漪的"情感教学"模式是不固定的,教学方法也是灵活多样的,上升到了一种"化"的境界。在实际操作过程中,她常用情境渲染法、文本解读法、思维激趣法等,来展开"情感教学"。

1. 情境渲染法

如在讲授朱自清《春》的第一课时,于漪使用的导入语带有明显的情境渲染色彩。她说:"我

---

① 于漪.中学语文课堂教学三个维度的落实与交融[J].连云港师范高等专科学校学报,2004(3):22.
② 于漪.于漪与教育教学求索[M].北京:北京师范大学出版社,2006:38.
③ 于漪.让课堂充满生命活力[J].人民教育,2004(7):24.

们一提到春啊,你们想一想看,会不会眼前就仿佛展现出阳光明媚、东风浩荡、绿满天下的美丽景色?一提到春,我们就会感到有无限的生机,有无穷的力量!所以古往今来,很多诗人就曾经用彩笔来描绘春天美丽的景色。我们曾经学过一些绝句,现在我问一问大家,杜甫的绝句当中是怎样描绘春天的?(稍停)有同学知道吗?杜甫的绝句,大家想想看。"[1]用这样的方法导入新课,很容易吸引学生的注意力,让学生充满好奇心,并想探查究竟。

2. 文本解读法

于漪的文本解读有自己的个性特点,真正地吃透文本,掌握作品的深广度,把握作家的精神实质,让学生学有所获、内心获得成长等方面,是她长期以来孜孜以求的教学目标。在她看来,课教得好不好,是否优质高效,关键在于课备得好不好,文本解读得好不好。她认为:"必须潜下心来,由语言文字到思想内容,由思想内容到语言文字,来来回回几次。把静躺在纸上的文字读得站立起来,与作者对话,与编者交流,读出文章的个性,抓准文章的基调,抓住最动人最精彩的笔墨,读出独特的心得体会,领悟编者的编辑意图。此时此刻,就不是人是人,书是书,而是人读懂了书,乃至在思想情感、价值取向等方面呼吸与共,互补互融。"[2]并且她认为"教师对教材解读的深度和宽度往往决定了教学的高度,文本解读能力的强弱,决定了课堂教学质量的高低"[3]。教师对文本的解读深度、广度到位,才能给学生留下了深刻的印象。

3. 思维激趣法

在读写教学中,如何引导学生不断地思考问题,于漪总结出了一套行之有效的思维模式。她说:"教学过程从程序上讲就是教师有意识地使学生生疑、质疑、解疑、再生疑、再质疑、再解疑……的过程。在这个循环往复、步步推进的过程中,学生掌握了知识,获得了能力、学会了方法。"按照这个程序,在写作讲评教学中,教师借助学生习作《四国大战》,抓住了"喜悦""兴奋""快乐"等表达情感的词汇作为感染点,"把握学生思维的'触发点'"[4],通过"怎么样把人物写活了""怎样有波澜呢""但是也觉得有问题,在什么地方"等一系列问题,不仅宏观地再现了学生的思维,加强了学生在语文学习中对写作重要性的认识,而且把"评文"和"育人"结合起来,"站在育人高度评文育人"[5],培养学生的爱国心和时代感。

(三)于漪"情感教学"的现实意义

1. 揭示作品的精神意蕴

在情感教学的备课过程中,教师集作者、读者、作品中的形象等于一身,通过相应的语言文字所传递的信息,感受人物的感受,思考人物的思考,从而认知人物的精神世界。虽然作者创作的作品,自有作者的本义,但一千个读者眼中有一千个哈姆雷特,读者、研究者做出其他合情合理的

---

[1] 于漪.于漪与教育教学求索[M].北京:北京师范大学出版社,2006:38.
[2] 于漪.语文课堂教学有效性浅探[J].课程·教材·教法,2009,29(6):32.
[3] 于漪.语文教师的文本解读[J].中小学教材教学,2015(2):8.
[4] 于漪.视野·思路·表现力——写作教学纵横谈[J].中华活页文选(教师版),2009(9):9.
[5] 于漪.今天怎样教写作[J].中学语文教学参考,2005(10):6.

解读,会使文本具有丰富的精神意蕴。这种符合逻辑思维的解读,是"情感教学"努力打开作家作品精神世界的可行性钥匙。

2. 认识母语的重要意义

任何一个国家的母语都是该国家在世界上存在时所呈现出来的特殊的文化符号。在全球化进程中,在我们国内,外语热的现象已经达到了登峰造极的程度。于漪本能地感受到了这种冲击,也真切地看到了汉语地位的下降。所以在"情感教学"中,于漪大声呼吁:解放思想,走出困境。她强调:既要争取社会文化大环境得到进一步改善,也要争取教育小环境真正地符合育人的规律。① 我们甚至可以说,有母语存在的地方,就有母语文化的存在。而母语的丧失,显然意味着文化的丧失。

3. 突出人之所以成其为人的独特意义

李镇西认为,"于漪们""自身的实践还语文教育以'语文'的本色,给语文教育注入了'人'的灵魂","强调语文教育必须走进'人'的心灵"。② 而在于漪那里,无论是"教文育人"还是"评文育人",都展现了"情感教学"的育人意义。这不仅仅因为人是接受教育的对象,而更在于"育人"是教育的本质。在"情感教学"中,教师的一言一行,都意在触动学生的心灵,激发他们的学习兴趣,培养他们积极的情感,养成坚韧的意志,成长为一个不但有正确思维、健康情感、崇高理想信念,而且能解决问题、自主探索、合作探究、勇于创造的真正的人。

当然,就认识语文学科性质这一问题而言,从思想性发展到人文性,于漪虽然经历了艰辛的探索历程,但她不断超越自己的旧有思维、逐渐完善自己已有认识的那种反思精神,不仅是十分珍贵的,更是值得我们学习的。

四、宁鸿彬的"思维教学"

在语文教学中,面对语文教材,师生时时刻刻都要思考、构想彼此间出现的各种问题。很显然,思考、联想等是语文教学的重要组成部分。在宁鸿彬看来,加强思维训练是提高语文教学质量的重要一环③。刘良华教授说:教师对学生的"假设""猜想""预料"的"思考"的兴起和引发称为"思维教学"。④

(一)宁鸿彬"思维教学"的理论模式

1. "思维教学"是重视规律的教学

宁鸿彬说:"讲规律就是给学生讲授具有规律性的知识。什么是规律?规律是事物本身固有的必然本质联系和必然发展趋势。规律具有重复性和普遍性,只要具备一定条件,某种合乎规律

---

① 于漪.语文课堂教学有效性浅探[J].课程·教材·教法,2009,29(6):32.
② 李镇西.于漪们的意义[J].教师之友,2004(3):21.
③ 宁鸿彬.加强思维训练[J].中学语文教学,1994(7):7.
④ 刘良华.论"思维教学"[J].湖北教育(教育教学),2013(3):61.

的情况就必然出现。"①当归纳出一篇课文的作者的"五个要点"时,当总结出一篇课文中的人物形象的"三点"分析标准时,宁鸿彬立即推广这些学习方法,鼓励学生运到其他课文的作者、作品中的人物形象的学习中,从而达到举一反三的目的。

2."思维教学"是讲究"精"和"巧"的教学

看宁鸿彬的教学视频、教学实录,一个十分突出的特点就是教学设计"精"、教学语言"精"。宁鸿彬认为,"精讲"即"传授知识的过程要做到内容精要,教法精巧,语言精炼","精炼"是指"巩固训练的过程要做到精选典型,精心设计,精于指导","精要"是指抓住课文的精华、要点进行教学。②对于重要问题,教师思考好之后,理出教学思路,抓住关键、重点进行讲解。当学生对重要问题有疑惑时,教师要找准问题的症结所在,对症下药。即是说,教师的三言五语,就能点出疑惑问题的实质所在,在要言不烦中让学生疑窦大开,立即顿悟。相反,有的教师讲了很多,但一直都讲不到关键处,只能让学生疑云丛生。对于这一现象,宁鸿彬下功夫精思巧授,从根本上进行提高语文教学效率的探索,效果显著。

3."思维教学"是关注"读、思、练"的教学

宁鸿彬指出:学习一篇文章要形成"熟读——质疑——解疑——总结——运用"这样几个步骤③。崔石挺就此解释道:"为什么这样分?宁老师认为,质疑、理解和概括本身就是三种能力,而且又是合成阅读能力的重要因素。这三者在阅读过程中,又是按照由质疑而理解进而概括的顺序进行的。所以,按照这样的步骤指导学生阅读课文,是符合阅读规律的。"④阅读能不断激发读者的思考,促进读者想的发生、说或写的表达欲望的出现等。其实,这就是从"质疑、理解和概括"到运用的具体化表现,即"读、思、练"教学的反映。

焦名海概括了宁鸿彬的创造性思维训练的教学模式,即问题——发散——点拨——评论。其中的"问题"是指向学生提出带有创造性的问题,创设问题情景;"发散"是指学生就问题发表自己的见解;"点拨"是指学生的思路在发散中受到阻碍时,教师在思路上进行点拨;"评论"是指对学生的创造性进行鼓励,对偏激之处进行指正。⑤从宁鸿彬的教学视频、教学设计、教学实录、教学论文中,这样的概括是对的。但读者在发散思维之外,还能注意到求同思维、直觉思维、分析思维、灵感思维、逆向思维、相似思维、想象、联想⑥等不同的思维在"问题"这一环节之后所发挥的重要作用。其实,思维自身是具有全面性、广阔性、严密性等特点的。

(二)宁鸿彬"思维教学"的训练方法

1.训练方法概述

在教和学的双向互动中,思维训练无处不在。有人说:"语文学习需要多方面的训练,最基本

---

① 宁鸿彬.提高语文教学效率的途径[J].课程·教材·教法,1996(7):28.
② 宁鸿彬.精思巧授 浓缩教学内容[J].语文学习,1991(9):27—28.
③ 宁鸿彬.从学"教"到教"学"[J].语文教学通讯,1983(8):13.
④ 崔石挺.用心求索功在不舍——北京第八十中学宁鸿彬老师的语文教学[J].语文教学通讯,1983(8):10.
⑤ 焦名海.宁鸿彬语文教学类模式初探[J].深圳教育学院学报(综合版),2000(2):68.
⑥ 宁鸿彬.面向未来,改革语文教学[M].北京:光明日报出版社,1989:149—150.

的训练归纳为听、说、读、写,而这四种能力与思维能力密切相关,可以说听、说、读、写的内在核心就是学生实际的思维能力。"①就质疑的方法而言,宁鸿彬在培养学生的思维能力时,总结出了查寻、比较、假设、展开、分解、剖析、联系、挖掘②等提出问题、思考问题、解决问题的方法。就创造性思维能力的训练方法而言,宁鸿彬论述的求异思维、联想、想象等的训练方式则给人留下了深刻的印象。宁鸿彬在分析求异思维时指出:多端性训练方式主要包括多途径作业、多方案选择、多样性解答、多角度回答等,变通性训练方式主要包括变顺序叙述、变方式表达、排除性运用、反方向求解、变角度陈述等,独特性训练方式主要包括审视性阅读、综合性介绍、创造性发挥、完美性加工、新角度表述等。③ 联想训练方式包括类似性寻求、对比性寻求、相关性寻求、不及性相联等,想象能力训练的方式包括扩展性描述、组合性编写、传奇性编创、推测性填补等,创造性思维综合训练的方式包括多种性新角度评析、优选式隐义性表述等。④

2. 具体的训练途径

(1) 课内的思维训练方法。

因为思维训练在教和学中时刻存在、无处不在,所以教师如何启发、引导学生的思维显得更加重要。宁鸿彬认为要使自己的教学方法切合学生的学习规律,最重要的一点就是要教给学生怎样去学习,也就是说,课堂教学要以学生的实践活动为主,在教师指导下由学生自己去进行实践。

所谓以学生的实践活动为主,具体地说,就是文章要由学生自己读懂,疑问要由学生自己提出,问题要由学生自己分析解决,知识要由学生自己发现,规律要由学生自己找到,概括地讲,就是使学生通过自己的实践,获得知识、增长能力、发展智力。

所谓在教师指导下学生自己进行实践,包括以下两方面内容:一是给学生的实践活动创造条件,诸如充分调动学生课堂活动的积极性,提供或指定学习资料、工具书,讲授必要的入门知识,设计并组织以学生实际为主的课堂教学活动等;二是培养学生良好的学习习惯,向学生传授学习语文的方法,诸如怎样读书,怎样发现和提出问题,怎样分析和解决问题,怎样从课文中提炼知识,怎样运用所学知识,怎样写学习笔记等。⑤

在上述引文中,从为学生创造实践活动的条件、培养学生好的学习习惯、提倡在教师指导下学生适量的实践活动看,宁鸿彬提出的精讲精练的教学原则得到了很好的落实。之所以能实现这样的目标,这与其身体力行、恰如其分的指导密切相关。他常采取如下几种办法:"① 教师作质疑、分析、概括的示范,并向学生揭示自己这样做的思路。② 请学生中进行质疑、分析、概括等活动的优秀者讲讲自己的思路。③ 针对一些课文中提出问题、解决问题的实例,向学生揭示作者的思路。④ 直接向学生讲解思考问题的思路。"⑥具体而言,宁鸿彬通过阅读教学、表达教学、

---

① 徐筱茹,赖学军.宁鸿彬"启"思维训练路径探幽[J].读与写(教育教学刊),2014(3):60.
② 宁鸿彬.思维能力的培养与阅读训练[J].语文学习,1983(12):7-8.
③ 宁鸿彬.求异思维训练浅说(四)[J].语文教学通讯,1986(10):8-9.
④ 宁鸿彬.创造性思维能力训练举隅[J].语文教学通讯,1987(10):4-7.
⑤ 宁鸿彬.从学"教"到教"学"[J].语文教学通讯,1983(8):13.
⑥ 同⑤.

复习课等训练方法,引导学生把握思路,培养学生的思维能力。

在阅读教学中训练学生思维的方法。在《分马》的教学中,他引导学生将小说中众多人物进行分类,并总结出了分类教学法。他认为:"分类教学法就是首先把作品中叙写的众多人物分为几类,一类一类地去分析理解。"① 在《皇帝的新装》的教学中,师生共同分析了皇帝、官员、百姓上当受骗的原因,那个小孩没有上当受骗的原因。正是因为师生抓住了这个问题刨根问底,追查原因,所以才能从现象到本质,比较深刻地理解了课文。这种通过抓住课文叙写的事件去追查原因的阅读理解课文的方法,叫作"析因阅读法"。②

在表达教学中训练学生思维的方法。在书面表达训练方面,仅从《写作题五十例》③中,如"原来如此""急中生智""他为什么这样激动""我遇到了难题"等,足见宁鸿彬在命题写作中进行思维训练的有效设计。而口语表达的训练,是宁鸿彬课堂教学中的一大亮点。宁鸿彬认为:口头写作是进行说话训练的理想方式之一,这种方式包括片段模仿、扩展描述、讲述梗概、接续补充、口述全文等。④ 例如,他给学生设置的一道口头表达训练题:"假设在某班的新年联欢会上,学生欢迎语文老师出个节目,节目的内容是学狗叫。"⑤随即让学生讨论后口头发言。一学生发言的主旨是:老师学狗叫,成了狗,所教者就成了狗的学生。另一学生发言的主旨是:老师在"文革"中被迫学狗叫,心灵受到伤害,在眼下的新年联欢会上不想刺痛自己曾经受伤的心灵,而用自己喜爱的京剧作为表演的节目。前者发言"普遍表示不太满意",后者发言"赢得了学生们热烈的掌声"。虽然在思考、讨论、分析同一个问题时,每一个学生都在"说"自己的观点,表达自己的看法,但前一个学生明显存在思维品质低的问题,而后一个学生的思维品质则很高。爱因斯坦说:"我们的教育必须重视培养学生具备会思考、探索问题的本领。"⑥

在复习中训练学生思维的方法。在宁鸿彬看来,常用的复习方法,如知识归类、比较辨析、理解记忆、重点练习等⑦,是教师要教给学生的。从思维教学角度看,复习环节涉及综合思维、辩证思维、定势思维等的训练,具有强化所学内容的倾向。从学习效果看,复习方法的得当与否,直接影响语文成绩的高低。

(2)课外的思维训练方法。

课外的思维训练是课内思维训练的延伸,是思维训练的重要组成部分。《学记》说:"大学之教也,时教必有正业,退息必有居学。"⑧这种教学方法说的就是课内外学习的融合,而且这种融合带来的成效是显著的。宁鸿彬进行教改实验时,课上以教师传授学习方法、学生进行探索活动为主,课前和课后都不布置作业,没有进行过一次考试,但学生的各方面能力都较入学有所提高。这是因为他除了在课内组织学生投入具有创造性的实践活动外,还积极组织学生开展学科课外

---

① 宁鸿彬.《分马》教学实录(上)[J].中学语文教学,1996(10):29.
② 宁鸿彬.初中语文课堂教学实录选[M].北京:教育科学出版社,2000:18.
③ 宁鸿彬.写作题五十例[J].中学语文教学,1996(4):42.
④ 宁鸿彬,陈建民.谈谈口头写作[J].语文学习,1981(7):23—24.
⑤ 宁鸿彬.思维发展实例之一脑子快语言巧[J].父母必读,1996(12):27.
⑥ 宁鸿彬,舒志.治学佳话[C].北京:北京工业学院出版社,1987:122.
⑦ 宁鸿彬.面向未来,改革语文教学[M].北京:光明日报出版社,1989:66—68.
⑧ 傅任敢.《学记》译述[M].上海:上海教育出版社,1982:11.

活动。宁鸿彬利用课外活动训练学生思维的基本想法是:"在应用语言实践活动中,增长学生包括创造能力在内的语文能力。""组织学生自编手抄报纸;主办全校的'星期六广播',充当记者、编辑和播音员;开展'难题征答''求异竞赛''畅想未来'等活动,都引起了学生们的很大兴趣。"①

宁鸿彬进行思维教学的方法得当,调动了学生思考问题的积极性,激发了他们内心探索语文实践活动的兴趣,收获了自主学习的劳动果实,体验到了成功探索语文未知世界的快乐之情。因此,他的学生积极思考各种有益的问题,主动探索语文世界,乐于追求真知灼见。

(三)宁鸿彬"思维教学"的重要意义

思维教学有利于激发兴趣,挖掘潜能。人们常说,兴趣是最好的老师。有了兴趣,就有了学习的动力、思维的目标。看到感兴趣的问题,学生觉得符合自己的认知范围,符合自己的思维水平,因此可以尝试探索。从《皇帝的新装》《驿路梨花》《变色龙》《读报常识》等的教学实录中,不难看出:在宁鸿彬的引导下,学生的思维逐渐地深入到一个个问题中,对相关问题愈来愈敏感,并想方设法予以解决。面对这样的敏感的未知问题,师生经过一系列的思考,设计一系列的学习环节,逐步完成一系列的步骤,最终解决了问题。很显然,这是学生兴趣、思考和行动的必然结果之一。同时,在分析问题、解决问题的过程中,学生调动已有的知识储备,运用自己的聪明才智,充分发挥各种心智技能,为解决自己想知道结果的未知难题而竭尽所能。其实,思维教学中教师的启发、诱导,就促进了学生潜能的发挥。

思维教学有利于听说读写,训练语言。听说读写之间的联系是密切的,而存在于其间的思维训练,有利于发展学生的语言,有利于发展学生的思维能力。听,是指倾听、听他人说的话。读,是指朗读、诵读、精读、略读等阅读。说,是指与人沟通、交流时的说话、口语表达。写,是指文字表达、书面表达。从输入输出的角度看,听和读是输入,是储备,而说和写是输出,是表达。宁鸿彬在《蚊子和狮子》一文的教学中,在"无边无垠"的造句练习中,在《蚊子撞到蜘蛛网上以后》的口头写作中,循循善诱,引导学生知道要这么听和读,不要那么听和读,引导学生懂得什么该说该写,什么不该说不该写。这就使得学生必须思考:为什么有"要"与"不要"、"该"与"不该"?实际上,教师的"诱"和"导",既培养了学生的听说读写的能力,也发展了学生的语言表达能力、思维能力。

思维教学有利于语文实践,培养创造能力。思维是以"想"为先导的,既联想过去,也想象未来。这种"想",就促发学生创造能力的逐渐形成。在回答问题过程中,宁鸿彬及时肯定学生的创造性思维。尤其是口语表达的训练,学生的创造性思维得到了凸显。例如,让学生把《孔乙己》和《范进中举》整合起来,并以口头写作的形式讲出来。学生以"书"为着眼点,对二文进行编创,极富新意,给人留下深刻印象。

思维教学,要求教学思维必须非常严密。这对进行思维教学的语文教师而言,是一个极大的挑战。

---

① 宁鸿彬.全面改革语文教学的探索[J].语文教学通讯,1985(6):49.

五、钱梦龙的"导读教学"

为了比较讲授法和导读法在教学实效上的不同,钱梦龙在其当时任教的两个班级进行了试验。这两个班的学生的学习程度大体相当。钱梦龙以《一件小事》等的教学为例,在对照班使用传统的讲授法、注入式教学方法进行语文教学,而在实验班使用自读、思考、讨论等点拨法、启发式、基本式教学方法。经过一个学期之后,对这两个班突袭考查《一件小事》,钱梦龙发现实验班学生对课文内容记忆的准确程度和对问题的理解深度方面均远远好于对照班。这样的实验结果,坚定了他继续进行导读教学的信念。

(一)钱梦龙"导读教学"的理论建构

1."导读"的概念

针对讲读的弊端,在1982年,钱梦龙提出了"导读"的概念。顾名思义,导读就是指引导学生循序渐进地阅读。在钱梦龙看来,一方面,"导"和"读"各有所指。他说:"导",指教师的启发引导、因势利导,它体现教师的主导作用,也规定了教师在语文教学过程中的主要活动方式是"导",而不是灌输式的"讲";"读",指学生的阅读实践,它是学生在教师指导下独立进行的一种特殊形式的认识活动和能力训练。另一方面,所谓"导读",就是教师"多方设法",把学生引导到具体的阅读实践中去,摸爬滚打,最终达到"自能读书"而"不待教师教授"的境地。[①]"导读"便成了"教"与"不教"之间的桥梁,"教"与"不教"之间的关系变得更具体了,更具有操作性了。虽然"教"与"不教"之间的桥梁有千千万,但"导读"教学法真正地实现了叶圣陶所说的"教是为了不教"的目标。由此可见,语文导读法具有教学的人性化、民主化、科学化、艺术性等特点[②]。

2."导读教学"的指导思想

钱梦龙以教学认识论为理论基础,以教师、学生、教学内容为认识结构,以"学生为主体,教师为主导,训练为主线"为指导思想,从而构建了"导读教学"的理论体系,并进行了详细的阐释。他解释道:"学生为主体",就是确认学生在教学过程中是认识的主体和发展的主体,是具有独立地位和极大的认识潜能的实践者;"教师为主导",就是确认教师在教学过程中处于领导、支配的地位,但这个命题同时又规定教师的这种领导、支配地位只能通过"导"而不是"牵"或其他的方式来实现;"训练为主线",就是说教学过程中学生的主体地位和教师的主导作用,只有进入了"训练"过程,两者才能达到和谐的统一;而这种以师生双向活动为特征的训练,必然贯串于教学的全过程,成为"主线",其他的教学措施都是服从于训练并为之服务的"副线"。[③] 其中,主体、主导、主线,分别对应于教学内容认识方面、教学方法方面、教学形式方面。虽然这"三主"之间的关系并

---

① 钱梦龙.导读:逐步摆脱学生的过程[J].语文教学与研究,1999(2):4.
② 教育部师范教育司.钱梦龙与导读艺术[M].北京:北京师范大学出版社,2006:72.
③ 钱梦龙.语文导读法的理论设计和结构模式(上)[J].课程·教材·教法,1989(11):13—14.

不是平列的,但在教学中学生的主体地位得到了突出、放在了首位则是一个不争的事实。

3."导读教学"的结构模式

上面谈到的"三主",实质上就是"导读教学"的核心。这种核心指导思想的外在表现形式,就是钱梦龙早年总结的,并在教学实践中已经被证明是卓有成效的基本式,即"四式"。具体说,这"四式"包括自读式、教读式、练习式和复读式。在不同时间、不同场合、不同论文中,钱梦龙多次分析了这"四式"。如在《语文导读法的理论设计与结构模式》一文中,他认为,自读式,是指"以培养学生的独立阅读能力为目的的一种训练形式"。自读和预习是有区别的。自读是课内进行的活动,有教师的指导。预习是课外进行的活动,一般都由学生自己完成,没有教师的指导。从"自读式"的阅读能力目标体系构成(阅读常规、阅读方式、阅读步骤、阅读心理),即可看出其课堂学习的特点。其中阅读步骤,包括认读感知、辨体析题、定向问答、深思质疑、复述整理等,简便易行,容易操作。教读式,是指"学生在教师的具体辅导下进行的阅读训练"方式。"教读必与自读同步进行,或先教后读,或先读后教,或边教边读。"[1]教读的目的,是为了使学生真正学会自读,从而达到不需要教师再教的程度。教读的过程,充分体现了教师的主导作用。在钱梦龙的探索中,教师的主导作用包括:激发学生的阅读兴趣、进行阅读方法的指导、帮助学生克服阅读中的困难。练习式,是指"学生在学习新课以后完成一定的口头或书面的作业"。其目的既是"为了对新获得的知识加深理解,强化记忆",也是为了"促进知识的迁移"。[2] 常用的练习类型有:(1)以记诵或积累知识为主的练习。如朗读、背读、抄读。(2)以消化知识为主的练习。如问答题、划分文章层次、揣摩作者思路、分析文章特点,以及写作练习中的改写、续写等。(3)以应用知识为主的练习。即学以致用,迁移练习。这类练习可以是分解的,也可以是综合的,小至用一个词造句,大至模仿课文的写作。(4)评价性作业。评价包括鉴赏和评论,以说和写为主。复读式,是"一种复习性的阅读训练形式"[3]。钱梦龙认为:把若干篇已教过的课文按一个中心组成"复读单元",指导学生读、想、议、练,既"温故"又"知新",这就是"复读"。"复读单元"可以与"教学单元"重合,也可以按训练的需要另组单元。按训练目的分,复读方式分为以知识归类为目的的复读、以比较异同为目的的复读、以发现规律为目的的复读等。

在"导读教学"中,"三主"的理念是要通过"四式"的实践来实现的。

(二)钱梦龙"导读教学"的实践方法

钱梦龙虽然在1981年就提出了基本式(即"四式"),但2009年9月,他删除了"练习式",将"自读式""教读式"和"复读式"合称为"三式"[4],在与"主体""主导"和"主线"一一对应的同时,又进行了大量的卓有成效的实践。

---

[1] 钱梦龙.语文导读法的理论设计与结构模式[J].中华活页文选(教师版),2008(12):7.
[2] 同[1]:8.
[3] 同[1]:9.
[4] 钱梦龙.语文导读法——我的教学理念和实践[J].现代教学,2009(9):27.

1. 自读式教学方法在实践中的运用

如他的学生金小铭在课堂上完成《一件小事》的自读笔记①,充分体现了以学生为主体的理念。学生围绕"睹""伊""踌躇"等的字音和字形,"耳闻目睹""生计"等词语的解释,来落实"认读"环节,围绕"小说"的体裁,落实"辨体"环节。学生指出:"一件小事",这是一个偏正词组,"小"是题眼,与文章中"国家大事"的"大"形成鲜明对比,更突出这件"小"事意义之"大",使"我"至今难忘,它是"我"对人生、对世界看法的一个转折点。②这实际上就完成了"解题"的环节。学生提出了"本文的社会背景如何?它对我们理解文章的中心有什么作用""本文的开头和结尾是如何照应的?首尾和中间部分有什么紧密联系""作者怎样刻画车夫的高尚品质""'我'的思想是怎样变化的?并以此为例,谈谈这篇文章的写作特点"等问题,并逐一进行了详细的解答,这就很好地落实了"自问自答"这一步骤。在这里,学生自读式学习是为教师教读式教学做铺垫的。钱梦龙经常看学生的自读笔记③,既是为了更好地教学,也是为了学生的收获更大一些。

2. 教读式教学方法在实践中的运用

看钱梦龙的教学视频、教学实录、教学论文等,时时刻刻都有一种轻松自然的感觉,充满着愉快的情绪。在讲授历来被认为较为枯燥的说明文时,他也能激发学生的阅读兴趣,让学生津津乐道。如在教《死海不死》之前,钱梦龙说,"今天要和同学们一起阅读的是一篇说明文","同学们还不知道是哪一篇,现在给你们一个条件:这篇文章的标题很能引起人们阅读的兴趣,你猜是哪一篇,看谁猜得快猜得准"。④学生猜出是《死海不死》一文。因为标题采取对比的写法,便会造成一种悬念,激起学生的兴趣。他肯定了学生的回答,并要求学生回忆地理课上学到的关于死海的知识,且把"海水趣事"作为回忆的要求之一。这样教说明文,便让学生感到趣味无穷,乐此不疲,愿意学下去。在讲授文言文时,钱梦龙突出诵读的重要性,主张背诵文言文,追求整体感悟。他的文言文教学,既讲解难字难词难句,又不死抠字词句,也不串讲全文。如在他教《少年中国说》第一段时,采取问答法与点拨法,让学生说出梁启超提出观点"吾心目中有一少年中国在"的思路时,学生十分轻松地背出了"日本人之称我中国也……吾心目中有一少年中国在"等八句原文。钱梦龙因此引出背读法:"在初步理解的基础上背诵,在背诵的过程中加深理解。"⑤采用此法,学生在课上和教师一起理解地学习课文,顺利地背诵了余下内容,即使害怕背书的同学不仅不再怕背诵了,而且也很快完成背诵任务。学生面对难解的鲁迅作品时,钱梦龙也表现了游刃有余的驾驭能力。如给浙江省金华市的学生讲《故乡》时,钱梦龙将学生提出的600多个问题(其中"有两位同学各提了20多个问题,又多又好"⑥),归纳为一般疑问、回乡途中的"我"、闰土、杨二嫂、宏儿和水生、离乡途中的"我"、写景等七类。这意味着在两课时的时间内,虽为七类问题,但

---

① 钱梦龙,钱志元.自读初探——关于自读训练的对话[J].语文学习,1984(11):4—5.
② 钱梦龙.语文导读法的昨天和今天[J].课程·教材·教法,2014(8),9.
③ 钱梦龙.钱梦龙经典课例品读[M].彭尚炯,编选.上海:华东师范大学出版社,2015:31.
④ 教育部师范教育司.钱梦龙与导读艺术[M].北京:北京师范大学出版社,2006:210.
⑤ 同④:136.
⑥ 同③:1.

实际上师生共同解决了"600多个问题",教学效率不可谓不高。这种高效优质的教学,实际上学生的主体地位、教师的主导地位都得到了尽情的展示,否则就不可能克服如此多的困难、解决如此多的问题。

3.复读式教学方法在实践中的运用

在复习课上,这种方法使用得比较多。但在新课的教学中,这种方法也时有使用。在讲鲁迅的《一件小事》时,同《在烈日和暴雨下》联系在一起,他把比较"两个拉车人和两个坐车人的形象"①作为一个教学目标。在讲《谈骨气》时,为了准确地理解"中国人"②这个概念,他引入鲁迅的《记念刘和珍君》《中国人失掉自信力了吗》。经过比较和分析,学生自己辨明了吴晗笔下的"中国人"是指没有失掉自信力的中国人、有骨气的中国人、优秀的中国人,而非其他的中国人。

实际上,上述自读式、教读式、复读式等三种教学方法不是完全孤立、毫无联系的,有时是融合在一起的。

(三)钱梦龙"导读教学"的当下意义

钱梦龙"导读教学"对当下主要有以下几个方面的意义。

1.有利于国家教育改革,完善相关的规章制度

钱梦龙的"三主"理念自1982年诞生以来,虽然受到争议,但经过实践检验,不仅证明了存在的重要价值,而且影响到了国家层面政策、法规等的制定。如《国家中长期教育改革和发展规划纲要》(2010—2020年)说:"要以学生为主体,以教师为主导,充分发挥学生的主动性,把促进学生健康成长作为学校一切工作的出发点和落脚点。"如《义务教育语文课程标准》(2022年版)说:"凸显学生主体地位,关注学生个性化、多样化的学习和发展需求""注重听说读写的内在联系,追求语言、知识、技能和思想情感、文化修养等多方面、多层次发展的综合效应",这些都要依靠必要的训练达成。因此,即便现在还有人对"训练为主线"有这样或那样的争议,但在语文学习中,不可能没有训练。所以说,"三主"的教学思想之所以得到长足的发展,就在于它是符合教育自身发展规律的。

2.有利于课堂教学改革,使语文教学变得富有实效性

导读教学不仅含有教师"导"、学生"读"的意思,也有叶圣陶说的自能读书、不待教师讲,自能写作、不待教师改,以及教是为了不教的意蕴。钱梦龙的贡献表现在:一在于建立了如何从"教"进入到"不教"的通道。他说:"究竟怎样的'教'才能真正达到'不需要教'的境界,至少在实践上还是一个没有切实解决的课题。这正是我构思语文导读法的'战略目标'之所在:从理论和实践上找到一条从'教'通向'不教'的桥梁,以便使学生最终能够摆脱对教师的依赖,成为不仅在学习上能够自立,而且在观念上、意志上、以至整个人格上都能够真正自立的人。"③二在于突出了学

---

① 钱梦龙.钱梦龙经典课例品读[M].彭尚炯,编选.上海:华东师范大学出版社,2015:51.
② 钱梦龙.《谈骨气》设计与教学[J].黑龙江教育(中学版),2004(Z5):53.
③ 钱梦龙.语文导读法的理论设计与结构模式[J].中华活页文选(教师版),2008(12):10.

生的主体地位。从具体的教学实践情况看,他确实做到了这一点。所以有人说:"钱梦龙老师在我国语文教育史上第一次从理论上定位了教育活动中师生的地位,而且大胆地把学生定位为教学活动的主体。这是对我国传统师生观的巨大冲击。"①课堂教学有没有生命力,主要看师生活动是否得到了充分的展示,师生是不是充分发挥了各自的积极性、主观能动性。由于钱梦龙善于引导,引导得十分得法,更重要的是学生的学也十分到位,加之合理的训练,最终"三主"合力显效,所以学生的主体地位得以突出、主体作用得到尽情发挥,由原来被动的学习,到学会学习,到真正的会学习,以至于乐学、善学、自主学习。

3. 有利于人的全面发展,树立学生本位的核心价值观

在与青年教师通信的过程中,钱梦龙谈到了选择导读法进行教学的原因。他说:"我之所以选择了'语文导读法',理由就在于它是一种完全以'人的发展'为指归的语文教学模式。"②具体表现为:一是教师眼中有人的存在。毕竟任何一个学生都是一个活生生的人,都有自己的思想、自己的判断、自己的七情六欲。教师不仅要面对教材、教学内容,更要面对眼前的学生。教师心里不仅要装着学生,更要考虑着学生身心的健康成长,成为名副其实的人师。二是学生自身有独立价值。每一个学生都有自己独立的人格,都有不同于他人之处,都有自己的优势、长处、独特价值。当下的基础教育,教师"满堂灌"、灌输式的教学、将学生视为被动的知识容器的现象依然存在,教师在教给学生知识、能力、方法、价值观时,不是启发、诱导、点拨、讨论、对话。三是学生有获得尊重的权利。教师不能因为学生的年龄比自己小,就不去尊重他们。恰恰相反,教师应该尊重他们的回答、想法、选择、行动、人格等。如果从小时候就获得了应有的尊严,学生自然能认识到更多的关于人的应有的价值、权利、尊严,从而逐渐成长为一个对国家、民族、家庭负责任的真正的人。

总之,钱梦龙以"三主三式"(或"三主四式")为基本理论框架的"导读教学"法,是符合教育发展规律的,也符合学生接受学习规律的。它的最终目的,就是真正实现学生的自主学习,让学习材料围着学生转,而不是学生围着学习材料转,使学生成为学习的主人。

六、陈凌云的口语交际教学

自1986年以来,陈凌云在语文课堂教学中就富有前瞻性地启动了听说训练,即"一分钟讲话"训练。有人指出,陈凌云倡导并实施的课前"一分钟讲话"被迅速地推广到全国各地中小学课堂。"一分钟讲话"训练之所以被广泛地接受,就在于它符合语文学科学习规律,符合学生身心发展需求。陈凌云认为"一分钟讲话"训练的外在形式是表达能力的训练,即用有声语言在限定的时间内把准备好的内容表达出来;其内在要求则是进行迅速而准确的逻辑思维;其价值在于增强了学生的主体意识,造成了一种自我教育的群体气氛。③况且,这一训练的功效还不仅于此。

---

① 肖兆东.钱梦龙的"导读派"教学方法[J].考试(高考文科版),2015(1):50.
② 钱梦龙.我为什么选择语文导读法——致青年教师的信(六)[J].中学语文,1995(7):17.
③ 谢在皋.面向未来的探索——东北师范大学附属中学教育改革成果汇编(1984—1995)[C].长春:东北师范大学出版社,1996:191-192.

（一）陈凌云口语交际教学的理论概述

陈凌云口语交际教学的核心，主要在于她首创的"一分钟讲话"训练。而"一分钟讲话"训练的表述，绝不仅仅是方法的总结，更是具有严谨的理论色彩、理性思考、学理价值等，从其定义及内容、原则及方式、作用及效果等方面皆能看出这一点。

1. 定义及内容

"一分钟讲话"训练，实际上就是在课堂45分钟之内，讲正课之前所进行的听说训练。陈凌云认为："所谓'一分钟讲话'，即每堂语文课由三位同学，每人讲话一分钟左右。内容不限，可是新闻消息、名人逸事，也可是知识介绍、格言警句。按学号顺序进行。每人可于课前做准备，也可以即兴讲话。三位学生讲完后，由教师或学生进行三言两语的简评。这样每堂课要用五分钟时间进行这项活动。每学期每位学生可以讲4～5次。"[1]而"一分钟讲话"训练，则是"以口头表达能力为主的，包括对学生进行思维能力培养和思想感情陶冶的一项综合性的训练"。围绕这项训练，学生谈论的内容十分广阔，"诸如理想抱负、人生价值、社会生活现象、个人生活感受、班级活动、家庭关系、读书心得、理论探究"[2]等，真可谓古今中外、天上地下，触角所及，无所不包。

2. 原则及方式

陈凌云就"说"的训练所使用的科学、有效的训练方式，是遵循教育原则、学生身心发展规律的。从训练原则看，"训练由低层次逐渐向高层次发展，训练坚持由易到难的原则"；从训练方式看，"开始时，站在座位上讲，后来，到台上讲，从自由讲话开始，以后渐次发展为命题讲话、即兴讲话、讨论式讲话、采访式讲话、专题性讲话、演讲式讲话、辩论式讲话等"；从训练时段与训练内容看，上面提及的各种方式的"训练从高中一年至高中三年上学期的五个学期中是交叉进行的，但又各有侧重。高一年级基本上是自由讲话和提前给范围的命题讲话，高二上学期为即兴讲话、当场命题讲话（可由教师命题，也可由学生命题），高二下学期为采访式讲话和专题讨论式讲话，高三上学期为演讲、辩论式讲话。这样，学生在高中的五个学期内，每人可做讲话25～30次，可追写小文章25～30篇"。[3]正因为思索之深、思维严谨、组织严密、有讲有评、评讲结合、行动及时，所以才能取得显著的教学效果，并产生全国性的广泛影响。

3. 作用及效果

"一分钟讲话"训练，在激励学生的语文学习以及与人交际方面，发挥了巨大的作用。陈凌云从说者、听者、教者等三个方面进行的总结，充分反映了常被人忽视的"一分钟"和"讲话"自身所蕴含的不一般的威力、能量和作用。一是"从说者的角度看"，"'一分钟讲话'既能培养学生观察能力、认识能力、分析归纳能力，也能培养他们遣词造句和口语表达能力。尤其是有的学生就着别人的讲话即兴谈自己的看法，这就更加训练了他们敏捷的思维能力"。如《一分钟讲话集锦》中

---

[1] 陈凌云.语文课堂吹进了一股清新的风[J].演讲与口才，1987(8):29.
[2] 陈凌云."说"的训练及思考[J].吉林教育，1991(7/8):53—55.
[3] 同②.

有三篇文章都是以《我们都是太阳》为题。第一篇是一位同学的讲话,第二、三篇则是他讲话后,另两位同学也以此为题的即兴讲话。二是"从听者的角度看","首先,每堂课有三个同学讲话。那么,听的学生每堂语文课可以在自己的'写作仓库'中储存三条素材",他们还可以向别的同学"学到分析问题及认识问题的途径和方法","其次,一个人讲话时,其他同学在注意地听,听别人讲了什么内容,持什么观点、对问题怎样分析……","这就培养和提高了学生'听'的能力"。三是"从教者的角度看","教师不仅了解了自己的学生,而且参与了学生的讨论,密切了师生情感,学生更信任教师,这就为教师完成育人任务提供了有利条件。再者,教学相长,教师可以从学生的讲话中学到许多知识,增长许多见识,受到许多启发,获得许多新的东西"等。① 经过两年多的实践,陈凌云从四个方面总结了"一分钟讲话"的教学效果:一是受到了学生的热烈欢迎,二是提高了学生的写作能力,三是"不仅在语文课方面收效显著,而且有利于其他课程的学习",四是"促进了语文教学的改革"。② 而且,陈凌云首创的"一分钟讲话"训练,不仅受到了长春人民广播电台、《演讲与口才》《城市时报》等媒体的关注,也受到了全国各地的语文教师的关注。由此可见,以"一分钟讲话"训练为主要内容的口语交际教学,虽然不是考试的内容,但在培养学生的知识结构、能力、情感、态度、价值观等方面,起到了间接的作用,产生了直接的效果。

(二)陈凌云口语交际教学的实践操作

"一分钟讲话"训练不是一个单纯的"听"或"说"的训练,而是一项综合性的教学改革,涉及听说读写等方方面面的工作。在陈凌云看来,它是实践性很强的教学活动,包括如下三个实践环节。

1."讲话"前的积极准备

人们熟知:巧妇难为无米之炊。教师深知:台上一分钟,台下十年功。因此,陈凌云十分注重寻找材料的环节,引导学生寻找材料,尤其是寻找好的材料。于是,学生就下功夫寻找讲话材料,以使大家能分享自己的收获。"为了在全班同学面前很好地完成这一分钟讲话,每个学生都广泛地查找资料,把自己认为最有意义的材料讲给同学们听。这就不同于在课堂上归纳一篇文章的大意或回答一个习题。他们在准备这个讲话时,把自己看成是讲话的主体。他们需要留心地听、看、找。找到了好材料,又要细细地看,思索分析,抓住核心,寻找最准确、生动的词语,恰当地发表自己的见解。"③一方面,学生搜集材料、准备讲话稿的过程,犹如教师的备课过程。备课不深入,就很难讲好课。另一方面,学生为了寻找到更好的材料,必须进行大量的阅读,在权衡、比较的过程中,分析能力、思维能力自然得到了提高。学生通过自学完成的任务,恰恰是教师讲课无法完成的。

2."讲话"中的语言实践

陈凌云说:"'讲话'使学生比较准确地了解了自己表达能力的程度,这就为每个学生提高讲

---

① 陈凌云,王江.一分钟讲话集锦[C].长春:北方妇女儿童出版社,1993:2—3.
② 同①:3—5.
③ 陈凌云.语文课堂吹进了一股清新的风[J].演讲与口才,1987(8):29.

话能力找到了基础和差距,如在讲话中语言是否准确、吐字是否清楚、声音是否洪亮、节奏是否合适、声调是否恰当、表情是否自然、感情是否真实等。"①有的学生在以《他,留给我们……——寒假见闻》为题的讲话训练中,为赞扬农村人的淳朴与善良,为批判城里人的冷酷无情,化用鲁迅《一件小事》中的语言,说:"让我们这些城里人,在自诩文明之后,有了深刻的反思,感到我们的渺小。他满身灰尘的后影,刹时高大了,而且愈走愈大,须仰视才见。而且他对于我,渐渐地又几乎变成一种威压,甚至于要榨出皮袍下面藏着的'小'来。"②有的学生在以《人生的钟摆》为题的讲话训练中,辩证地分析了幸福与痛苦的界限,认为:"世间,每个人都有不同的人生,即使一个人的一生,也有着不同的阶段、不同的境遇。大诗人李白有'我辈岂是蓬蒿人'的春风得意,也有'安能摧眉折腰事权贵,使我不得开心颜'的傲岸愤慨,还有'浮云蔽月,长安不见'的失意怅惘,而正是幸福、烦恼、忧愁才构成了丰富的人生。"③讲话者能得当、自如地引用李白的诗句,为学习语言、语言实践提供了可资借鉴的训练范式。

3. "讲话"后的整理成文

这既是陈凌云倡导的讲话训练的环节之一,也是将口头语言落实为书面语言的关键步骤。朱绍禹先生说:"为了把讲话内容落实为书面语言,就又需要再费思索,使之成文,从而提高了文字表达能力。"④凡讲话者,都积极、及时地完成了这样的写作任务。为此,自1986年3月至1988年5月两年多的"一分钟讲话"训练稿,陈凌云、王江编选了《一分钟讲话集锦》,并于1993年6月由北方妇女儿童出版社出版。从学生讲话训练的内容看,有谈论爱国主题的,如《勿忘国耻》《让爱国主义的思想感情得到升华》等;有谈论社会现象的,如《街头流行"小红帽"》《他,留给我们》《全社会都应该重视教育》等;有谈论科学发展的,如《敢于造斜塔的人》《由"挑战者"号航天飞机爆炸想到的》《桥的发明者——聪明的"普通人"赞》等;有谈论读书、影视话题的,如《读〈我生活的故事〉》《有感于故事影片〈黄土地〉》《对影视同拍〈红楼梦〉的看法》等;有谈论城乡地域主题的,如《啊,长春!》《让长春"春常在"》《多种经营给农村带来一片生机》等。在编选此书时,他们总结了学生讲话训练的特点,认为:讲话只有"真"还不成,还得有"新""深""情""美"⑤等精神内涵。

(三) 陈凌云口语交际教学的现实意义

在21世纪之初,在国家颁布的初高中语文课程标准中,口语交际教学作为语文学习的五个方面之一,充分显示了它存在的合理性、必要性及现实意义。而陈凌云在20世纪80年代首创的以"一分钟讲话"训练为核心的口语交际教学,显然具有前瞻的意义。

1. "一分钟讲话"训练符合现实生活快节奏的需求

一方面,现代交际,实质就是人际沟通、合作共赢。在与人沟通时,会不会说话,话说得好不

---

① 陈凌云."说"的训练及思考[J].吉林教育,1991(7/8):53—55.
② 陈凌云,王江.一分钟讲话集锦[C].长春:北方妇女儿童出版社,1993:132.
③ 同②:148.
④ 同②:3.
⑤ 同②:7.

好,直接影响对话双方之间的关系是否融洽,以及说话人的目标能否实现等。会说话,话说得好,说话人就容易实现自己的目标,在紧张繁忙、优胜劣汰、竞争激烈的当下就容易生存下去。毕竟学习交流、信息传递、工作往来、商贸谈判等,是需要口头语言的,更需要得体、恰当的语言表述。另一方面,快节奏的现代生活,不容易挤出大块时间或更多时间来训练说话的。而利用短暂的时间进行演讲或讲话训练,不仅可能实现,而且极为必要。

2."一分钟讲话"训练有利于提高语文教学质量

一方面,课外时间,讲话者在准备自己讲话的过程中,必须大量查找材料,筛选信息,这就是目标明确的阅读。讲话者在课堂上讲述自己精心准备的材料,自然吸引台下的学生认真听讲,这有效地训练了其他学生听的能力。讲话后,还要追记讲话的内容,以便形成一篇小文章。不难看出,这是一项综合性的教学改革工程。另一方面,在课堂45分钟时间内,讲话训练占据大约5分钟时间,这使得授课时间更为紧张。在这种情况下,教师必须精心设计一堂课的教学,尤其是要精心思考讲课的内容,精讲重点内容。而教师对教学内容思考得越深入,就越能点拨到关键点,在要言不烦中提高教学效率,提高教学质量,实现优质高效的教学目标。

3."一分钟讲话"训练突出了学生的主体地位

学生是课内外学习的主体,是学习的主人。无论是命题讲话还是自由讲话,学生们都是自主搜集材料,自主选择材料,自主整合材料,充分体现了自主意识。在准备讲话材料时,学生学习的积极性得到了尽情的发挥,个体的价值得到了最大程度的展现。而在课堂上的讲话实践中,每一位学生都全神贯注,学习讲话者的精彩语言,思考讲话者选择的主题,回应讲话者提出的问题等。这自然显示了所有学生的主体地位,真正发挥了学生处于听说状态中的主体作用。这不仅体现了教师会引导,而且体现了学生的投入、自我提高的积极性。

4."一分钟讲话"训练有利于学生的思维发展

诸如即兴式讲话、演讲式讲话、采访式讲话、专题式讨论、辩论式发言等,学生若要做出及时、准确的回应,必须积极思考,清晰而快速地表达。围绕某一个讲话的题目,怎样开头,怎样组织材料,怎样结尾,先说什么,后说什么,等等,都必须快速构思,形成一条清晰的思路,再逐一表达出来。在思考过程中,学生自然使用分析、归纳、推理、判断等不同的思维形式来完成任务。毫无疑问,这必然训练了学生的思维能力,促进他们思维的发展。

七、熊怀苑的汉语拼音直读法教学

随着社会的发展,汉语拼音在信息科技领域得到越来越广泛的应用,人们都希望能更快、更好地掌握这一现代化的工具。然而,传统的教学方法还是相对滞后。如何使学习者能用最短的时间、最简易的方法学会准确的发音,掌握直读音节的技巧,培养应用拼音的自学能力,是教师们共同追求的目标。熊怀苑在长期的教学探讨和实践中深切地感悟到,要采用学界优秀的教学科研成果——以音节为核心的直读法,就要设计出一个用语音知识指导语言能力训练,既注重教学技巧面又符合语言实际的新体系。这一新体系必须是:① 以《汉语拼音方案》的五个部分为教学内容(一个部分也不能少);② 采用以音节为核心的直读法为主要的教学方法;③ 以掌握直读音节的技巧与提高自学能力为教学目标;④ 设计的体系编写成教材加以应用,才可以达到汉语拼音教学快、易、通的效果。

(一)率先进行字母名称教学,使直读音节教学一步到位

拼音教学的终极目标是当学习者看见一个音节时不需要经过复杂的拼读,而是像看见一个汉字一样直接就读出音来。为达到此目标,熊怀苑认为必须在教学的起始阶段,让学生先入为主地接触、认识音节,进而认读音节——最简单、最基本的字母名称音节,为直读法教学打下基础。字母表是《汉语拼音方案》的第一表,汉语拼音的主要功能集中体现在这一表中,故教学汉语拼音不能掐头去尾,把声母、韵母的源头——字母掐掉,把最后一部分——隔音符号切除。因此熊怀苑秉承"优化拼音教学体系"的理念,重视字母表和字母名称的教学,让直读法首先在这一环节亮相。具体的设计与编排如下。

1. 突出五个元音字母名称音节的直读教学,并用第一声去标示和称说全部字母名称

教学过程中,教师应尽量引导学生去感悟(必要时由教师指出):元音字母的出现率高,而它与其头上的线条总是同时出现,不能分开的,潜移默化地建立起同为音节主体的韵母和声调是一个整体的新概念。同时,教师引导学生去认知元音字母名称音节有两种:一种是只用一个字母和线条调号表示的,如:ā、ō、ē;另一种是用两个字母和线条调号表示的,如:yī、wū,为零声母音节的教学做好铺垫。

2. 以声母的呼读音为辅音字母名称,并把语音知识灌输在其中

这样的设计与编排,既能使字母名称展示规范的音节结构,使每一个字母名称都成为一个实用的汉字音节,又能使直读音节的教学一步到位。但必须指出的是:掌握这一技巧,一定要避免用第一声去呼读/称说没有声调符号的轻声音节,因为这样做不但使音节的音、形脱节,而且会与英文字母相混淆,还会造成今后声调教学的困扰。

3. 教唱《字母歌》,以提高学习兴趣

教唱《字母歌》对少儿拼音班尤为适合。教师如果把《字母歌》录制成光盘在课堂上播放,不用多时,学生就能耳熟能详,朗朗上口了。歌曲起到了帮助学生进入学习汉语拼音状态的催化作用。

(二)韵调教学同步进行,把直读带调单韵母音节作为基本功进行教学训练

教师要向学生灌输元音字母表示元音韵母(简称"韵母"),线条符号表示声调(线条的两端表示字音的起止音高,两点连线显示音高走向)等的基本语音知识。强调韵母和声调是互相依存、不可分割的整体,建立起"韵调一体"的新概念。然后帮助学生掌握以口形的圆展开合来发准韵母和以字音的起止音高走向来发准声调的技巧。

1. 第一声单韵母的教学,基本单韵母由六个增加至七个

一是以五个元音字母的名称 ā,ē,yī,ō,wū,引导出五个第一声的单韵母的发音 ā,ē,ī,ō,ū,说明用一个字母标示一个音。这是《汉语拼音方案》的优越设定,一个元音字母表示的单韵母我们可以用一个特定的口型去发准它,从而总结出"一符(字母)、一音(单韵母)、一口形"的"三个一"口诀进行教学,逐渐培养起学生自主学习的意识。提示学生以口型的圆展开合来发准各个单韵母。其中,ā-ē-ī 是非圆唇音,嘴巴大开、半开、一条缝(比喻说是开口度的"三级跳")就可以发准音;而 ō-ū 是圆唇音,嘴巴拢圆、拢小圆就可以发得准。同时,教师应说明五个单韵母中,ā,ē,ō 可以独立成音节,给汉字注音;ī 和 ū 却不行,须加辅音字母 y、w,才能构成表意的音节,给汉字注音,这为声母 y、w 的定位做好了铺垫。

二是把 ê 列入基本单韵母类别中进行教学,使普通话的元音音素完整无缺,使复韵母组合自然顺当。通常我们只是在元音字母 u 的头上加两点作为一个新的单韵母 ü。并把它与 ā,ē,ō,ī,ū 并列在一起,进行六个基本单韵母的教学,而忽略在元音字母 e 头上加顶帽子的单韵母 ê 的教学。其实,单韵母 ê 既可自成音节(虽只表示一个叹词"欸"),又可与 y 组成表示实义的音节 yē,还是构成复韵母 êi,iê,uê 的主要音素。所以,我们在教学单韵母 ü 的同时进行单韵母 ê 的教学。教师应说明发 ê 的开口度介乎 ā 和 ē 之间("小三级跳"),发 ü 的口形与发 ū 的口形相约,但发音部位靠前(单韵母 ü 和 ī、ū 一样,不能独立成音节,须加声母,如 y 构成音节 yū,才能进行音节的直接呼读。)

三是单独教学韵母 er,为儿化词的教学做准备。严格说来,把它说成是单韵母或复韵母都不合适,它应该是自成一类的翘舌韵母。因为此类韵母只有一个,把它与单韵母放在同一时段进行教学比较合适,它所标示的"二""而"等汉字很常用,特别是"儿"字在儿化韵,实质是儿化词,教学是无字可替代的。但要指出辅音字母 r 所标示的辅音/r/是要用翘起舌尖来发音的。

四是教唱《单韵母儿歌》,以提高学习兴趣。《单韵母儿歌》由著名语言学家周有光作词,著名作曲家张定和作曲,见周有光著作《汉语拼音文化津梁》第 006~007 页。

2. 单韵母的第二声,第三声,第四声和第五声的教学

声调教学向来是教学的重点和难点,必须在声调的教学技巧上多下功夫。教师首先要明确声调就是字调,字调是固定不变的,同时轻声也是一个声调,应该进行五个声调的整体教学。另外,为使《现代汉语词典》描述的字调/声调的概念(字音的高低升降)较为具体、容易理解和掌握,教师可以把它描述为"字音的起止音高及其走向",特别强调的是起、止两个音高,抓住了这两个音高,就能有效地进行声调、变调的教学。此外,熊怀苑认为进行声调的直读优化教学,必须避开传统的调、韵教学分家和把半调当作变调来教这两个误区。

(1)声调教学可始于展示赵元任先生的"五度标调法图表"。教师这样做可以让学生耳濡目染地感受到:音节的不同起、止音高变化就形成了不同的声调,教师强调每一个声调都有起、止两个音高,有了两个音高才会有音高的变化,成为不同的调型。普通话中有平、升、降三个基本调型,还有一个先降后平再升的复合调型和一个又轻又短的特别调型。同时,教师要让学生明确地

认识到:掌握声调的唯一的标准就是要具备在听说音节时分辨出平、升、降这三个不同调型的能力,从而下决心练好声调的基本功。

(2) 根据直观而形象的四个声调符号,配合手势进行五个声调类别的教学。教师应用手势等身体语言辅助声调的训练,必须设定代表音高的身体部位,如高齐眉,腰为中,手臂垂直时指尖碰到的大腿位置为低。教师的示范要准确,让学生去感受、模仿,才能收到预期的教学效果。

(3) 把平、升、降这三个基本调型进行反复操练。教师应先教常用而容易的半三声:前半三声和后半三声(可简称为半调),并把前半三声(低降)作为三声的主调进行教学。同时设计出教学半三声的符号╲和╱提供使用,必须指出的是:后半三声╲所标示的音高是12/13(低升),而第二声标示的音高35(中升),两者的起、止音高均不相同,属于低升和中升两种不同的调类。如果按照传统的声调教学只教全三声,把半三声放在拼音教学的后期作"变调"教,而且全程只用一个符号表示三个不同的调值是不科学、不准确的,同时也是不可能依符号进行直读法的教学的。

(4) 教学《声调口诀歌》帮助准备掌握声调。歌词也应该把各个声调的起、止音高准确地表达出来,才有助于声调的真正掌握。我们根据"五度标调法图表"的标示,《声调口诀歌》对各个声调的起、止音高表述如下(其中,黑体字为起、止音高,斜体字为调型,加下划线字为各声调的代表字):

一声**高高**一路*平*(**高**起**高**止为*高平调*);二声**由中**往**高**升(**中**起**高**止为*中升调*);

三声很**低**降又**低**升(**低**起降至**最低**后又**低**升,为复合的*低降升调*),常用半调*低降*或*低升*;

四声速从**高**降**低**(**高**起**低**止为*高降调*);五声的调值短而轻(**中降**或**中平**的*轻短调*)。

鉴于用汽车上山、下山的图画来表示不同的声调,不能表示出声调的起、止音高这一根本特征,所以,熊怀苑认为不宜采用。

(5) 用"唱反调"的方法分辨二、三声(升、降调)和一、四声(平、降调)的声调难点教学。二声和三声起音的音高比较接近。二声是3(中),三声是2(次低),但两者收音的音高则有天渊之别:二声是5,升到最高,三声是1,降到最低,音高走向正好相反——用一个上天,一个下地来形容,很容易分辨。关键是要把前半三声作三声的主调来教。

一声和四声的起音音高都是5(高),分别也在收音的高音上:一声是5,保持起音音高,音高走向平而稳(比喻像走钢丝),四声是1,从最高急降到最低(比喻像高台跳水),所以也不难区分。如能用游戏的形式进行相关的辨调练习效果会更佳。

(6) 用"声调组合二十格"进行调感的培养和训练。这种训练可为听说普通话积累大量的双音节词汇。熊怀苑在教学中总结出声调的组合有二十个模式,称之为"声调组合二十格"。首先,他们根据声调的调型设定平、升、低、降、轻作为第一、第二、第三、第四和第五声的代称,然后按照它们的组合规律依序编成平平格、平升格、平低格、平降格、平轻格;升平格、升升格、升低格、升降格、升轻格;低平格、低升格、低低格、低降格、低轻格和降平格、降升格、降低格、降降格、降轻格,一共二十格。而每学一个音节/汉字,都尽量把它放到"声调组合二十格"中去进行操练,效果非常好。例如,学了音节 yi,就罗列出各声调表示的常用字,并选择组合能力较强的汉字"衣""姨"

"以""义"进行练习。

　　衣衫、衣着、衣摆、衣架、衣服(1~5格:平平格、平升格、平低格、平降格、平轻格)
　　姨妈、姨娘、姨母、姨丈、姨父(6~10格:升平格、升升格、升低格、升降格、升轻格)
　　以期、以前、以往、以后、椅子(11~15格:低平格、低升格、低低格、低降格、低轻格)
　　义工、义旗、义演、义务、义气(15~20格:降平格、降升格、降低格、降降格、降轻格)

(三) 采用以音节为核心的直读法进行声母的教学

　　这是直读法教学的关键环节,普通话汉字的发音有90%以上是由"声""韵""调"组合而成的。如何克服"呼必有三"的旧习惯,关键在于能否掌握声母的发音动作(主要是唇和舌的动作)和发音部位,辅以控制气流的方法,也就是掌握"连着声母的发音动作读韵调"的直读法的根本方法(熊怀苑把著名学者潘自由表述的"连着声母的发音动作读韵母"的直读方法改动了一个字)。掌握了它,就能把声母与韵调一气呵成一个完整的音节,培养起较强的直读音节能力。

　　一是通过对比元音字母名称和辅音字母名称的发音,析离出辅音字母所代表的读音(即声母)的发音动作和部位。随后用连着声母的发音动作读韵调的方法还原基本音节的读音。例如,对比元音字母名称ō和辅音字母名称bō的发音(先发ō再发bō),从中析离出b的发音动作是双唇闭合;然后连着双唇闭合的动作发ō音,就能还原为音节bō的读音。又如从ē与dē的对比中析离出声母d的发音动作是舌尖抵上齿龈……如此类推,用发音动作和部位引导出其他声母的发音教学来。

　　二是用替换韵母的类推教学法掌握声韵组合的规律,并让学生尝试自学声、韵结合的新音节。例如,分别用bō中的ō,dē中的ē,直读出新音节bā、bī、bū和dā、dī、dū,然后变读其他声调的音节;其他声母均用此法进行教学。至此,汉语拼音的全部音素,包括23个声母和9个单韵母(er不计其中)就教学完毕,接下来要进行声母与单韵母组合规律的教学和普通话基本音节的直读训练。

　　三是教唱《声母儿歌》,以提高学习兴趣。《声母儿歌》也是由周有光作词,张定和作曲,见周有光著作《汉语拼音文化津梁》第007页。

(四) 指导学生自学复韵母和鼻韵母

　　此阶段的教学,教师要启发和鼓励学生应用所学知识和技能去自主学习新内容。例如,运用直呼带调单韵母的技巧——控制口形和音高,以及控制唇和舌的动作发辅音声母的技巧去学习复韵母和鼻韵母。教师说明教学复韵母和鼻韵母的技巧主要采用"音素连读法",而掌握此法的要领是:韵头短,韵腹长,韵尾做个口形(复韵母)或动作(鼻韵母),然后去自学。

　　一是让学生认识三种复韵母的结构:只有韵腹和韵尾的为前响(如āi)、只有韵头和韵腹的为后响(如iā),而韵头、韵腹、韵尾俱全的为中响(如iāo),并以前响、后响、中响称说复韵母。

　　二是先教前响复韵母,再用"照镜子"的对称方法让学生去自学后响复韵母和中响复韵母。提醒学生应用音素连读法的要领去自学。例如,āi——iā,ōu——uō和iāo/u——uāi等。

三是呼读时,特别注意韵头、韵尾的音高和韵腹的音长。要把韵头的发音置于音节起音的音高上发短音,而把韵尾的发音置于音节收音的音高上,只做个发音的口形(复韵母)或发音的动作(鼻韵母)。韵腹是主体,发音要发长发响亮,并体现音高的走向,即调型。

四是特别教学发音形式与书写形式不一致的复韵母和鼻韵母。例如,āo 发 āu,ong 发 ung(口形收小),iān 读 iēn,üān 读 üēn(教师提醒学生注意,不必多讲道理。教师则要知其然,而且知其所以然)。

教师要注意 1 个复韵母和 15 个鼻韵母均要教学。

(五) 分词连度与隔音符号的教学

现代汉语普通话是以词为表意单位的,普通话的词 80% 以上是双音节词。《汉语拼音方案》作为拼写普通话的工具,其第五部分专门为双音节词的连读和连写设定了一个隔音符号,它的作用是明显的。可以说,隔音符号的教学与否关系到汉语拼音的教学体系是否完善及语文普通话教学能否健康发展的大问题。

1. 牢固建立起词的概念,进行分词连续的教学训练

直读法的教学,从单音节词/字开始,但很快就要进行直读双音节词的教学,即分词连读的训练。熊怀苑特别设计/编写了一个"呼音说词"的教学环节,每教一个新的音节,要求学生看到一个音节的形就能呼/直读出其音,并随即说出其义。例如,学了音节 yī,教师会列出此音节五个声调所标示的常用字及其字所组成的双音节词进行问答或解说,供连读/连写含零声母音节的双音节词时使用。因此衣衫、衣着、衣摆、衣架、衣服的"衣"读 yī,医生、医疗、医嘱、医治、中医、名医的"医"也读 yī,还有依法的"依",第一的"一"……也读 yī。

课堂上,教师可根据教材编写的内容,用"这个音节怎么读""什么字读这个音""还有什么字读这个音"等问题来组织教学,通过问答把音节的形、音、义结合起来,既活跃了课堂气氛,又进行了词语、调感和说话的训练;课后,学生还可以运用这种模式进行温习和自习,积累词汇。

这一教学栏目的设计为建立和巩固词的概念、调感的培养和训练起了非常显著的作用,也为隔音符号的教学和分词连读的训练开通了一条路。

2. 厘定以 a,o,e 开头的音节才算是零声母音节

这会使隔音符号在双音节词中的使用一目了然。在双音节词中,当以 a,o,e 开头的音节(即零声母音节)连接在其他音节后面的时候,就用隔音符号把两个音节隔开,简单明了,没有难度。

"汉语拼音直读法"和"汉语拼音直读法教学新体系"均注重工具的掌握和应用,注重智力的发展和能力的培养。采用这种教学方法的新体系,就必须更改过于注重声、韵、调各零件而相对忽略音节整体的传统教学习惯,修正偏重于语音知识的讲授而相对忽略语音能力培养的教学倾向,就必须建立起韵调一体、音节整体化和词的概念,建立起一个完整的汉语拼音直读

法教学新体系。这样才能使直读法和直读法教学在汉语拼音教学中得以应用与推广。可以预言，把它运用到拼音课堂教学中，能帮助我们更快、更好地达到汉语拼音的教学目标，并借以提升基础语文的教学水平。

练习题

1. 简答题：主问题教学与板块式教学有哪些异同？
2. 简答题：以某位名师为例，谈谈当代名师是如何对传统语文教学模式进行继承和创新的。
3. 探究题：应试教育与素质教育之间是否矛盾？差别在哪里？

参考文献

[1] 璩鑫圭，童富勇.中国近代教育史资料汇编·教育思想［M］.上海：上海教育出版社，2007.
[2] 孙培青.中国教育史［M］.3版.上海：华东师范大学出版社，2009.
[3] 赵志伟.现代语文教育发展［M］.上海：华东师范大学出版社，2012.
[4] 顾黄初.语文教育论稿［M］.北京：人民教育出版社，1995.
[5] 夏丏尊.夏丏尊谈教育［M］.沈阳：辽宁人民出版社，2015.
[6] 杜草甬，商金林.夏丏尊论语文教育［M］.郑州：河南教育出版社，1987.
[7] 夏丏尊，叶圣陶.文心［M］.杭州：浙江文艺出版社，1983.
[8] 夏丏尊，刘薰宇.文章作法［M］.杭州：浙江文艺出版社，1983.
[9] 夏丏尊.关于国文的学习［M］.郑州：河南教育出版社，1987.
[10] 中央教育科学研究所.叶圣陶语文教育论集［M］.北京：教育科学出版社，1980.
[11] 叶圣陶，叶圣陶教育文集（3）［M］.北京：人民教育出版社，1994.
[12] 叶圣陶.怎样写作［M］.北京：中华书局，2013.
[13] 阮真.中学国文教学法［M］.南京：正中书局，1936.
[14] 中央教育科学研究所.朱自清论语文教育［M］.郑州：河南教育出版社，1985.
[15] 朱金顺.朱自清研究资料［M］.北京：北京师范大学出版社，1981.
[16] 朱自清.朱自清语文教学经验［M］.北京：教育科学出版社，2007.
[17] 朱自清.先生教你写文章：写作杂谈［M］.北京：北京教育出版社，2014.
[18] 王水照.历代文话［M］.上海：复旦大学出版社，2007.
[19] 甘其勋.甘其勋自选集［M］.郑州：文心出版社，2012.
[20] 曾祥芹.曾祥芹文选（下卷）：语文教育学研究［M］.北京：高等教育出版社，2010.
[21] 杨道麟.语文教育学导论（修订本）［M］.武汉：湖北人民出版社，2001.
[22] 杨道麟.语文教育学美学研究［M］.北京：中国出版集团现代教育出版社，2011.
[23] 梁启超.梁启超全集（第七册）［M］.北京：北京出版社，1999.
[24] 王国维.王国维遗书（第五册）［M］.上海：上海古籍书店，1983.
[25] 蔡元培.蔡元培美学文选［M］.北京：北京大学出版社，1983.
[26] 李小平，网络影视课程编导论［M］.北京：北京理工大学出版社，2016.
[27] 王小会，黄珊.小学生发展与教育心理学［M］.西安：陕西师范大学出版总社，2015.
[28] 王大顺，张彦军.发展与教育心理学［M］.西安：陕西师范大学出版总社，2015.
[29] 马欣川.现代心理学理论流派［M］.上海：华东师范大学出版社，2003.
[30] 霍力岩.多元智力理论与多元智力课程研究［M］.北京：教育科学出版社，2003.
[31] 张桂春.激进建构主义教学思想研究［M］.大连：辽宁师范大学出版社，2002.
[32] 王振宏，李彩娜.教育心理学［M］.北京：高等教育出版社，2011.
[33] 付建中.教育心理学［M］.2版.北京：清华大学出版社，2018.
[34] BIO国际组织教材编写组.发展心理学［M］.北京：人民日报出版社，2007.
[35] 唐龙云.心理学基础［M］.杭州：浙江大学出版社，2015.
[36] 王楠，崔连斌，刘洪沛.学习设计［M］.北京：北京大学出版社，2013.
[37] 何仁生.教学系统设计概论［M］.长沙：湖南大学出版社，2014.

[38] 黎加厚. 新教育目标分类学概论 [M]. 上海：上海教育出版社，2010.
[39] 李秉德. 教学论 [M]. 北京：人民教育出版社，1991.
[40] 李森. 现代教学论 [M]. 北京：人民教育出版社，2011.
[41] 唐文中. 教学论 [M]. 哈尔滨：黑龙江教育出版社，1990.
[42] 倪文锦，谢锡金. 新编语文课程与教学论 [M]. 上海：华东师范大学出版社，2006.
[43] 中华人民共和国教育部. 普通高中语文课程标准（2017年版2020年修订）[M]. 北京：人民教育出版社，2020.
[44] 裴娣娜. 教学论 [M]. 北京：教育科学出版社，2007.
[45] 吴立岗. 教学的原理、模式和活动 [M]. 南宁：广西教育出版社，1998.
[46] 李建刚. 义务教育教学新体系——单元达标教学实验与研究 [M]. 济南：山东教育出版社，1994.
[47] 韦志成. 语文学科教育学 [M]. 武汉：华中师范大学出版社，2002.
[48] 韩静静. 初中语文阅读教学目标的确定、陈述与呈现 [D]. 上海：上海师范大学，2012.
[49] 陈建伟. 中学语文课程与教学论 [M]. 2版. 广州：暨南大学出版社，2011.
[50] 秦训刚，蒋红森. 高中语文课程标准教师读本 [M]. 武汉：华中师范大学出版社，2003.
[51] 王文彦，蔡明. 语文课程与教学论 [M]. 北京：高等教育出版社，2006.
[52] 陶行知. 陶行知教育集 [M]. 北京：中国纺织出版社，2017.
[53] 叶圣陶. 叶圣陶语文教育论集 [M]. 中国教育科学研究院，编. 北京：教育科学出版社，2014.
[54] 王荣生. 语文教学内容重构 [M]. 上海：上海教育出版社，2007.
[55] 巴赫金. 诗学与访谈 [M]. 石家庄：河北教育出版社，1998.
[56] 柳鸣九. 萨特研究 [M]. 北京：中国社会科学出版社，1981.
[57] 王尚文. 语文教学对话论 [M]. 杭州：浙江教育出版社，2004.
[58] 段宝林. 西方古典作家谈文艺创作 [M]. 沈阳：春风文艺出版社，1980.
[59] 王尚文. 语感论 [M]. 上海：上海教育出版社，2006.
[60] 王卫平. 接受美学与中国现代文学 [M]. 长春：吉林教育出版社，1994.
[61] 潘知常. 美学的边缘——在阐释中理解当代审美观念 [M]. 上海：上海人民出版社，1998.
[62] 李维鼎. 语文言意论 [M]. 上海：上海教育出版社，2000.
[63] 鲁迅. 鲁迅全集（第8卷）[M]. 北京：人民文学出版社，1981.
[64] 杨成章. 语文教育心理学 [M]. 成都：四川教育出版社，1994.
[65] 周小蓬，陈建伟. 语文学习心理论 [M]. 北京：语文出版社，2013.
[66] 王荣生. 语文科课程理论基础 [M]. 2版. 上海：上海教育出版社，2005.
[67] 余虹. 文学作品解读与教学 [M]. 北京：高等教育出版社，2011.
[68] 钱理群，孙绍振，王富仁. 解读语文 [M]. 福州：福建人民出版社，2010.
[69] 王惠. 《骆驼祥子》深度阅读的策略与路径 [M]. 广州：广东高等教育出版社，2020.
[70] 温世颂. 教育心理学 [M]. 台北：三民书局，1980.
[71] 赖瑞云. 混沌阅读 [M]. 福州：福建教育出版社，2010.
[72] 李秉德. 教学论 [M]. 北京：人民教育出版社，1991.
[73] 黄甫全. 现代课程与教学论学程（下册）[M]. 北京：人民教育出版社，2006.
[74] 钱梦龙. 导读的艺术（修订本）[M]. 北京：人民教育出版社，2000.
[75] 周庆元. 语文教育研究概论 [M]. 长沙：湖南人民出版社，2005.
[76] 瞿葆奎. 教育学文集·教学（中册）[M]. 北京：人民教育出版社，1988.
[77] 刘永康. 语文课程与教学新论 [M]. 北京：高等教育出版社，2011.
[78] 于漪. 于漪与教育教学求索 [M]. 北京：北京师范大学出版社，2006.
[79] 宁鸿彬. 初中语文课堂教学实录选 [M]. 北京：教育科学出版社，2000.
[80] 丁证霖，赵中建，乔晓东，等. 当代西方教学模式 [M]. 太原：山西教育出版社，1991.

[81] 傅任敢.《学记》译述[M].上海：上海教育出版社，1982.
[82] 宁鸿彬.面向未来，改革语文教学[M].北京：光明日报出版社，1989.
[83] 钱梦龙.钱梦龙经典课例品读[M].彭尚炯，编选.上海：华东师范大学出版社，2015.
[84] 黑格尔.美学（第一卷）[M].朱光潜，译.北京：商务印书馆，1979.
[85] 赫根汉，奥尔森.学习理论导论[M].郭本禹，崔光辉，朱晓红，等译.7版.上海：上海教育出版社，2011.
[86] 苛勒.人猿的智慧[M].陈汝懋，译.杭州：浙江教育出版社，2003.
[87] 拉齐尔.智慧的课程——利用多元智力发掘学生的全部潜力[M].缪胤，译.北京：教育科学出版社，2003.
[88] SHAFFER D R, KIPP K. 发展心理学：儿童与青少年[M].邹泓，译.9版.北京：中国轻工业出版社，2016.
[89] 布卢姆，等.教育目标分类学（第一分册认知领域）[M].罗黎辉，丁证霖，石伟平，译.上海：华东师范大学出版社，1986.
[90] 安德森，等.学习、教学和评估的分类学[M].皮连生，主译.上海：华东师范大学出版社，2007.
[91] 加涅，布里格斯，韦杰.教学设计原理[M].皮连生，庞国维，等译.上海：华东师范大学出版社，1999.
[92] 筑波大学教育学研究会.现代教育学基础[M].钟启泉，译.上海：上海教育出版社，1986.
[93] 斯宾塞.斯宾塞教育论著选[M].胡毅，王承绪，译.北京：人民教育出版社，2005.
[94] 杜威.学校与社会·明日之学校[M].赵祥麟，任钟印，吴志宏，译.北京：人民教育出版社，2005.
[95] 杜威.民主主义与教育[M].王承绪，译.北京：人民教育出版社，2001.
[96] 姚斯，霍拉勃.接受美学与接受理论[M].周宁，金元浦，译.沈阳：辽宁人民出版社，1987.

后　　记

　　《语文教研理论指导》是一本服务职前职后语文教师教研的理论参考用书。编写本书的目的是希望为高等院校学生特别是中文师范生、一线语文教师及语文教研员提供研究的理论指导，具体地为他们进行语文教学实践及调查研究、撰写研究报告和撰写论文提供理论支撑、为他们学习和研究提供理论指引。理论学习的内容纷繁复杂，本书旨在厘清理论的脉络、提示理论对语文教学研究价值，为研究者提供帮助。

　　本书的编写首先是一个学习和研究的过程，其次是一个合作和探究的过程。有关语文教育的中外理论众多，在学习、整理、研究的过程中，我们不断发现、不断研究、不断探索编选的原则和叙述的方式，最终完成了书稿。参与编写的有大学语文教学论专业的教师、有熟悉一线教学的教研员，也有语文课程与教学论专业研究生和学科语文教育专业研究生，从初稿到终稿，他们都做了大量工作。这里特向他们表示衷心的感谢！

　　以下是参编人员名单：周小蓬、曾毅、欧志华、周颖、王惠、崔绍怀、熊怀苑、陈楚敏、李天盈、漆瑶、陈欢蓉、植泳诗、黄剑玲、邓金英、黄佳敏、库选、陈林丹、段慧婷、郭宇、郑惠中、罗慧燕、周璇、李佳敏、游晓璇、尹凯茵、丘倩怡、陈倩玲、谢曼、王晴、张嘉蓉、毛蔚、聂芳琴、李楚楚、方婉莹、曾茜雅、卢碧筠、刘哲、张翠森、张琪、郑淑琼、龙琳、陈嘉欣、陈瑶、仇婉君、王细文、刘安妮、舒雅轩、黄馨怡、刘康敏、欧阳雨鑫、邓睿、梁若冰、曹梦思、赵玲、钟燕玲、林佩雯、李静怡、李金莲、李丽。统稿人：周小蓬、谢曼。

　　本书在编撰过程中参考了不少文献资料，在此向各位作者致以诚挚的谢意。

　　这里还要特别感谢八十多岁的语文教育前辈曾祥芹教授，他在百忙中，帮我们审稿，提出了修改意见并为本书撰写序言；还有感谢香港拼音学会会长熊怀苑老师，她把介绍自己原创的拼音教学法的稿件也提供给了我们。当然还要感谢华中师范大学杨道麟教授，他给予了我们多方面的支持！感谢华南师范大学院姚文忠书记和段吉方院长对本书的大力支持！感谢华南师范大学文学院柯汉淋教授对本书的支持！最后还要感谢北京大学出版社姚成龙主任和编辑周丹给本书提出的宝贵建议！

　　受时间和研究水平的限制，本书一定还存在很多不足，还望大家给予批评指正！

周小蓬
2022 年 3 月